宮本常一

日本の人生行事

――人の一生と通過儀礼

宮本常一

日本の人生行事

――人の一生と通過儀礼

宮本常一［著］
田村善次郎［編］

八坂書房

目次

写真提供　周防大島文化交流センター

凡例

・〔　〕は編者註を示す。
・本文中に現代では不適切ととられかねない表現があるが、著者が故人であり、歴史的資料であることを考慮し、底本のままとした。
・方言の解説については、周防大島在住の山本雅弘氏にご協力いただいた。

まえがき　―日本の人生行事

田村善次郎

宮本常一先生の民俗学は、徹底したフィールドワークによって得られた民俗誌的事実を整理し、それを比較研究することによって日本人とは、日本文化とは何かを探究するものであった。そして、それはいくつかの切り口を示しながら、結果的には未完に終わったけれども、膨大な調査記録と論考が残された。

「日本の人生行事」と題した本書は、宮本常一先生の膨大な著作の中から、人の誕生から死にいたるまでの間に行われる儀礼や行事――いわゆる民俗誌や民俗調査報告の中で「人の一生」とか「人生儀礼」として整理されている部分――、そのアンソロジーである。アンソロジーであるが、論文集ではない。宮本常一という一人の民俗学者が調査採集した人の一生に関わる民俗事象を、語彙を手がかりに地域別に配列、整理したものである。全編にわたって、まんべんなく語彙を取りだして小見出しとしている訳ではないが、人の一生についての民俗語彙集的なものになっているといってもよい。若者や婚姻の章の冒頭に、何編か関連した論考を収録したのは、考える手がかりの一つとして提示したものである。断片的な民俗事象の寄せ集めのように見えるけれども、読む人、それぞれの視点に応じていくつもの興味深い問題を見出せるはずであるし、また問題解決の糸口をも見出せるはずである。本書にはさかしらな解説はつけない方が良い。虚心に読み、考え、利用していただけばよい。そのように私は考える。

宮本先生は周知の様に稀代のフィールドワーカーであった。したがって、その著作には、民俗誌や民俗聞書、調査報告の類が多いし、旅日記、紀行文なども少なくない。また、先生は論をすすめるに、自分の体験や見聞を基にきわめて具体的に話され、記述することが多かった。いわゆる論文であっても、資料として具体的な民俗事象の提示が多いのである。本書の資料は民俗誌や民俗聞書からのものを主としているが、それ以外の論考から関連する記述を拾い出して加えているし、『宮本常一 農漁村採訪録』（周防大島文化交流センター編、発行）から抄出した部分も少なくない。ちなみに、『農漁村採訪録』は「周防大島文化交流センター」の架蔵する宮本常一調査ノートの翻刻で、平成二十八年四月現在で一八点が刊行されており、以後も毎年一・二点ずつの刊行が予定されている。当面五〇冊が第一期の目標だというから、気の長い話であるが、今後に予定されている『農漁村採訪録』もきちんとした民俗誌としてまとめられていない地域のものが殆どのようであるから、その資料価値は極めて高いものがあり、公刊が待たれるところである。それはさておき、調査ノートは漢字の極端に少ないカタカナ書きであること、時に話の前後する所があり、省略もある。翻刻のままでは判然としないところも少なくないので、採録にあたって、適宜漢字をあて、カタカナを平仮名に直したほかに、言葉を補い配列を替えるなど手を加えたところがある。解釈に遺漏なきを期したつもりであるが、読み違いなしとは言い切れない。もし間違いに気づかれた方は、ご叱正、ご教示いただければ幸いである。

人の一生とよく似た言葉にライフヒストリーがある。一般に生活史と訳されており、個人の生活史を意味する事が多い。同時代に、同じような環境で生きたとしても、その生涯が全く同じという事はないのである。ライフヒストリーは個別、個性的なものである。個々人の生涯は個性的であるけれども、その一方、人は孤ではなく、所属する共同体の成員として生涯を送るものである。社会の成員としての人は生まれ、成長し、死ぬまでに、いくつかの儀礼的な行事を通過しなければならない。通過儀礼、人生儀礼などとよぶことも多いが、ここでいう人の一生がそれであり、本書の表題を人生行事とした意もそこにある。私たち日本人は、日本人としてほぼ同じ通過儀礼を経て共同体の成員となり、その役割を果たして生涯を終える。その具体的なありようは、似ているけれども地域により、時代によって微妙な違いがある。日本あるいは日本人として一色にくくってしまえないのである。冒頭に掲げた「日本人・その人間模様」は、日本における人間関係の枠組みの宮本先生による大まかなデッサンである。人間関係のありようが人生行事のありかたに反映していると考える。

人生行事を産育・子供・青年（元服）・婚姻・年祝・隠居・病気・葬制と章を別け、地域別に事例を並べたのだが、その前段に一章をもうけて宮本先生の最晩年の著作で、没後に刊行された『東和町誌』の「人の一生」を収録した。一地域の全体像を示しておく事に意味があると考えたからである。ちなみに東和町は合併して周防大島町となり町名は消えたが、先生の故里である。東和町誌の刊行は昭和五十七年九月であるけれども、「人の一生」は、その冒頭に「明治・大正時代に生活したごく普通の人たちについて見てゆきたい」とあることによってわかるように、対象とする時代を近代としている。

本書に採録した地域の調査年月は、わかるかぎり巻末に示しておいた。それによってわかるように、調査は昭和十年代から昭和三十九年までと長期にわたっているが、人の一生の聞書は、調査は昭和三十九年であっても、昭和十年代以前を強く意識して行なっていたと考えてよい。つまり本書で対象としている「日本の人生行事」は「近代日本の人生行事」なのである。第二次世界大戦の敗戦によって大きく変わり、昭和三十年代の高度経済成長によって急激に変貌していく、それ以前の記録だと考えてよい。それだけに現在の私たちに考えるべき、反省の資とすべき多くの問題を提示しているといってよいだろう。

本書は、宮本常一という一人の民俗学者がフィールドワークによって見聞し、得た生の資料に中心にして成っている。それが最大の特長である。が、同時にそれがまた短所をも内包している。目次を一瞥するだけでもわかるように、西日本に厚く、東日本、とりわけ東北地方に薄いのである。宮本先生の足跡は全国に及んでおり、当然、東北地方にも何回も足を運んでいる。昭和十五年、十六年にはかなり広く歩いて、民俗調査を行なって原稿も書いているのだが、その多くは戦災にあって灰燼に帰している。昭和二十年代以降も東北地方には何回も訪れているが、農業指導や林業調査などで民俗聞書は少ないのである。残念な事だが、ない袖は振れない。

そうした欠点はあるけれども、一人の研究者がフィールドワークによって、これほどの蓄積を残した。稀有なことではないかと思う。

人の誕生から死にいたるまでの通過儀礼をといいながら、葬制、墓制については東和町の人の一生以外は触れずに省略した。葬制、墓制を含めるとページ数が著しく増加するのが省略した理由の一つであるが、葬制、墓制だけで一冊にしたいと思ったからでもある。先生が一〇万駒にあまる写真を残されていることはよく知られている。その中には墓石や墓地、供養塔などの写真もたくさん含まれている。それらの写真と文章を組み合わせて一本にしたいと考えているのである。

日本人——その人間模様

——講組・親方子方・年功序列

〔雑誌『テアトロ』に「日本の習俗」として昭和四十一年一・二・三月と三回連載した。全体で一六項になっているが、収録したのは、その最後の一三・一四・一五・一六項である。日本の社会構造を支える人間関係のありようがコンパクトにまとめられており、本書の冒頭にふさわしいと考えた。タイトルは編者がつけた。〕

村の生態

日本人の非論理性や妥協性がよく問題になる。それは農耕民族の背負わなければならない一つの大きな荷であった。稲作を中心にした農耕村落は定住性がつよい。一つところに住みついておなじように水田を耕す。それもみんなで歩調をそろえて行なわねばならぬ。田に水をひくにも順序がある。順序をきめて水をひかなければ水は合理的にすべての田をうるおすことはできない。それも長い水路になると何ヵ村もの村を通って来る。きちんと約束ごとを守らなければどうしようもない。村の規約はみんなが一斉に守らなければすまないものなのである。ある村で耕地整理をし、水路をつくったことがある。たった一人だけ反対した男があってどうしてもいうことをきかぬ。仕方がないのでそのままにして耕地整理事業を進めた。まっすぐな車道とまっすぐな水路ができたが、反対者の田のところで、その道も水路もとまっている。反対者の田をこえて水はその向こう側へ決して流れてくれないし、また車でいっても向こう側へとびこえることはできない。一人の反対者のために一枚の整理せられない田があるということによって道も水路も役に立たない。

「村のきめごとは一人の反対者があってもどうしようもなくなるものです。見すごすことも無視することもできない。いつも全員賛成でなければ仕事はできないものです。」

その村の役員はしみじみ語ってくれたが、村では一人が横車を通すと多数の者の努力が無にひとしいことになる場合が多く、時には妥協せざるを得なくなるというのである。

村の耕地の広さはきまっている。一人の男が土地をひろく持てば、一方にはかならず土地をとられるものが出てくる。開墾でもして土地をひろげるならともかくも、一人の幸福はかならず他の人の不幸の上にたっている。無理をして土地を集めるものがある。しかし周囲のものは決して心から喜べないのである。かならず一方により貧しくなっていくものがいる。一人がよくなることが直接周囲の不幸に基づくものでないとすれば、金持ちになり仕合せになる人を誰がねたみにくむものがあろうか。だから他郷へ出て出世し、金持ちになったものに対しては、うらやみもし尊敬もし、また郷土の誇りにもするが、ねたむものはほとんどない。

村に住む農民たちが一番気をつかったのは群の中にいる一人がぐんぐん大きくなることであった。それのない村をつくること。

「この村はよい村です。大きな金持もいないかわりにあまり貧乏なものもいない。」

それが戦前に農民から聞かされた理想の村の姿であった。

「この村は仲のよい村です。」

農民にとってはそれが何よりの誇りであった。事なかれ主義と言っていいかもわからない。だがこうしなければお互いが安心して生きてはゆけなかったのである。

　私はかつて石川県能登半島の中世村落の研究をして気のついたことがあった。ここには中世に多くの名田《みょうでん》が発達し、一〇〇石二〇〇石の農地をもった名主《みょうしゅ》すなわち地主が少なくなかった。その名主たちの近くには地内《じない》とよばれる下人の家があり、その人たちが名田の田地を耕作していた。それは小作人よりも身分の低いものであった。中世の村落はそうした地主と農奴的な下人によって組織づけられているように多くの史書はといている。つまり、そのような実例は能登においてもたくさん見られるのであるが、そうした村落のほかに、大きな地主をもたないで、ほぼおなじような大きさの百姓たちの集まって住んでいる村落が、名主の住んでいる村よりは数が多いのである。そういう村も古くからあった。

　ではどうしてできたのであろうか。理由はよくわからなかったが、他の地方をあるいてみると、何とか想像もつくような現象も見た。二男や三男たちが、まだ拓いていないところを拓いてそこに住みついたものがかなり多いのである。いわゆる出作地なのである。能登でもおなじようなことが言えるかと思う。そういう村は皆貧乏であった。凶作があったり日照りや風水害があるといためつけられてしまって、名主のところへ身を売ったり、また土地を売らねばならぬことも多かったようであるが、それでも特別に大きな力をもっているものに頭をおさえられていないだけに気楽であった。そういう小者ばかりの集まった集落をムラと呼んだようである。そして中世末の頃には名主のいる名田の数よりもムラの数の方がはるかに多くなっていたようである。

その上名主たちは武士として領主につきしたがって戦場をかけめぐり、敗れて衰えたものもあれば、領主が遠くへ移封せられることによってついていって郷里へは帰らなくなったものも多かった。愛知県三河地方などはそのよい例で、地方にいた名主たちは武士として徳川氏にしたがってほとんど江戸へ移ったから、村に住むものは小者ばかりになったところが多かったのである。

もとより村にそのままふみとどまった名主も少なくなかった。それが江戸時代になると名主役《なぬしやく》（村長）をつとめるようになった例が少なくない。

日本の農村の長い歴史をふりかえって見て、中世の終わり頃には次第に名田が解体縮少して、村が多くなっていったという事実はたいへん面白いことだと思う。貧乏してもみんなで平等な生活がしたかったのである。そのために群をぬくものをできるだけいましめたのである。

それにもかかわらず、江戸時代の終わり頃になると農業以外の職業——酒屋だとか醤油屋・古着屋・金貸しなどの職業——をいとなみ、金をためて土地を買い、大きな地主にのしあがってきたものも少なくなかったが、そういう家はいつも陰で恨まれていたものであった。

一方、貧しい一人一人も何か抜けがけの功名のようなことを願っていた。村のもつルールだけを守っているのではあまりに平凡であり、単調であった。しかしそういう抜けがけも村のいろいろのルールと監視の中で行なうのであるからミミッチイものであった。

村のそのような自縄自縛的な構造をうちやぶるには農業以外の職業を多くする以外に方法はなかったのである。

講組

村は全国的に見ていって大きく二つにわけられるかと思う。大家《おおや》とか本家とかいわれる勢力のある家が昔からずっと続いて村の中核をなしているものと、どんぐりの背くらべの村とである。どんぐり村の方にも新しく勢力をもった家ができることもあるが、それが村の中核になることは少ない。

さて都市の発達のそれほど目ざましくなかった大正の初め頃のことを考えてみると、親方村とどんぐり村の比率は、どんぐり村の方がはるかに多かったように思うのである。ある地域をとって一つ一つの部落を見ていくとこのことはすぐわかる。したがって、さきにのべたように、どんぐり村が農村の夢であったこともよくわかるのである。

そういう村では講が発達している。村のうちにいろいろの講がある。日本中に普遍的に見られるのは念仏講・葬講《とむらいこう》・葬式組といわれるものである。一〇戸から二〇戸くらいで組んでおり、基本的には地縁集団である。死者があるとその組のものがすぐ集まって来て葬式の準備をする。その家の財産など見あわせてそれによって道具をととのえ、食事の支度をし、また僧もまねく。組内のものはそれぞれ香典をもって手伝いにいく。香典は金と米を持っていくのが普通である。この仲間は親類とは別のものである。死者の家のものは死人のそばについて死者の出棺までの伽《とぎ》をすればよい。死んだ日の夜は通常どこでも通夜をする。そのとき葬講仲間は大きな数珠をもって来て、百万遍の数珠くりをする風習がもとはひろく各地に見られたものである。

葬講がくずれたところでも女たちの葬講としての尼講や観音講の残っているところは多い。こうして講仲間のものは通夜から葬式など死者の後始末一切をその家の大きな経済的負担にならないように片付けるのが村のならわしであった。だから村の中に住んでおれば野たれ死するということはなかった。村人もたとえ相手がどんな人でも、村に住んでいるかぎりは葬式だけは出す責任があると考えた。

村には昔から制裁の一つとして村ハチブというのがあった。村の規約をやぶったものに対して村人としての交際を一切断ってしまうことによって苦しめようとするものであるが、ハチブとはもともと村のつきあいを一〇としてそのうち葬式と火事の助けあいの二つだけは例外にしてあるので、八分というのだとの通説がある。各地の習俗について見て信じていいことのようである。死者をむちうつようなことはしなかったのである。それと火事の助けあい。そこに農民のモラルのあり方を見ることができる。

次に多かった講は伊勢講である。これも全国にわたっていた。伊勢講というのは伊勢神宮へ参るために人びとが組をつくり、当番の家をきめて一年に三回くらい集まって天照皇大神の掛軸をおがみ、飲食をともにする。費用は持ち寄りでしかも飲食したあとかなり残るほど持って来る。米を持ってくることが多い。それを売って金にして積みたてておき、仲間のものが交代で伊勢へ参るための費用にあてる。どうしてこのような講が江戸時代に全国の隅々にまでひろがっていったものであるか、いろいろな理由はつけられているが、その説明だけでは十分納得できるものではない。そして普通の年でも三〇~四〇万、おかげ参りとよばれる特別参拝のときには三〇〇万をこえる群集が伊勢へ押しかけている。汽車も汽船もない時代にみな歩いてそれだけの者が伊勢へ参ったのである。これを群集心理で片付ける学者もあるが、単なる群集心理ではなく、その裏にはこうした民衆の組織がある。伊勢には御師《おんし》とよばれる神人たちがいて、それが信仰を持ちあるいたのが原因だとせられているが、御師は伊勢ばかりでなく、有名な神社にはたいていいた。それが伊勢だけが全国的に力を持っていたのは、日本という国が早く農業国家として成立していたことに原因の一端があろう。

今一つ講の中で全国に分布を見ていたものに頼母子《たのもし》がある。生活に困ったものが親しい者に助けを求めると、一〇人なり二〇人なりの仲間をつくって、金または品物をあつめて貸してくれる。その後は仲間の者が最初に貸した金額だけの金を持って集まり、それをクジ引きなり入札なりによって仲間の者でとっていく。それを仲間が一〇人あれば一〇回、二〇人あれば二〇回行なうわけである。その集まるのも一年に一回というのもあれば二回というのもある。近頃では月一回という例が多くなっている。最初に借りたものは一人分の掛銭に利子をつけて毎回払っていく。利子はつけないで仲間を御馳走するというのもあれば元金すら払わないという例もある。

金に困った者がはじめるというようなものばかりでなく、食料に困ったり、船をつくったり、家をたてたりするようなときにも頼母子は利用せられ、また女たちは布団をつくったり、膳椀をととのえるのに頼母子をはじめたというのもある。最近ではオートバイを買ったり、電気洗濯機を買うのに頼母子を利用した話を九州地方で聞いたことがある。

頼母子は中世には行なわれていた。民衆の英知の生んだ金融組織であるが、このように見て来ると民衆の社会の中にはきわめて民主的な組織が内在し、運営されていたことを知るのである。しかもこれ以外に村々にあった講の数はおびただしかった。

親方子方

仲間の結束だけでわれわれは多くの危機を切りぬけることができたかというとかならずしもそうではない。村の中でより大きな力にたよることをも考えた。それも単なる主従関係として結ばれたのではない。親子として結ばれたのである。

今、成年式は二十歳で行なわれているが、明治時代までは十五歳ないし十八歳くらいまでの間に行なうことが多く、これを元服《げんぷく》といった。元服は子供から大人になることである。男も結髪をしていたころには、いわゆる稚児髷《ちごまげ》から大人の髪になおし、名前も子供の名前から大人の名にかえる風習があった。明治五年に戸籍ができて子供のときつけられた名が死に至るまで持ちつづけられることになって、元服にあたって名をかえることはなくなり、また同年、断髪令が出て男の結髪は禁止せられたけれども、元服式はずっと後まで残ったわけである。

さて子供が元服をして一人前になるとき、実の親のほかに元服親をたのむ風習が各地に見られた。元服親は烏帽子親《えぼしおや》ともいった。鎌倉時代以前は大人になると烏帽子をかぶったものである。烏帽子をかぶらせてもらったものの方を烏帽子子といった。

元服の図（シーボルト『日本』より）

このような風習は男の間にのみ見られたのではなく女の方にも見られた。女の方は十五歳ごろになると成女のしるしとしてカネ（鉄漿）で歯を黒く染めたもので、その歯を染めるとき実母以外の女を母にたのんだ。これをカネ親または筆親といった。

烏帽子親や筆親は実の親よりも勢力のあるものをたのむのがふつうであった。それは困惑するような問題のおこったとき、力になってもらうためであった。子になったものは盆正月に中元や歳暮をもって行き、また年に何回か手伝いに行くのが普通であったが、親になった方はいろいろの相談ごとにあずかったり、困ったときには金銭的な世話をしてやるというようなこともあった。この制度のおもしろいことは世襲制ではなかったということである。だから父親の烏帽子親の家へ、子がまたたのみに行くというとはほとんどなかった。とにかく頼み甲斐のある人をえらんで親にたのむので、人格者であるとか力量のあるものは何十人というほど子方を持つことがあった。

元服やカネ付けの時だけでなく、結婚のとき仲人を仮親にたのむ風習も山梨県地方には盛んであった。これを仲人親といった。

こうした仮の親子の契りは実の親子についで大事にされ、吉凶禍福あらゆる場合に親子が行き来して助けあったものである。だから実の親に力がなくてもよい仮親をとっておいてやりさえすれば、その子が食うに困るということは少なかった。その上一代限りであったから、その子が親の世話になった仮親の家へ強いて義理をたてなければならぬことはなかった。

しかし子になったものは親方に対して恩はむくいなければならなかったし、また義理もはたさなければばならなかったから、それでは主従的な関係も生まれたであろうと考えられるが、そういうこともないではなかったけれど、仮親をえらぶのはえらぶものの自由で、十分たのみになるものでなければ、たのむ方もたのみはしない。戦前各地を調査した場合に、私は仮親たちにたくさん逢った。子方を一〇人以上持っている親方は皆申しあわせたように善良そのもののような人たちであり、しかもそれぞれ識見をもっていた。

仮の親にはこうした元服親（烏帽子親）・カネ親（筆親）・仲人親などのほかに、子供の生まれたときに名をつけてくれる名付親、あるいはあいついで子供の死んだあとに生まれたような子があると、道の辻に捨てておいて元気な、しかもよい子を持っているような人に拾ってもらう儀礼が各地に見られたが、これを拾い親といった。

あるいはまた若者たちが、民家を借りて合宿する若者宿の習俗のあるところでは、その宿を借りた家の主人を親にたのむことがあって宿親といった。

そのほか中国地方には十三歳になると仮親をとる風習が各地に見られて、男の方はフンドシ親、女の方はヘコ親といっている。

このような仮の親子の習慣は東日本の大家村（同族結合のつよい村）地帯になると総本家が仮の親をつとめるという例がずっと多くなる。そういう村では本家はもとより大きな勢力をもっていたのであって今更仮の親子関係を結ぶべき必要はないはずである。それをあえて二重構造をとったということは、もともとこのような仮の親子関係が大家村ではじまったものではなく、むしろ西日本のどんぐり村（地縁結合のつよい村）の方に発達したものが大家村の方へもおよんでいったものと思われるのである。そしていろいろの人間の結合の紐帯をつくりあげて一人の落伍者も出さないようにつとめたものであった。

しかしこのような組織はその後農民以外の社会へつよく浸透していき、大ぜいの若者をつかうような人たちの間では使用者は親方、雇用人は子方として規定せられることが多かった。しかもその組織のもっとも強く結ばれたのはヤクザの世界であった。彼らは江戸時代にあっては多くは無宿人であった。無宿人というのは久離または勘当などによって、宗門人別帳から名をけずられたいわゆる帳外の民で、法律適用外の民であった。そうした仲間は一人一人としては一人前に待遇せられることはない。もっとも弱い仲間であった。そうしたものが、力あるものをたよっていって組織をつくるようになってくる。そしてそれぞれの縄張りをつくって、その地域内の無頼の徒を統轄したのである。このような組織は今日もなおくずれ去ってはいない。

むしろ尾をひいて政界などにそれが残っている。つまりもっとも近代的でなければならない社会に、かつての相互扶助の一つの手段として存在した組織が、力あるものの勢力温存の組織として利用せられるに至ったのである。しかもその根はきわめて深いと見られるのである。

いわゆる温情主義といわれるものは、この仮の親子的つながりの中に存在するものである。しかもそのようなものはこれを発達せしめたと見られる西日本の社会では早く消滅の過程をたどりつつ、政界・官僚・学者の社会につよく生きているのは、もっとも浮動性のつよい社会の中で、自己勢力を温存するためには、この組織が一番効果的だからであろう。そしてそれが今日しばしば論ぜられる日本の社会の縦の構造といわれるものの根底をなしているように思われる。

農民社会がそこから脱出しつつあるとき、近代社会が逆にそのような慣習組織の中におちいりつつあるところに日本の社会の持つ大きな問題がある。しかもその非近代的な組織の中にある者たちによって農村が封建的だなどとの批判がなされているところに喜劇的な悲劇が胚胎している。

年功序列

日本民衆の社会における今一つ目立つ習俗は年齢階梯制である。一方には家柄を尊ぶ風習もつよく見られたのであるが、一般民衆社会ではむしろ年齢階梯制の方が比重が重かったように思われ、しかも歴史的にはこの方が古いと見られる。なぜなら家柄尊重制の中へも年齢階梯制は入りこんでいて、これはほぼ全国的だったからである。

人は生まれて死ぬまでの間に多くの年齢通過儀礼をうけなければならなかった。まず生まれると七日目に名付の祝、三〇日目（土地によって五〇日目などというのもある）に宮参りをする。五〇日目には五十日《いか》の祝、一〇〇日目には百日《ももか》の祝、一年たつと誕生祝、三歳になると髪たてまたは髪おきの祝、五歳または七歳で袴着の祝、紐の祝、十三歳で褌祝（女は腰巻祝《へこ》）、十五歳で元服祝、女は三十三歳の祝、男は四十二歳の初老の祝、六十歳の還暦の祝、七十歳の古稀の祝、七十七歳の喜寿の祝、八十八歳の米寿の祝、九十九歳の白寿の祝などがそれであり、通過儀礼を行なうたびにその人の社会的な地位が高まっていく。

年齢をかさねていったものは年寄として尊ばれるのである。家柄よりも年寄が尊ばれるということは、経験の豊富な実力のあるものが尊ばれるのであるから、それはいいことであると言ってよかった。そしてほぼ相近い年齢のものが集団をつくったのである。子供は子供でまず子供仲間をつくる。つぎに若者たちは若者たちで若者組をつくる。若者組は村の祭礼や公共的な仕事を分担したものである。道づくり、海難防止、夜警、土木工事などがその主なものであった。そして村の休日なども若者が管理することが多かった。たとえば今日は休みたいというような時には、区長の所へ行って休日にするように頼む。区長はそれをきかなければならなかった。区長から許可をとると村中にふれて仕事は休む。もし仕事をしているものがあれば制裁を加えた。北陸から東北にかけてはこうした若者たちの発言力のつよい村が多かった。

一方なまけ者をいましめるのも若者であった。滋賀県岩根村などでは若者が山の上にあがって田圃のでき具合を見、できのわるい田があるとその田にしるしをして忠告したという。

若者たちが結婚して戸主になると男はオヤジ仲間に入り、女はカカ仲間に入る。ただしその前によめの時代がある。嫁に行って子供の二、三人できるまでの女の地位は低かったし、男の方も同様で戸主になってはじめてつよい権利をもった。戸主になると村寄合へ出ることができた。村寄合は村の一年間のことをきめる重要な集まりで、年に少なくとも三回はひらかれている。正月の初寄合、盆と年の暮の勘定寄合で、半期毎の村の勘定を行なう。そのほかにも道つくり、溝さらえ、さらには田植日や水利のとりきめなどに集まることが多い。

しかし四十歳をすぎ初老の祝をすますとぼつぼつ隠居の支度をする。息子が二十歳をすぎ嫁をもらえば、二、三年は様子を見て、孫もでき、もう大丈夫とわかると、昔は隠居することが多かった。だから早いものでは四十五歳ぐらいにはもう隠居したのである。おそくても五十五歳くらいであろう。このような風潮は西日本、とくに海岸地方に多かった。漁業などで船頭で働けるのは五十歳くらいまでであっただろう。このような慣習は明治の新しい社会構造の中にもちこまれて、五十歳停年制が長い間実施せられていたのである。

だが隠居したからといって遊んでいたのではない。隠居すれば村の公の仕事には出なくてよくなる。

明治の中頃までは村の公共の仕事やつきあいの仕事はずいぶん多かったものである。道つくり、溝掘り、薪とり、草刈り、屋根葺、家普請、田植、稲刈、水のかけひきなど、一戸の者だけでなく、大ぜいの力をあわせてやり、あるいは他人の力を借りなければならない仕事が多く、その寄合から冠婚葬祭のつきあいなど、戸主が出て行かなければならないことが多かった。それらの日数は一年に一〇〇日をこえるのが普通であり、対馬などでは二〇〇日をこえている村もあった。それでは自分の家だけの仕事を家庭の者でやるという日は一年に一〇〇日あまりしかなくなる。それが古い村の姿であった。この村の公共の仕事やつきあい仕事に出て行くのは戸主または主婦であり、隠居すれば出なくてよい。一年間の日数がまるまる自分のために使えるのである。

そこで隠居すると、親は二、三男のために働いて分家できるように財産をつくったものであった。六十すぎまで働けばかなり財産ができ、二、三男を独立させることができる。この時代を普通中老といった。三重県志摩地方では中爺・中婆といっている。

次に還暦の祝をすますと大老または大爺、大婆になる。この仲間は村の祭や葬式の世話をはじめ、村の政治もする。村ばかりでなく町なども年寄によって政治が行なわれた。これは家柄世襲制よりはずっと合理的であったといっていい。

だが、それは人と人との関係にゆとりのある社会ではそれでよいのであるが、すべてが規程でしばられた世界へ持ちこまれると、人の本当の才能はみとめられなくて年功序列のみが尊ばれ、才能によるのでなく、年をとれば自然に地位があがり、給料があがるような世の中をつくり出す。いまの日本はまさにそれである。古い習俗が新しい社会の中に無雑作に無批判に受け継がれておりつつ、そういうことに対する批判の声はまだ本当におこっていないと言っていい。そして農村社会、一般庶民社会だけが批判の対象になって今日にいたっているのである。〔『テアトロ』33-3〕

人の一生

―山口県東和町

〔『東和町誌』第六章近代、第五節「人の一生」を採録。民俗誌に記録された「人の一生」の中では白眉といって良いすぐれたものである。先生の考えておられた「人の一生」の全体像をしめすものとして全文をかかげる。〕

産育習俗

安産の信仰　東和町〔山口県大島郡、現：大島郡周防大島町〕を中心にして生きてきた人たちはどういう一生を送ったのであろうか。時代により、また身分によっていろいろの差があったと思われるが、ここでは明治・大正時代に生活したごく普通の人たちの生活について見てゆきたい。

町の中での上流といえば士族・僧侶・神官・旧庄屋・商人のうちの豊かな暮らしをした人びとであって、その人たちはほんの一握りにすぎない。多くの人は働かねば食えぬ人びとであった。そして全般的に見れば貧しくて、村の中での働きだけでは生活のたちにくい者が多かった。しかもその人たちは村の中の古くからの行事や慣習を忠実に守ってきた人たちで、みな世間並みなことをして生きてきたのである。だからどの人もほぼ同じような生き方をした。それでいて一人ひとりをとって見るとそれぞれ異なった生活をたててきており、一人として同じように生きた者はなかった。だからそのライフヒストリーを見れば差があり個性的なのだが、人間として通過しなければならぬ儀礼的な行事はほぼ同じようである。ここにはその同じような部分をとりあげてのべてみたい。

今は医学も進んできて、この世に生まれてきさえすればほとんど死者はなく、その生命を全うすることができるが、明治時代以前にあっては生まれた子の育つ割合は低かった。生まれた子が満一歳になるまでの間に半数あるいはそれ以上が死んだ。古い医学では子供たちの生命を守る力は弱かった。そこで呪術的なことや信仰によって子供たちの生命を守ろうとした。

昔の人は性交によって妊娠するものだとは知っていたが、性交しても子のできない者がおり、妊娠しても死産、流産が少なくなかったので、むしろ子供は神からの授かりものだと考えた。だから妊娠や安産を皆神仏に祈ったのである。

そうした中で好縁を得られるようにと祈ったのは淡島様であった。淡島神社の本社は和歌山県加太《かだ》にあったが、大島には和田正岩寺にその分社があって、旧二月一日の淡島様の祭には島末《しまずえ》地方の若い者はみな参拝したのであった。そしてそれによってよい縁を得た者も少なくなかったという。妊娠には戸田《へた》の赤石様が効験があるとされて参るものが多かった。これは土中から露出している赤色の岩で、それが女の陰部にやや似ているので信仰された。赤石様は平郡島《へいぐんじま》の西端に近い池ノ浦にもあって、そこへは船を仕立てて参る者も少なくなかった。郡外ならばそうした神仏は方々にあった。

安産は多く観音や地蔵に祈ったが、観音では帯石観音が霊験があるとされていた。

帯祝　さて女がはじめて妊娠して五ヶ月目になると腹帯をすることになっているが、その帯は女の里から米・樽をそえて贈る。婚家の方では近しい人びとをまねいて簡単な昼食を出し、またこの日トリアゲババ(取上げ婆)をきめる。これは経験のある親しい女が迎えられる。今は職業人としての産婆がおり、また病院などもあるので取上げ婆は必要がなくなっている。

なお帯祝はもとは長子に対してのみおこなわれたものである。また、長子は昔は里へ帰って産んだものであった。そしてチョウダイ（帳台）で子を産むことが多かったが、筏八幡宮の神主家では産屋は別に設けてあった。産屋が別に設けられているところは明治時代には方々に見られたが、大島郡では筏八幡宮の神主家でその話をきいただけである。

出　産　昔の家は余程ゆとりのある家以外は床は竹の簀の子を張ってあり、その上に莚を敷いて生活している者が多く、畳を敷いている家は少なかった。子供を生むときは産室の莚を新しくし、子供の産湯をその部屋で使うと、そのまま簀の子の上から床下へ流したものであるという。また死産であったようなときは、産室の床下に埋め、その上に丸い石をおいた。床の下の石を見ると死産が何人あったかを知ることができるという話を聞いたことがあるが、明治になって床に板を張るようになって、そういうことは少なくなったようである。

出産は坐産であった。産婦は天井から吊り下げられた産綱（リキミ綱ともいう）につかまり、取上げ婆は後ろから女を抱きかかえて出産をたすけた。子供が生まれると臍の緒を竹のヘラで切り、緒はかわかしておいて、子供の守りとして持たしめた。後産《あとざん》（エナ）はたいてい床の下へ埋めたものである。

子供が生まれることをマメになるという。マメとは健康のことである。

名付け　子供が生まれて七日目に名付けをする。名をつけてくれる人を名付親といい、名付親には叔父、祖父など近親者がなるが、時には神主や僧や村の賢者として尊敬されている人がなることがある。そして子の名前には大てい親の名を一字とるようにしたし、女の子の場合は祖母の名をもらうことが多かった。

しかしこのような名のつけ方は明治になってからのことで、明治以前は幼名というのがあり、それは簡単な名が多く、十五歳の元服のときあらためて大人としての名をつけたものであったという。だから名付けの儀式も簡単なものであったようである。

ところが明治五年に戸籍がつくられ、古くおこなわれていた檀那寺の宗門人別改帳に書き込んでもらう風習はやんだ。宗門人別改帳に名前を書いてもらうのは生まれてから一年もたってするのが普通であった。侍や庄屋の家を除いては子供の名前をつけるのに儀式めいたものも大してなかったようであり、昔は名前をかえることも自由で、一生のうちに何回もかえる人がたくさんいた。ところが明治五年からは生まれたときつけた名が一生使用されることになって、生まれたときの名付けが重要になり、儀式をともなうようになった。その儀式も多分出稼ぎの者が旅先で見てきた風習を取入れたもののようで、東和町の村々では多少ずつの差があった。ここでは西方《にしがた》地方のものをあげておく。

名付祝のときは親戚の者を一人ずつ招く。その時、嫁の親の家から一斗ほどの小豆飯と、酒一升を持ってくる。もとは嫁の親許で出産し、名付けもそこでおこなわれたから、その名残であろう。これをミチノカザリといった。取上げ婆はこの時一番上座にすわらされる。

取上げ婆へのお礼は、昔はその年の暮れにイワイ（祝、大きな餅）一重ねと米一升くらいを持っていった。これは嫁が、嫁の親許へ持っていく歳暮と同様である。すると取上げ婆はそのお礼として茶を飲ませるといって産婦をまねいて簡単な御馳走をした。産婦の方はそれから二、三年の間、下駄や麻裏（草履）を歳暮に持っていった。

明治になってからは、名前がきまると、その名を半紙に書いて神棚へ貼りつける。そのとき一家中、近親者が集まって簡単な昼食をたべる。

髪洗い　子供が生まれると隣近所や親戚から見舞いを贈る。すると産婦の家では、その人びとを招いて簡単な昼食を出す。生後九日目が多い。これを髪洗いという。招かれる客はすべて女である。

拾い親　生まれた子が弱くて、次々に死んでいったあとに生まれ、どうしても丈夫に育てたいと念願している者、親の厄年に生まれた子などは捨てることがある。捨てるといっても形式的なもので、拾ってくれる人を予定するか、または予想して、子供を道の辻におく、すると拾う人があらわれて、抱きあげ、よい子だとあやしながら、いったん自分の家に抱いて帰り、次に捨てた家へいって、子供を拾ったのだが、もらってくれないかといって実の親に手わたす。そのようにすると丈夫に育つという。そういう子には捨吉とか捨松などと捨の字をつけることがある。

宮参り　子供の名付けがすみ、母親が元気になると、取上げ婆（後には姑）が子供を抱いて産土神へまいって、神主に魂を入れてもらう。子供が生まれて三三日目である。宮参りの時、神主から氏子札をもらった。氏子札というのは長さ八センチ、幅六センチほどの杉の板に神社名と氏子の名と生年月日を書いたものである。幕末の頃には神社から出されており、それはどうも身分の高い者に限られていたようであるが、明治五年以後は一般にも出されていた。それがいつやんだかは明らかでないが、明治の中頃にはもう行なわれなくなっていたと見られる。

子の土産　子供が生まれてしばらくすると、子を嫁の親許へ連れていく。嫁入り先では子の土産といって餅をたくさん搗いて持ってゆき、それを嫁の里の親戚へ配った。そのトビ（かえし）には餅を入れてきた重箱に紙か麻か手拭を入れて返した。紙は髪が固いように、麻は生の緒（生命）が長いようにとの意からである。こういう儀礼も初めの子供のときだけである。

ずっと昔、里へ帰って子を産んだ頃には、生児をつれて嫁入り先へ帰るとき、里の方で餅をついて持って行かせたようである。それは幕末以前のことであった。

食い初め　子供が生まれて一〇〇日目に食い初めの儀式がある。そのとき嫁の里の祖父母が茶碗や箸などを買って持ってくる。婚家では御飯を炊いて神様に供え、茶碗に盛って子供の口にも一粒たべさせてやる。その頃から少しずつ固形物をたべさせるようにする。

名びらき　年が改まって、春二、三月（旧一月から二月）の頃に名びらきをする。子供の名の披露である。これは子供が生まれて名付けをした後に行なわれるものであるが、子供のこの世への仲間入りを披露するもので盛大な酒宴をするために旧一月頃に行なった。その頃は家々で燗始《かんし》・法事・厄年・還暦・古稀などの祝を盛大に行なう慣習があるので、名びらきもその時期に行なう。旅稼ぎの者もみな帰っている。このとき嫁の里からは男の子なら幟や産着をはじめ、酒一升に米五升位を持って祝ってくる。親戚や近所の人もそれぞれ反物や産着などを持って祝ってくる。近所の人たちの場合は五人なり八人なりで組んで反物一反くらいを持っていくのが普通であった。なお親戚からは反物・産着のほかに鯉幟を持っていった。それを祝の日に家の前に立てる。鯉幟は赤と黒の二種で、紙で作ったものである。その鯉が一〇も二〇も風になびいているのは壮観であった。

女の子の場合は里親から内裏雛を贈る。しかしそういう家は少なかった。貧しければ紙雛ですました。一般の親戚からは泥人形を贈る。浦島・金時・清正・子を背負う娘・舞娘などが多かったが、大正時代には市松人形にかわった。もらった家では美しい着物を縫うて着せて飾った。

名びらきの席では取上げ婆が子供に美しい産着を着せて上座にすわる。そして一同の者が席につくと、取上げ婆が

「この子はこの家の何男（または何女）で何という子でございます」と披露する。すると座に連なっている者は一人ひとり子供の前にいって、持っている盃の酒を子供の額につけてやり、子供の将来の健康と幸福を祝うのである。

この席での御馳走は大へんなもので、その家ではできるだけのことをする。このような祝をしてもらうのは一生のうちに、結婚、四十二歳の厄落とし、六十一歳の還暦祝、結婚生活五十年の祝、八十八歳のマスカケの祝くらいである。

この名びらきの祝はその子が女で一、二月のうちに生まれたときは、その年の三月節句におこない、男の子であれば四月末までに生まれた者はその年の五月節句に行なうことがある。

正月すぎに名びらきをすました家は、節句には女の子の場合は餅を搗いて、男の子の場合は柏餅を作って、産着を着せてくれた家へ配る。

誕生祝　子供が生まれて満一年目をタイジョウ（誕生）と言った。もとは産着をもらった人びとを招いて御馳走したが、後には餅を搗いて配るだけになっている。この日一升枡に餅を一ぱい入れたのを子供に抱えさせた。無論抱えることはできないから、親が手をすけてやるのである。力が強くなるようにとの心からであるといわれている。ただしこのように祝ってもらえるのは長男・長女だけであった。

誕生についての俗信　子供が生まれるときは、大てい満潮になっているときだといわれる。子供は親たちから「おまえは大きなタライに乗って沖の方から流れてきたのだ」とか「広島の橋の下で拾ってきたのだ」などと言われたものである。だから子供は海の彼方から流れてきたもののように思っていたものである。

また双子の生まれることを喜ばぬ風習もあった。そしてはじめて生まれた子の方はすぐ捨てにいく風習があった。するとすぐ別の人が拾って持ってくる。そのとき次の子がもう生まれている。そこで二番目の子を兄（または姉）にし、初めに生まれた子を弟（または妹）にした。双子の名はツル・カメまたはマツ・タケがつくのが普通で、鶴吉・亀吉、松蔵・竹蔵といったような名をつけた。

初申し　旧八月九日はその年に子のできた家では初申しといって餅をついて祝い、親戚や近所へ配った。申しというのは祭のことで、子供にとっては初めて秋祭にあうのである。そしてこの日が島にある数々の神社の秋祭の最初の日であった。今この儀礼は完全にすたれているといってよい。

子供時代

子　守　子守は大てい近所の年上の女の子や親戚の女の子がすることが多かったし、姉が弟や妹の守りをすることもあった。昔は子供が多かったので、小さい子供は年上の子供が育てたといってもよかった。中には貧しい家の子が子守奉公にやられることもあったというが、それはそんなに多くはなかったようである。お互いに見知った者が子守をするのだから、守りたちも小さい子供を大事にした。子守は七、八歳くらいから十五歳になるくらいまでの間やっていた。そして子守は子守たちで遊んだのでおのずから守り仲間ができ、最年長者で実力のある者がその頭になった。それをモリジョウヤ（守庄屋）といった。子守たちは子を負うて群れになって村の道や野の道をあるくことがあり、そのときは皆子守歌をうたった。

また浜に出て、子供たちを浜に坐らせたり寝かせたりして、子守は子守だけで遊ぶこともあった。このような風景は明治四十年頃まで見られたが、小学校教育が徹底して、女の子も小学校へゆかなければならなくなってからは子守をする者が減った。それまでに小学校はできていたのだが女の子は大半永欠になっていた。日露戦争頃から女の子もすべて学校へ行くようになったのである。

子守たちは十三歳になると十五歳の者が盆踊を教えてくれたという。女の子は十三歳になると赤いヘコ（腰巻）を買ってもらった。その年から腰巻をするようになるのである。男の子ならフンドシ（褌）を買ってもらう。そしてヘコ祝といって赤飯を炊いて祝ってもらったものである。

ヘコ祝をした者は盆踊に正式に参加する資格ができるので、モリジョウヤを中心にして年上の者が盆踊を子守をしている合間に教えるのである。しかしこのような風習は明治四十年以降は消えた。

紐おとし　明治の初め頃までは紐おとしという行事があった。七歳くらいのときの行事であった。それまでは皆紐のついた着物を着ていて帯は結ばなかった。そして紐のついている着物を着ている間は子供仲間には入れなかった。子供たちはいろいろの遊びをして遊ぶが、その仲間へ正式には入れなかった。鬼ごとをしても鬼にならなかった。そういうのをカワラケといった。紐おとしをすると帯を結ぶようになり、子供仲間に入るのだが、そのときも祝ごとをした。しかしその行事は早くやんだ。このほかに子供の通過儀礼はいくつもあったようであるが、明治十四、五年頃にやんだものが少なくなかった。その頃、世の中が大変不景気で中止した行事が少なくないという。

トウゲの祝　十歳のとき行なわれるトウゲの祝は大正時代までは続いた。十歳になるまでは子供も病気で死亡する者が多かった。しかし十歳をこえるともう安全だと親も安心したものである。「十の峠をこえたらこそ」と親たちは子供が十歳になる日を待ち望んだ。そこで十歳になると近所の人や血の濃い親類の人たちを招いて御馳走をし、遠縁の親戚などには餅を搗いて配った。

ヘコ祝　ヘコ祝というのは、十三歳になると「十三垂れベコ」といって男ならその叔父にあたる人が六尺の白木綿の褌を贈って子供にしめさせ、女の場合は叔母が赤い腰巻を贈る。ただし贈る人は叔父叔母にかぎらず、名付親が贈ることもあり、祖父が贈ることもある。また男に赤い褌を贈るところがある。この祝も旧一月中に行なわれたもので男の場合は親戚や知己をまねいて御馳走し、女の場合は赤飯を炊いて近所の女たちを招いて御馳走した。そしてこの儀式によって小若衆になるのである。この祝もパンツやズロースなどをはくようになってから忘れられてしまった。

小若衆宿　小若衆になると男の子は小若衆宿というのがあってそこへ泊りにいった。大ていは年寄だけいる家で、そこへ三人五人の者が泊りにいく。夕飯がすむと泊り宿へいって年寄から昔の話をいろいろ聞かせてもらったり、本を読んだり、時には年寄が蒸してくれる甘藷に舌鼓をうったりした。

小若衆たちは子供仲間では最年長者で、子供の行事になっている虫送りや亥の子などの世話をした。

この泊り宿は大正の終わり頃までは残っているところもあったが早く消えたところもある。

元服

元服　元服というのは明治維新以前は大事な行事であったという。それぞれ元服親をきめて、十五歳になった一月に親戚・知己をまねいてそれまで前髪を結うているのを前髪を剃り落とし、月代《さかやき》を剃って髷《まげ》を結うてもらい、名前のつけ替えをした。それで一人前になるのである。

大人の名前には右衛門・左衛門・兵衛・丞・進・介・助などのつくものが多かった。

女には元服の祝はないが、十五歳になると地機《じばた》を織ることをならい、はじめて布一反を織るとコロバタといって親類や近所の女をまねいて、お粥を炊いて御馳走し、そのことを披露した。それによって女は一人前として認められたのである。

若者・娘

若衆組・若衆宿　このようにして男は若衆組に、女は娘組に入る。若衆入りは一月三日の若衆の初寄りに行なわれたから、まだ前髪のあるときに入ることになるように思うが、昔は盆踊の前に若衆入りをしたようで、明治になって髷を結わなくなって、若衆入りも早くなったようである。若衆入りのときには親に連れられて酒一升を持って若衆の集会の席にゆき、親の方から「この子をよろしゅう願います」と頼んで帰る。入会したものは仲間一同に挨拶し、そのあとは走り使いの仕事をさせられる。

若衆組は二十五歳までが仲間であったが、それより早く結婚すれば退会し、二十五歳をすぎても結婚しない者は退会しないでいた。そして若衆頭は土地によって最年長者がなることもあれば仲間の推薦によってきめるところもあった。しかし旅稼ぎの多い土地だから、旅に出る者は役員にならなかった。また旅稼ぎの多いためであろうが、仲間の中での階層制はそれほど厳重ではなかった。

若衆組に入ると泊り宿（若衆宿）へ泊りにいくことができた。若衆宿といっても別に建物があるわけではなく、比較的大きくて、やかましく言わないような家の座敷を借りてそこへ泊りにいった。そして村の中にいくつも宿のあるところもあった。和田では財産のある家へはたいてい若い者を二人か三人泊めていた。これは明治十年からのことであった。明治十年の年の暮れに小泊《こどまり》の西原家で家族が皆殺しにあう大きな騒動があった。西原家は綿や綿布の問屋をしていた。年の暮れであったから、家では金の勘定をしていた。そのとき庭先で手伝いの男が薪を割っていた。その男は西原家へ出入りしている木挽で、盆正月以外のときは伊予の大洲へ稼ぎにいっていた。別に悪気のある男でもなく実直に働いていたというが、大金を見て目がくらみ、その日の夕方出直してきて、西原の者を皆殺しにした。しかし金もとらず、役所へ自首して出た。全く悪夢のようないっときのできごとであった。それまで小泊の役所は大浜家が勤めていたが、大浜家は浜の方へ移転して空家になり、そこに東部の扱所といって大区の出張所がおかれていた。犯人はそこへ届け出て大騒動になった。このことがあって、小泊・和田・内入《うちのにゅう》地区の財産のある家では、二、三人ずつ若衆に泊まってもらうようになって、それが大正時代まで続いたという。泊りにいく若衆を泊り子といった。そして泊り子は盆正月に泊り宿へ歳暮を持っていった。米一升と餅一重が通例になっていたようである。

泊り宿というものは便利なものであった。夕飯がすんでいっとき夜業《よなべ》をする。そして仕事のきりがつくと泊り宿へいく。仲間も追々集まってくる。すると娘の家へ夜這いにいく。明治の初め頃は娘の寝宿というのがあって、そこへ押しかけてゆくこともあったというが、この方は明治時代に入ると間もなくやんだ。しかし安下庄《あげのしょう》には明治の終わり頃までそれが見られたという。

夜這いというのは娘の家へしのびこむのである。昭和二十年以前まではそれはみだらであり不道徳であるとして文章などにすることもほとんどなかったけれど、根強く続いた風習のようであった。昭和二十一年の話であるが、町の東部地方に住んでいた医師が「娘が胃の具合がわるいというので診察するとほとんど妊娠している。しかもみな結婚していない」と話してくれた。どうしてこんなことになったのだろうと思ってそれとなく聞いてみると、昔からの習慣だからと答えた娘が何人かあったという。

夜這いは自分の村内だけでなく隣の村へも出かけてゆくことがあった。そうしてその村へ入ると、若衆たちは別れ別れになって目的とする家へ忍びこんだ。そのようにしてそれが結婚にまで発展する例も少なくなかったが、そうでない者も少なくなかった。

一方また多くの男と関係する女もあり、男の方も同様であったが、結婚するとそういうことをするのは稀であったという。女がそうした男たちと手を切ろうとするときは紺の足袋を贈ったそうで、それは「此の度（紺の足袋）限り」の意味からであるという。ある娘が嫁にいくとき二三足の紺足袋を贈ったという話があった。

しかしきわめて慎み深い娘や若衆も少なくなかった。

夜這いが少なくなったのは電灯がともるようになってからで、大正時代のことである。どこの家でも電灯を消して寝る家はなかったので忍び込みにくくなったのである。そこで夜這いではなく娘のいる家へ遊びにゆく風習がその後起こってきた。娘が裁縫などしているそばで十時十一時頃まで話をして帰るのである。その頃には若衆宿もほとんどなくなっており、男たちの夜業も行なわれなくなっていたから、自分の家から直接娘の家へゆくようになる。

しかし、それでも昭和十五、六年頃まではまだ夜這いが見られたが、それが刑事問題などを引きおこすようになって次第に消えていった。

若衆たちの公共的な仕事は盆踊や祭の世話のほかに道路修理や災害のおこったときの復旧作業などがあり、昔は地狂言も盛んに行なった。

ところが明治三十年代から若衆組は修養団体でなければならないとて新しい組織を作るようになった。小学校の先生たちも参加して夜学を行なったり、小学校の運動会に参加したり、マラソンや剣道なども行なうようになり、それぞれ青年会という名にして、それにさらに日進会・月将会・誠志会などといったような固有名詞をつけた。しかし基本的には若衆組が名前をかえ、新しい行事をしはじめたものであるといっていい。

そして夜学の方は後に補習学校という名になり、青年訓練所になり、青年学校になり、軍事訓練を主とした学校にまで発展していくことになる。

青年会が青年団になったのは大正十三、四年頃であった。これには内務省などの干渉があって、次第に官設の色彩を強め、兵役の予備訓練の団体になり、青年学校と表裏関係の団体になる。しかしその基底にはなお古い若衆組の慣習が残っていた。

しかし昭和二十年以降になると大きくかわってくる。官設青年団は一応解体して、青年たちの申し合わせによる団体が生まれてくる。これを青年同志会と呼んだところが多い。しかしもう昔の若衆組や青年会のような強力な力は持たなくなった。

結婚

結婚適齢期　男は二十歳をすぎ、女は十八歳位になると結婚適齢期になる。そして男も女も二十四歳までにほぼ結婚してしまうのが普通で、若衆組が二十五歳までとして、二十五歳まで若衆組にいる者は少なかった。というのは二十五歳は男の厄年といわれ、二十五歳には結婚を忌む風習であった。だから二十五歳で結婚しなければならない者はもらい年というのをして二十六歳ということにして結婚したものである。
そうした風習がこわれはじめたのは明治末年頃からであった。その頃まで旅稼ぎをしている者も嫁は大てい郷里の娘をもらったが、旅稼ぎが大工・木挽・石工・船乗りなどであった時代には郷里にいる期間も長かったけれど、明治末年頃から工業都市の発達につれて、職工などで出ていく者が多くなる。彼らは休日で帰郷できる期間がずっと短くなる。大工にしても都会なら四六時中仕事があって、盆正月にも帰れない者がふえてきた。そういう人たちは都会で知りあった女と結婚する者がふえ、年齢の制約など次第にくずれてくる。

昭和三年の山口県統計書に見えた年齢別結婚人口を見ると次のようである。これは昭和二年度に結婚した者を年齢別に見たものである。

	男	女
二十歳まで	一〇三	二二八〇
二十一～二十五	二一一八	五〇一二
二十六～三十	四三二一	一四九二
三十一～三十五	一八七四	五三八
三十六～四十	七四四	三三六
四十一～四十五	三五五	一九三
四十六～五十	二四九	一四六
五十一以上	四二二	一三八

これによると男は二十歳から三十五歳までに大半が結婚し、女は十七、八歳から三十歳までの間に大半が結婚していることになる。この数字の中に大島郡も含まれているのであって、大島郡もこの傾向と

大差がなかったと見え、男の方の結婚年齢は大正時代には二十六歳から三十歳までが最も多く、女は二十歳から二十五歳までの間がもっとも多い。このようにして大正時代には結婚年齢が五年くらいのびたことがわかるのである。旅におれば周囲から年齢のことを兎や角言われることも少ない。と同時に男女の年齢差も夜這いを軸にして結婚していたころには精々二、三歳くらい女が年下であるというのが普通であったが、そうでなくなってからかなりのひらきが見られるようになった。

同じく山口県統計書、昭和三年のものを見ると、結婚年齢差についての数字は次のようである。

同年より四歳違いまで　二〇九六組
五歳より十歳違いまで　四三二五組
十歳より十五歳違いまで　二五一五組
十歳より二十歳違いまで　六二八組

合計九五六四組であるが、そのうち女の方が年上というのは二〇〇組余、〇・〇二％程度でしかない。この数字には再婚も入っているのだから初婚だけの状態を知ることはできないが、男女の年齢のひらきの大きく出ている人たちの結婚は夜這いの延長によるものではない、と言っていい。

夜這いという字はよいイメージを与えないがヨバイはヨビアイ（呼び合い）であり、求婚を意味する古い言葉で、古風な恋愛といってもいい。そのような風習が、昭和の初め頃にはかなりうすらいでいたことがわかる。とともに年齢差の大きくなってきたことは、いわゆる見合い婚が多くなってきたことを意味するものであろう。

いずれにしても東和町では大正時代から出先での結婚が著しくふえてき、それが結婚の様相を大きくかえてきた。

結婚の条件

ヨバイの行なわれた時代には、ほんとに肌の合うたものが結婚するというのが当然であったようで、したがって村内婚か隣村間婚が多かった。そしてほぼ相似た条件を持つ者が結婚した。そうでないものは駆け落ちして、旅先で所帯を持つ者が少なくなかった。その場合はとめることも批判することもできない。村の過去を振りかえってみると、そのようにして村を出ていったものは案外多いようである。その人たちにとっては家柄も何も問題ではなかった。家柄とか血統とかいわれるもので問題になったのは、まず悪い病気を持った家である。悪い病気というのはハンセン氏病と肺病で、両方とも遺伝と考えられていた。そして昔はそういう家が村の中に何軒かあって嫌がられていたのである。ともに伝染病であり、また治癒する病気であることもあり、ハンセン氏病にいたっては患者が一人もいなくなり、肺病も治る病であるとわかって恐れる者もなくなった。

第二に嫌われたのは憑き物筋といわれる家であった。それには犬神とか蛇神といわれるものがあった。

第三には未解放部落が問題にされた。しかしこれらも恋愛を主体とする結婚がその障壁をくずしていった。

このほかに同年者の結婚はいけないとされていて、その例がきわめて少なかった。よくいくときはよいが、大てい非常に悪くなると信じられていたのである。

また年齢差が偶数であることも二つに割れるといってきらわれた。しかし好いた者同士の場合はたいてい女が貰い年をして結婚した。貰い年というのは産土神へ参って神主にお神楽をあげてもらい、年を一つ付け加えるのである。昔はそういうことも可能であると考えていた。とにかくいろいろの障碍があったが、それらをのりこえて結婚した者も少なくなかったというから、原則と現実には多少の開きがあったようである。

また丙午《ひのえうま》の女は一般にきらわれたというが、丙午の生まれで結婚しなかったという例を聞かない。大てい結婚している。筆者の祖父と祖母は同年であり、しかも丙午生まれであったがそれでも結婚した。そして五〇余年一緒に暮らした。言いつたえと、現実の生活とは一致したものではなかった。そして多くの人は次第に現実に即した生活を求めていった。

結婚　結婚の橋渡しをするのは女たちで、中にたつ女が、娘の母親にまず話しかける。母親はたいてい娘の気持ちを聞いてみる。そして娘が承知なら父親にも話す。父親が頑固で話のすすまないことがあるが、そういうときは駆け落ちすることが少なくない。父親が大体承知すれば男の仲人が立ち酒一升をさげて、結婚に奔走してくれた女と共に娘の家へいって話をつける。この際婿になる男がついていくこともあった。話がこじれかけたとき若衆の年頭の者が話をつけにいくことも昔はあったという。これをタノミ（頼み）という。そのとき式の日取りなどをとりきめるのだが、いわゆる釣り合わぬ結婚でしかも親は一応承知したというような場合には仲人がそのまま娘を連れて婿の家へ来るという略式婚も江戸時代には時折見かけたという。

しかし一般の結婚式は明治の終わり頃まで婿入りと嫁入りの二つにわかれていた。婿入りというのは日をえらんで婿になる男とその親、仲人が娘の家へ出かけていく。一行はまず中宿に落ち着いて式服にかえる。娘の家が近ければ中宿は設けない。式服は昔は紋付きの長着に羽織を着たが、明治後期には縞の長着に袴をはき紋付き羽織を着る。支度ができて待っていると嫁の家から迎えが来る。一行は娘の家へいって席につく。婿は床を背にして坐る。床には「天照皇太神」の軸が掛けられ、その前に神酒を供え、また長熨斗《ながのし》を飾る。一同の前には本膳が据えられる。平・坪・中椀には婚礼にちなんだ菓子が入れてある。時には料理したものが入れてあることもある。婿はこの御馳走に手をふれてはならない。次に三つ組の盃が運ばれる。お酌は十八、九の娘によって行なわれる。

盃は席についている婿と座にいる仲人と嫁の親の間に取りかわされる。この式を「カンシ」といっているところもある。

カンシがすむと本膳が下げられて会席膳が出される。それからは皆くつろいで夜が更けるまで酒盛りがつづく。その間嫁になる娘は台所で働いていて酒盛りの席へは出ない。酒盛りがすむと婿方の一行は帰っていく。そして婿入りがすんで半年くらいは嫁入りは行なわれなかった。ところが明治時代になって半年が三月になり、一月になり、明治の終わり頃は一〇日か五日の間をおくにすぎなくなり、大正時代には婿入りと嫁入りが中一日をおいて行なわれるようになった。

さらに何処か特別の場所、多くは料亭や宿屋を借り、婿方・嫁方両方が出会って結婚式をする出会い婚が大正の中頃から見られるようになり、次第にその方式が定着するに至った。出会い婚をしない場合も、婿入り婚は廃止され、嫁入り婚だけになって来た。

次に嫁入りについて見てゆこう。嫁入りの場合も中宿が設けられて、嫁方の一行は中宿に落ち着き、そこで着替えをする。嫁は昔は白無垢の着物を着、綿帽子をかぶった。この一行にはタルカツギといって十五歳以下の子供が一升樽をかついでゆき、そのほかに衣裳持ちがハサミ箱に嫁の衣裳を入れてかついでいくのがならわしであった。この衣裳は、衣裳替えのとき着るものである。

嫁入りの席の配膳と盃の交換は婿入りの時と同じようであるが、婿方から引き受けとして二人坐る。そしてカンシがすむと嫁は別室に入る。そこには婿が紋付き姿で待っており、仲人の酌で三三九度の盃事を行なう。それがすむと、嫁は衣裳持ちの持って来た裾模様の着物に着替え、綿帽子をとって、表の間の席に戻る。その時本膳は下げられ会席膳が出ている。嫁の家が財産があればたびたび衣裳替えを行ない、大正の好景気の頃には七度も着替えたという例があった。それは嫁を見るために外へつめかけている人たちに見せるためであった。

嫁入りの夜は戸障子は一切はずし、外から見物できるようにした。すると大ぜいの人が見物に来ていて弥次などをとばす。また元気のよい青年たちはどこからか伝馬船・石地蔵・石臼などを持って来て家の前へならべる。伝馬船は女陰を象徴し、石地蔵は子守を、石臼は男女の交合をほのめかしたものである。また青年たちは四斗樽に短冊をつけた笹竹を立てて、中へは酒一升ほどを入れて祝ってゆくことがあった。すると婿の家ではそれへ一斗も酒を入れてお礼として返す。若衆たちはその樽をかついで帰り、若衆宿でその酒を飲んだものである。

安下庄での嫁入りには地蔵様が何十というほど集まって、それをもとあった位置へ戻すのに苦労したという話をきいた。やはり大正時代のことである。

一方嫁の荷物は嫁の家の近くの人が嫁入りの式の行なわれる前に持っていくことになっていた。荷持ちたちは紺の法被を着、股引をはき、鉢巻をする。嫁と婿の家の間があまり離れていない場合には荷持ちたちは女の長襦袢を着、白粉をつけ、長持・箪笥などをかついでいった。そして嫁の家を出るときと、婿の家へ近付いたときには道中歌をうたったものである。これを「タンバナー」ともいった。丹波の与作の馬子歌を歌うからであろう。

音頭　たんばのーよさくはー
はやし　ヤレヤレー
音頭　馬追いなーれーどー
　今はーお江戸でー　にほん一ー　さすなアェー
はやし　ア、ドッコイドッコイ
音頭　去年の三月節句の晩にはお前さんの方からほれたじゃないかい
　今更いやとは
はやし　ドッコイドッコイ

というようにうたう。音頭をうたうときは長持の棒は青竹の杖で支えて肩からはずして、一同は立ったままであるが、「ア、ドッコイドッコイ」というときに杖をはずし、荷棒をかついで足拍子をとりながら歩き、音頭になるとまたとまって荷棒を青竹で支えて歌うのである。この道中歌の歌詞やはやしことばはいろいろあった。この一行が婿の家へ近付くと婿の家では手伝いの女たちが美しい長襦袢を着、頬かむりをして箒や杓子を持ってゆき、長持が近付くとそれで招くのである。そして代表の者がよく来てくれたと挨拶する。到着した荷物は婚礼を行なう次の部屋に飾る。荷持ちたちは御馳走になり、祝儀をもらって帰ってゆく。

幕末の頃までの婿入り・嫁入りのとき、一般の家でも婿は裃を着ることが多かったようで、嫁の荷物はつづらと長持であったという。

結婚式の翌日は花嫁は姑に連れられて、隣近所や親類へ挨拶にまわり、三日目は舅入りといって、舅姑が婿と嫁を連れて嫁の里へいった。嫁にとっては里帰りであった。あるいはヒザナオシ（膝なおし）とも言った。この日嫁の里では茶飲みといって昼間は隣近所の主婦をまねいて御馳走し、晩には本客として親戚・知人をまねいて酒盛りをした。この酒盛りをカオツナギ（顔つなぎ）といった。

その宴のあと婿やその親は家へ帰るが、嫁は二、三日里にいて帰った。

樽入れ　若衆が樽をかついで祝いにいくのは結婚式の晩が普通であったが、西方地方では結婚式がすんでから若衆組一同として祝儀を持っていく。すると若夫婦は若衆を招宴することになる。若衆たちは昼間竹を伐って来てそれに短冊をつけたのを四斗樽にくくりつけ、中には一升あまりの酒を入れたのを小若衆たちにかつがせて婿の家に繰りこみ、樽は床の間に据える。短冊にはいろいろの歌が書いてある。エロティックなものが多い。

　裾野よりまくりあげたる御富士山
甲斐で見るより駿河一番

といったようなものである。その酒盛りはまことに活気をおびたものであった。その席で歌われる歌はヨイショ節が多かったが、それもエロティックなものが多かった。

一夜なれなれこの子ができて
　新茶茶壺でこちや知らぬ
年は十三この子ができて
　母といわれるのがはずかしい
伊達の麻裏しまつの雪駄
　所帯くずしの藁草履
殿御とられて泣く奴馬鹿よ
　広い世間が焼けたよに

そのほか多くの歌がうたわれた。この儀式をタルイレ（樽入れ）といったが、これによって婿は若衆組を脱退したことになる。

離婚　しかしこのように結婚してもその一割は離婚している。事実はもっと多いかもわからぬ。舅・姑との折り合いがわるいというのもあれば、添うて見ると案外肌があわないというのが少なくなかった。舅・姑との間は結婚して若い者の折り合いがよければ隠居することになっているから、それほど問題ではなく、夫婦の間がうまくゆかないときに離婚が多かった。そうしたとき男の方が女を出すのではなく、女の方が男の家からサッサと出て来ることが多かった。これを「テボをふる」とか「ホボロをふる」といった。テボをかついでさっさと帰って来るという意味であろう。仲人が入って仲直りさせることもあるが、そのまま復縁しない者もあった。不縁になったからとて女はそれほど悲観しなかった。また結婚の口があるからである。ただし子供ができると事情はかわって来る。

女の方にかなり男を選択する自由があったといっていい。またそれでなければ旅稼ぎをする男を夫にして、家を守りつつ子を育て働きつづけるのは容易なことではできないからである。

今は離婚は少なくなっていると思うが大正頃までは離婚の数はかなり多くなっていた。昭和三年の統計によると大島郡の結婚者総数は六二四組であったが、離婚者は七六組で離婚率は一二%をこえている。

一年以内に離婚	一六件	二年以内〃	一二件	三年以内〃	六件
四年以内〃	六件	五年以内〃	六件	一〇年以内〃	一六件
一〇年以上で離婚	一四件				

がその数字であるが、これは入籍したものが除籍された例であって、昭和初期までは結婚しても子供のできるまでは入籍しないものが多かったから、離婚者の数はもっと多くなり、おそらく二〇%近い数字ではないかと思われる。

このように離婚の多かったことは結婚以前に男女の性交渉の多かったことにも原因はあったようで、大正の終わり頃のある一年に三〇〇戸ほどの在所で結婚式をあげたもののうち一年以内に八割まで離婚したことがあったが、在所の者はそれほど気にしなかった。離婚した者は大ていその後一年ほどの間に他の相手と結婚し、それは円満に事が運んでいった。

結婚が継続していくためにはいろいろの条件が必要のようであった。その第一は夫婦が仲よくすることであるが、その第二は夫婦それぞれ他の異性と交渉があっても暗黙の形でお互いに責めあわないことであったようである。男の出稼ぎの多いところではやむを得ないことであったと思われる。

昔、ある八幡様に新しい石段が完成して登り初めの式をあげることになった。登り初めする最初の人は琴瑟相和す夫婦でなければならないとした。もし妻が不義をしている場合には石段からころげ落ちると考えられていた。世話方が適当と思われる夫婦に声をかけて見るが、誰も尻込みして応じてくれない。仕方がないから庄屋のオカタ（奥方）に頼んでみることにした。ところがその奥方も言葉を左右にしてきいてくれない。手を合わせんばかりに頼むと「では、一人くらい男をもっていてもかまわないだろうか」と言ったという。

結婚と出稼ぎ

さきにも言ったように夫婦別居の生活が多いとすればそういうこともやむを得なかった。男の出稼ぎが結婚の日取りの上にも大きな影響を与えたことは結婚を月別に見ていっても肯定される。昭和三年の結婚者総数は六二四組であったとさきにも書いたが、それを月別に見ると次のようである。

一月	六四	二月	五七	三月	七六	四月	五八
五月	五二	六月	三七	七月	三四	八月	三四
九月	七二	十月	五五	十一月	三八	十二月	四八

この数字を見ると三月と九月に多い。これは旧暦では二月と八月にあたる。旧正月と盆にかえって来て、旅稼ぎに出る前に結婚する者が多い。しかし昭和三年頃には新暦もかなり実行されるようになり、新暦の一月にも帰省する者がふえてそのとき結婚する者の数も多くなった。その人たちの多くはサラリーマンであった。

しかし戦後は男の出稼ぎは著しく減った。村を出てゆく者は出稼ぎではなく移住が主になり、夫婦共に移住先に新居をかまえるようになった。それと同時に離婚数は著しく減っている。

東和町では移住といっても戸籍を移住先に移すということは少ない。本籍はそのまま郷里において出先では住民登録のみおこなう。昔の寄留である。そして最近は移住先で結婚する者がきわめて多い。それは東和町だけではなく、他の地方も同様で、昭和五十四年一月の「東和広報」に見えた、東和町出身の者の相手となった異性の本籍と結婚地についてみると次のようである。

本籍	人	結婚地	人	本籍	人	結婚地	人	本籍	人	結婚地	人
郡内	一二	郡内	四	三重	一	三重	一	宮城	〇	宮城	二
県内	六	県内	四	愛知	一	愛知	四	島根	一	島根	〇
広島	一一	広島	一三	静岡	二	静岡	一	愛媛	三	愛媛	一
岡山	〇	岡山	一	長野	〇	長野	一	福岡	三	福岡	一
兵庫	〇	兵庫	三	新潟	二	新潟	〇	大分	二	大分	〇
大阪	五	大阪	一〇	東京	二	東京	四	長崎	二	長崎	一
和歌山	一	和歌山	〇	千葉	〇	千葉	一	熊本	二	熊本	一
京都	一	京都	〇	茨城	〇	茨城	一	鹿児島	一	鹿児島	〇

すなわち結婚相手の出身地は南は鹿児島から東は東京にわたっており、結婚地も熊本から宮城に及んでいる。そして相手もまた郷里を出ている者がほとんどで、その多くは旅先で知り合って結婚するに至ったといってよいのである。このようにして結婚の相手も方法もすっかりかわっており、本籍地では結婚の登記事務を取り扱うだけで東和町内の一般の人は誰がどこでどんな結婚をしているかを知っているものはほとんどない。このようにして最近の結婚は当事者と知人と少数の親戚の者が集まって式をあげるだけのものになってしまったのである。これは実に大きな変化といってよいものである。と同時に東

和町に籍を有する者がいかに広く各地に分散移住しているかを知ることができる。

このようにして若者仲間によっておこなわれていた結婚の管理ともいうべきものは完全に消えてしまったのである。

さて、もう一度古い慣習に戻る。

結婚生活の維持　大正時代までは旧二月一日をヨメノショウガツ（嫁の正月）といって夫婦揃って嫁の親許へいって一日あそび暮らしたものである。

嫁入りの後、膝なおしといって隣近所の主婦たちを招いて簡単な食事を出した。膳の上には飯・汁・膾・杯がのせてあった。つまり一汁一菜で、それが客に出す食事のもっとも簡単なものであった。

さて結婚して二年以内はごたごたもあるが、それからさきは離婚というようなことは少なくなる。もしあるとすれば夫婦の間に子がなく、男が旅先で他所の女との間に子供を作った時などに見られたが、そのようなことになると男の方は郷里へ帰ることはほとんどなくなる。また女の方は別の男と結婚したが、これも新しい夫と旅へ出ることが多かった。

長い夫婦生活をして、五〇年を迎えると、子供たちが集まって祝い、餅をついて近所へ配ったものである。そういう夫婦は少なかった。

このような男女関係のことを筆者の知人がこまごまと書きつづけていた。それは女の人たちから直接聞いたものであった。口のかたい人であったから、女から相談をうけることが多かったが、それをいちいち書きとめておいたのである。しかしその記録は今ない。

村の中にはまた世話焼き婆さんというのが何人かいた。女たちに信頼され、頼み甲斐のある人である。筆者の親戚にはそういう老女がおり、母もまたその一人であった。そうした人のところへいろいろの悩みを持った女たちがやって来て相談する。するとその相談にのって解決の緒《いとぐち》を見つける。そして破鏡になるようなことがあっても醜い争いになることも少なかったし、お互いに傷つくことも少なかったようであり、またこわれかけたものも、もとに戻って何事もなかったように時が流れていった。つまり目に見えないところでたえず浄化作用が行なわれていたようである。

中にはまた世間の噂にのぼるようなこともあったが、そういう場合は単に非難するというようなものでなく、噂することで半面それを黙認するというようなこともあった。

このようにしてお互いができるだけ傷つかないようにしつつ、村共同体を維持してき、それぞれの家を維持して来たのである。

夫婦共稼ぎ　結婚が成立し、その家に田畑があり、百姓だけで生活できるような家、あるいは商家などの場合は出稼ぎに出ることはない。みなその家業に出精する。しかし二、三男として生まれたり、分家に生まれたりした者は、農耕だけでは生活することができないから十歳をすぎると大工・石工などの弟子になって村を出ていく。町の東部の人ならば帆船の舸子として出ていく者が多かった。はじめは飯炊きとして修行したのである。これをカシキといった。カシキをすますとワカイシになる。

このような人たちが結婚した場合、家に田畑のない場合は夫婦で旅へ出ていく場合が多かったが、沖《おき》家室《かむろ》のような漁村では男だけが海へ出る仕来りになっていたので、女は家にいて糸を紡いだり機織りをした。しかしそれも明治の終わり頃までのことであった。紡織工場が発達して手仕事をうばわれると、未婚の女たちはその紡織工場や製糸工場などへ勤めるようになったが、既婚の女たちはわずかばかりでも土地を借り桑を植え、養蚕にはげんだ。大正時代はそういう時代であるが、昭和に入って養蚕はほぼ完全に衰退した。そこで女たちはできるだけ夫について旅へ出るようになっていった。

とくにハワイ官約移民は多く夫婦で渡航し、後に自由移民になって単身渡航した場合も、写真結婚といって、娘の写真をハワイ―アメリカにいる男に送り、男が承知すれば郷里でその娘を嫁にもらって入籍し、ハワイ―アメリカに渡航させるという風習が盛んになって、夫婦が出稼ぎする風習が定着していったのであるが、そのようにして夫婦そろって出ていった者は出稼ぎというよりも移民形式をとることが多くなる。

隠居

隠居　一方、村にとどまる若い夫婦の例を見ると、藩政時代には、親が六十歳に達して還暦の祝をすますと隠居してその子に家督をゆずる風習があった。それは明治に入って受け継がれたが、明治になると、家によっては子供夫婦がしっかりしていて、孫もできたというようなとき、親は五十歳台であっても隠居する例が見られるようになった。

隠居したからと言って楽な生活をしようというのではなく、若い者の地位を早く世間にみとめさせようとしたのである。

隠居のしるしとしては親夫婦が隠居家へ入ることであった。隠居家は別棟で建てたものもあり、主屋へつぎたしたものもある。中は一間か二間で、火床（竈）がついて煮炊きできるようになっていた。中には本家で食事する者もあった。本家に同居する者もいたが、家の財布は若い者にゆずってしまう。

女の方も杓子渡しといって、昔は釜の蓋と鍋蓋と杓子を姑から嫁にわたしたものであるという。幕末頃までは儀式めいたものもあって親戚の女たちが、その場に立ち会ったというが、明治時代になると次第に名目だけのものになったようである。

しかし杓子渡しは重要な意味をもっていて、食物の管理は一切主婦が司るようになる。米・麦・雑穀をはじめ、一年間家族を飢えさせないように計画をたて、塩・漬物・薪などの備蓄をはかり、日常生活に困らないようにしなければならなかった。そして隠居した者は主婦から食料の分与をうけることになるのである。だからよい嫁をもらえば家は栄え、少し経済観念のとぼしい女を嫁にもらうと、財産をふやすことはできないといってよかった。

このような慣習がキチンとしておれば姑と嫁の争いなどおこることは少ない。そればかりでなく夫婦単位の生活がはやくから成立し、親子の干渉しあうことも少なかったといってよかった。

年寄夫婦は自分で炊事して食べ、洗濯なども自分の手で行なって、嫁を煩わすようなことはなかった。嫁は夫と子供の世話をすればよかったのである。ただし舅姑が年をとって身のまわりのことが十分できなくなれば嫁が世話を見ることになる。一方舅姑が元気な間は孫の世話をするのは舅姑の役目であった。今はもう見かけられなくなったが、昭和初期まで、若い夫婦は旅で共稼ぎをし、子供は田舎の年寄にあずけているという例が少なくなかった。

年祝・厄年

年祝　嫁にいった女の地位の本当に確立するのは三十三歳の祝をしてからであったといっていい。女は三十三歳のとき、三十三の祝として、親戚や隣近所の女をまねいて酒宴をした。このとき集まった女たちは三十三歳の主婦を祝ってションガエ節を歌ったといわれる。ションガエは生涯で、人の幸福を祈る歌であるという。

江戸時代には嫁入りのときは箪笥も長持も持たせず、テボ一杯ほどのものを持たせたという話はさきにも書いたが、箪笥・長持は三十三歳のとき親が送り届けることが多かったという。この祝をすませば、女が帰されたり、夫婦別れをするようなこともほとんどなくなるからであるという。

男は四十二歳を厄年として祝った。その祝は正月すぎに行なった。径一〇センチもある大きな餅の中に餡を入れ、それを五つずつ重箱に入れて地下中《じげ》へ配った。もう地下という言葉はつかうことも少なくなったが、大きい地下になれば三〇〇戸も四〇〇戸もある。それだけの家に配るのは大変なことである。

五つのうち一つはアワを入れた餅、白餅四つの中の一つには紅で壽と書いたし、紅を入れて搗いた赤い餅にすることもあった。この餅は地下中ばかりでなく、親戚や知己へも配ったものである。この風習は昭和初期の大不況のときやんだと言ってよい。同年の者の多い時は祝負けをすると早く死ぬといわれて、祝宴は華美になる一方であったが、昭和初期からは金一封を地下に寄付することにして配り餅をやめ、祝宴もつつましいものにした。

男はこのときから初老に入るとして、これを初老の祝ともいった。そしてそれは自分自身の力で祝ったものである。

次の男の祝は六十一歳の還暦の祝で、これは子供たちが負担して祝うものであり、四十二歳の祝のときのように地下中へ配り餅をし、祝宴には本膳に二の膳をつけ、菓子折の引出物がつくのが普通であった。この祝をすますと藩政時代には隠居することができた。隠居すれば村の集会や夫役などに出なくてよくなるが、年寄仲間に入って葬儀のときの世話をするようになる。

女も六十一歳の祝があった。これは子供たちと近い親戚が集まってつつましく祝ったが、外入《とのにゅう》の郷では祝われる本人は嫁入りのときの衣裳をつけて正座にすわったという。

七十歳の祝をすることはほとんどなかったが、七十七歳の祝は喜の字の祝といって生活のゆとりのある者は子や孫が祝をした。

八十八歳は米寿の祝といい、これは孫が祝うものとしていた。しかし八十八歳まで生きる人は稀であった。八十八歳になると紙に手形を捺して配ったり、一升枡を配ったりする家もあった。その手形を家の入り口の上に貼っておく風も見られたが、近頃はほとんど見かけることがなくなった。

百歳に達する人も稀にあって、その祝をした例を筆者は一例知っている。長命といっても百歳前後が最長であった。

病気・呪《まじない》

病　気　人の一生につきまとう災厄には病気がある。病気にはいろいろの種類があったが、子供のみのかかる病も少なくなかった。子供のときはよくひきつけをおこす子供があり、キョウフウ（驚風）とよばれる病もあった。

しかし多いのは疳《かん》の虫であった。ひきつけをおこすのは疳の虫が出るからだといわれており、虫封じの灸というのがあって、灸の上手な人のところへ据えてもらいにいくことがあったし、虫封じの呪《まじない》をする参《まい》り所《しょ》もあった。大てい大師堂であった。今のように衛生思想の発達しているわけでもなく、子供たちの栄養もよくなかったので子供の死亡率はきわめて高かった。それは寺々の過去帳をしらべてみるとよくわかる。十五歳までに死んだ者の戒名にはふつう童子・童女がきわめて多い。年々の死者の半数近くは童子・童女である。年によっては子供の死亡が圧倒的に多い。それが夏ならば疫痢・ハシカが多く、疱瘡であることもある。冬ならば風邪であることが多い。

全般的に見るならば、生まれた者の半分は、十五歳までに死んでしまったのではないかと思われる。一つには、医者がいても医者に見せるものが少なかった。大てい煎じ薬くらいですましたのであった。したがって民間における療法にはいろいろのものがあった。

大人の病気で多いのは胃腸病ではなかったかと思う。その中に癪《しゃく》というのがあった。胸部・腹部が急に痛みはじめるもので、それをサシコミがくるといった。これは身体の中に虫がいて、それがさわぐためだともいわれており、それを癪の虫とも言った。事実、昔は、蛔虫の寄生している者が非常に多かった。風邪もよくひいたし、夏は下痢も多かった。流行病には赤痢が多かったようで、古くは時疫などといっていた。風邪には流行性のものも多かったようで、これらは過去帳の死者の数字によって推定することができる。

老年期に多いのは中風であった。島内には、昭和初期までは、かなりの数を見かけた。

そのほか風土病として破傷風が多かったが、これは田圃を作らなくなってからなくなった。湿田にいる菌が疵口などから入って来て犯すもので、高熱を出してケイレンをおこし、大ていは死んでいった。

肺病とハンセン氏病は、筋をひくものだという迷信は根強く、いったんその家にその病気が入ると、ずっと続いていくものとして、そういう患者の出た家はきらわれたものであった。

医　者　そのほか病気の種類は実に多かったが、ここにはいちいちあげない。さて、その病気から人体を守った医者については、天保年間（一八三〇〜四四）のものがわかっているから左にかかげる。

和田村　青本周弼　青木研蔵　　平野村　青木泰淳

地家室村　青木宗俊　　外入村　二宮賢了　青木玄甲

西方村　二宮英順　　土居村　山縣玄逸
日前村　辻順光　　久賀村　青木周哲　出縣仙蔵　辻槇治
安下庄村　青木玄愬　青木玄昌　青木宗悦　波多野文策　波多野玄順　波多野竜碩
秋　村　原宗伯　　戸田村　波多野玄良
横見村　長尾道名　　小松村　杉原吾郎

当時、医者は大体世襲であった。そして、そのうち最も古い家は、安下庄の青木家で近世初期から医者をしており、その家から、外入・地家室・平野・和田・久賀などの青木が分家したようである。そのはじめは、いずれも漢方医であったが、青木周弼や研蔵のように、オランダ医学を学んで大家になった者もある。また、この中に名前は見えていないが、和田の末野包楨のように、大阪の緒方洪庵に学んだ、すぐれた医師もいた。

薬　屋　医者のほかに置き薬屋というものがあった。これは他から薬を取り寄せておいて売るもので、古くは一品だけであった。たとえば、西方神宮寺では、無《む》二《に》膏《こう》という膏薬を売っていた。これはアカギレの妙薬で、みな買いにいった。また、西方の池田という家では、吸出膏というのを売っていたが、腫物の名薬であった。長崎の米安は、ハマグリの貝殻に入れた目薬を売っていたが、眼病にはよく効いた。そのほか練り薬や痔の薬、疳の虫の薬などを売っている家もあった。

富山・紀伊・大和・肥前などから、薬屋が紺の風呂敷に薬を包んで、背負って来るようになったのは、幕末頃からのようであるが、広く各家庭にその薬が置かれるようになったのは、明治後期からのことであった。また、明治末頃になると、一つの地下にほぼ一軒の割合で生薬屋《きぐすりや》ができてきた。これは草根木皮系の薬でなく、科学的な薬品であった。生薬屋へゆくのは、医者の家へゆくような、固苦しい思いをしなくてよかったので、そこで病気についての相談などもしたし、薬も買った。消毒薬などの普及していったのは生薬屋の力が大きかったといってよい。

病気治療の中には、薬品を用いない物理的な療法もある。灸すえもその一つであり、石風呂も物理的な療法といってよいのではないかと思う。

石風呂　石風呂というのは横穴式古墳の構造に近い。横穴式古墳は羨道《せんどう》と玄室《げんしつ》から成っているが、石風呂は玄室だけである。中には古墳を利用したものもあるかもわからない。いつ頃からこういうものが考案されたかよくわからないが、大島郡で最も古いと思われる久賀の石風呂は、文献の上では室町時代まではさかのぼることができる。さらに古くから造られていたものかもわからない。伝説によると、山口県佐波郡徳地町岸見の石風呂は、鎌倉時代の初め（十二世紀終わり）俊乗坊重源が東大寺再建のための材木を伐り出したとき、人夫たちの労をいやすためにこの石風呂を造ったといわれている。石風呂は、大島郡では久賀のほかにも方々にあったが、東和町では一八の石風呂があったことがわかっている。しかし、その大半は壊されていて、いま残っているのは地家室・城山の西麓・油宇《ゆう》・小積《おつみ》・大積《おおつみ》・佐連《され》・長浜・森などのものだけである。いずれも村の丘か、旧村の境のようなところで、不便なところにあるのが多い。旧村の境にあるものは二つの村が共同利用したものであるが、村から離れたところにあるのは、あるいは火事を恐れたためかとも思われるが、不便なところにある理由はよくわからない。

石風呂は、当番をきめて、当番の人が焚くこともあるが、地下で人を雇って、その人に焚いてもらうことが多かった。薪は村人が供出するのが普通であった。石風呂の中で一定の時間火を焚いて、周囲の石垣壁が焼けて来ると、石風呂の中へ海から持って来たぬれた藻葉を敷きつめる。穴の中は湯気でもうもうとして来る。その石風呂の中へドンダ（ぼろの厚い長袢纏）を頭からかぶって入る。石風呂の大きさによって五人とか一〇人とか一緒に入る。すると入口を密閉する。一〇分ほど中にいると汗だくだくになる。すると口をあけて出してくれる。外へ出た者は、水で身体を拭いて、さっぱりして敷きならべた莚の上で休む。そ

長浜の石風呂（昭和35年1月）

して、持っていったカキ餅やソラマメを煎ったものなどをたべ、茶を飲んで、みんなで話し合う。春三月の午後で楽しいものであった。

一番風呂がすむと二番風呂の者が入る。これは一五分ほど中へ入っている。三番風呂は二〇分というように、時間を次第に長くして、夕方まで入る。石風呂に入るのは中年以上の者がほとんどであるが、夜に入っても中はぬくもりがあるので、若い者がひそかに入りにいったものであるという。

石風呂は、大正時代から、しだいに行なわれなくなっていった。焚いてくれる老人がいなくなって終わったという場合が多い。老人に頼んで世話をして貰っていた所では入浴代を持っていったものだが、僅かな入浴代では手間賃にもならなくなったようである。村人が交替で焚いていた所では比較的後まで焚いていたが、それも昭和十年頃までで、それ以後はやんだ。石風呂に入ると身体の痛みや疲れがとれ、また腕や足の関節の曲がりにくくなっているところも曲がりやすくなるので、身体のつくろいをするのだといって老人たちに喜ばれたものである。石風呂は一〇日あまりも焚いた。ただし晴れた日だけ焚き、雨の日は休んだ。

石風呂の簡単なものにエンシキがある。エンシキは温石《おんじゃく》のなまったものではないかと思う。砂浜を長さ一メートルあまり、幅六〇センチ、深さ四〇センチほどに掘って、その中へ拳大の小石をしきならべて火を焚く。そして石が十分焼けると、ぬれた藻葉をその上に敷き、さらに、その上にドンダをひろげて寝ころぶのである。すると、ホカホカして、痛むところを下にして寝ていると実に気持ちがよい。大正時代までは、春になると、浜でエンシキをしている者はきわめて多かった。家の者は茶をわかして、茶菓子などといっしょに、エンシキをしている者のところへ持っていく。エンシキをしている者は、寝ころんだまま、茶を飲んだり茶菓子をたべたりして、周囲でおなじようにして寝ている人たちと話し合ったものである。

臨終　このように、身体の繕いをしながら働いて来たのであるが、それぞれ寿命はつきることがあって、病の床につくことは多かった。しかし、今日のように病院はほとんどなく、それぞれの家の一間に床をのべて、そこで療養することが多く、医師を迎えてみてもらったものである。病気が長びくと、隣近所の者が集まって来て、千願心経といって、般若心経を何百回というほどくりかえして唱えたり、千垢離といって、氏神様と海岸の間を往復し、海の潮を神前にふりまいて、祈禱したりすることがあった。

それでも見込みがなくなって、もう駄目だということになると、夕方、誰かが家の棟の上にあがって、瓦を一枚めくって、それで西の入り日の方を向いて

　かやせえ、もどせえ

と力の限りおらぶことがあった。それで魂をとり戻した者もたまにはあったという。

屋根に上るだけでなく、井戸のところへいって、井戸の中をのぞきながら

かやせえ、もどせえ

とどなることもあった。魂呼ばいである。人間の魂は、西方十万億土へいくか、土の底へ帰っていくものだと信じられていたからである。

人は満潮からひき潮になった時に死ぬるものだと信じられていた。力つきはてて死んでいく老人の場合、ほとんど例外がないようである。

人が死ぬとすぐ寺へ報せにゆき、死者は枕を北にして寝させ、布団の上に刃物をおく。そして、死者の上を猫がこえないように気をつける。猫がこえると死人が踊りだすといわれている。そこで、刃物だけでなく、箒を立てかけておくこともあった。

また、死を知らせる使いは二人でゆくことになっており、昼でも提灯をさげていったものである。

死者の寝せかえをすますと、いそいで枕飯を炊いた。昔は玄米をたいたものだという。それを茶碗に山盛りにして、箸を二本立て、枕許においた。また枕団子も作った。これも玄米を粉にして水でかためたもので、粢団子《しとぎだんご》であった。僧は、知らせをうけると早速やって来て、枕経をあげた。

死んだ夜は、通夜をするのが普通で、寺から僧が来て読経し、葬式などの段取りについて話しあい、親戚や隣近所の者も集まって来て、昔は百万遍の数珠くりをするところが少なくなかったというが、そういうところには大ていい念仏講があった。

葬制・墓制

葬式　入棺は葬式の日に行なう家もあれば通夜の時に行なう家もあるが、古くは葬儀の当日が多かった。葬儀の朝、十人組あるいは葬式講中の人が集まって来て、その中の大工が材木屋から杉板を買って来て四角な座棺を作る。通夜のとき入棺する場合にはその午後来て棺を作る。大工の多いところで、どの組にも一人や二人の大工がいたものである。

入棺のときは湯灌といって、死者を寝させている部屋の畳を一枚か二枚はぐり、そこに盥《たらい》をおいて、湯をかけながら、死者のからだを死者に身近な者が洗う。そのとき藁縄のたすきをかけるのが普通であった。そのとき髪も剃りおとし、首に頭陀《ずだ》袋《ぶくろ》をかける。袋の中には一文銭を六枚入れたものである。これは三途の川の渡し賃になるといわれた。今は一文銭がないので、丸を六つ書いた紙を入れている。死者には白い着物を着せる。もし四国八十八ヶ所などをまわった人ならば白衣を持っているので、それを着せることもあるが、死者の着る白衣は経帷子《きょうかたびら》ともよび、それを講中の女たちが縫うのであるが、糸の端に節をつくらなかった。白衣だけでなく、手甲や脚絆もつけた。それを坐ったままの姿勢で棺に入れる。死者は死んで床がえをするとき、足を折り曲げ、手を胸のところであわせるようにしておいた。そうしないと硬直するものである。

通夜のとき入棺する場合には、昔は小さな松明に火をとぼし、それをかざしながら作業をすすめたものである。

葬儀の日には、まず帳場が作られる。死者の家の属する十人組の人たちが来て、その中の一人が代表になり、まず香典帳・葬儀引受帳・通帳（買物帳）などを作り、受付を設ける。香典帳へは香典の金額を書き、引受帳には葬儀に協力してくれた人の名や葬儀に参加した人の名や葬列の順序などを書く。また葬儀に必要なものを買うときは、すべて通帳に品物と金額を買いてもらっておいて、葬儀のあと支払いして歩く。女たちは葬儀に必要な食事の支度を隣家を借りておこない、男たちは葬儀に必要な道具を整える。死者の家族の者はそういう仕事には一切かかわらないで死者のそばにいればよい。

葬儀の方は死者の家からどれ位の費用でやるかを聞かせてもらって、それに応じて帳元が計画するが、昔は家によって大体香典引き受けの額がきまっているので、その香典の範囲で葬式をしたものだそうで、死者の野辺送りをしてもその家の負担にならないようにするのがきまりであった。

さて葬儀の規模がきまると導師になる檀那寺の僧のほかに、脇立として同宗の他の寺の僧や時には他宗の僧をまねくこともある。ずっと昔、大きな葬式には僧は駕籠に乗って参列したものだそうで、寺の本堂の廂の天井には駕籠が吊ってあったものである。

死者は焼き場へ持っていって焼く。焼き場は野天で、壺を掘って、壺の壁は漆喰でかためてあり、その中に棺を入れ、周囲に割り木をつめ、上にも割り木をおき、藁を屋根のようにしてかける。

このような火葬がいつ頃おこったか明らかでないが、昔は土葬のところもあった。橘町油良や吉浦などでは海岸の砂浜に死体を埋め、墓は別に建てたという話を古老から聞いたことがある。

しかし、東和町にそういうところがあったということは今日までのところ耳にしていない。ところが最近、沖家室島本浦で三軒屋という古い漁民の借家を解いて、そのあとに新しい家を建てたとき、屋敷の隅から白骨が出た。伸展葬になっていて、足腰をのばしたものであった。死体をそのまま埋めたもので、焼いたものではなかった。その場に立ち合わなかったので、副葬品などのことが不明であるが、そこはもと海岸であり、ここにも海岸埋葬が行なわれていたのではないかと思われるが、伝承は残っていない。いずれにしても土葬の行なわれていたことは事実で、しかも埋葬した上へ墓を建てたものでないことはわかる。このような例はまだ他に聞いていない。

さて葬列についてみると、一番先を「諸行無常　寂滅為楽」と書いた長い紙旗がゆく。これは子供が持ってゆく。次に竹の先に草履をさしたもの、次に花籠、この花籠は蛇の目編みで、中に紙に包んだ五色の紙を小さく切ったものが入れてあって、長い竿の先につけてある。これを行列の途中でふりまわすと、五色の紙が花びらのように飛び散る。次に竜頭、これも長い竿の先につけてある。次に打鉦、太鼓、すり鉦、長刀、槍、ハサミ箱、大傘などがゆく。この人たちは寺名が襟に染めぬかれた紺の着物を着ている。その後を僧がゆく。もともと紺の着物を着たのは僧のお供で、僧が駕籠に乗ってゆくとき、大名行列にならった行列をおこなったものである。そして僧の格式の高い場合は本供といって三六人の供がつく。次には半供といって一八人、さらに一般の葬式は四半供といって九人つきしたがうことになっていた。この地方では花籠から大傘まで九人であるから四半供ということになる。しかし明治になってから僧が駕籠に乗ることはほとんどなくなったようである。

僧のあとを一族の者が香花《こうげ》や供物などを持ち、次に喪主が黒の紋付きの羽織を着て位牌を持ち、次が棺になる。かつぐ者は死者の甥が当たる。甥のいないときは近親者がかつぐ。昔は棺の後にゼンの綱という白い布を長くひき、近親の女たちが白衣綿帽子姿で、それを持ってつき従ったものである。そのあとへ一般会葬者が従い、女たちは頭髪へ五センチほどの白い紙を針でとめてつけたものである。これは白い額烏帽子をつけた名残である。

葬列は喪家を出てトリオキをするところまで葬式道を通ってゆく。寺のあるところでは寺でトリオキをするが、寺のないところは大てい地下の中に庵があってその前の広場までゆく。そこに棺置き台があって、その上に棺を据え、導師の僧がトリオキをする。読経を行ない、死者に対して引導をわたして終わる。葬列はそこで解散し、会葬者は帰る。棺のかざりもとってしまい、棺桶をゼンの綱でくってそれをかついで近親者たちだけが焼き場へいって棺に火をつける。

その夜、夕飯がすんでから近親者が焼き場へよくもえているか否かを見にゆく。これをヒヤヘユクという。

葬儀の翌朝、近親者が灰葬《はいそう》にゆく。これをホネヒロイ（骨拾い）という。火壺の中の藁灰の下に骨はあるので、藁灰をとり去って骨を拾うのだが、多くは女竹の長い箸を用いる。その箸の長さは不揃いでなければならないとされた。骨はその家の墓に入れる。大ていは「先祖代々」、「倶会一処」などと書いてあって、個人名のものは少ないが、もとは個人墓も多かった。個人墓の場合は寺の位牌壇にあずけておき、一周忌または三回忌の頃に墓を建て、その下に埋めるものが多かった。ただし墓は閏年には建てないことになっていた。建てるとその年のうちに三人は死者が出ると信じられていた。

死者の魂は死後四十九日の間はその家の棟をはなれないといい、その間、死者の家では氏神様にまいらない。

僧は七日毎に来て拝んでいく。喪家の方でも七日毎に米一升（昔は麦一升）を持って寺へまいったものであるが、今は灰葬の翌日に四十九日の法要を行ない精進あげをする。火葬所ができてから葬式の終わったあと精進あげをするようになった家も多い。

墓　地　墓地はもとはきまりがなかったようである。中世の墓は五輪塔や宝篋印塔などが多く、それは丘の上の畑の畔などに残っているのを見かけるが、それが誰の墓であるかわかるものはほとんどない。

そしてそのような墓を地主様といっているところが多い。地主様の多いのは油宇・伊保田・長崎などであるが、船越・外入・地家室・平野・森・和佐・和田などにも分布を見ている。

いまのような墓石の発達するようになったのは元禄（一六八八〜一七〇四）の頃からのことらしく、それ以前の年号のものは少ない。ただ小児の死んだ場合は船形光背を持った半肉彫の地蔵墓をたてることが早くから行なわれていたらしい。それを子供墓といった。子供墓のかたまっているのは大島町出井《いずい》や戸田《へた》などであるが、東和町では西方の神宮寺山に見られる。

その土地を拓いて住みついた者の墓は昔はかならず建てたもので、それを古墓様といって村の先祖墓として地下中のものがこれをまつった。そしてその周囲へ他の者も墓を建てていったようである。古墓様というのはどの地下にもあったようであるが、今はわからなくなっているものもある。

しかしいつの頃からか共同墓地が作られるようになった。油宇・内入・神浦・平野・長崎・下田・船越などは地下の西の端に墓地がある。ただし長崎は大正の初期に神宮寺山に移された。そのほかに寺の境内地に墓のあるものも多い。

年忌・戒名　死者の年忌は一周忌・三回忌・七回忌・十三回忌・二十五回忌・三十回忌・五十回忌・百回忌・百五十回忌・二百回忌などあって、二百五十回忌位までは行なわれており、他の地方のように五十回忌を葬いあげ〔弔い上げ〕とするというような例はない。したがって死者の霊が神になるという考え方もうすいようである。

次に死者の戒名であるが、これにもいろいろある。院殿大居士・大姉というのがもっとも高い戒名であるが、それはほとんど見あたらない。次に院居士・軒居士・居士などがあるが、真宗では院の下に釈何々といって居士や信士はつかないのが普通である。

院号を持つものは藩政時代から苗字をもっている家が多い。

居士号以下では禅定門・禅定尼があるが、これは禅宗の戒名とはきまっていなくて、浄土宗にも見られる。その次に信士・信女がある。そして子供たちは童子・童女になる。

また戦争で死んだ人たちは院居士号になっている。近頃は院居士号がふえて来た。家計がゆたかになり、葬式のとき、寺へ包む布施料がふえたためである。

墓はあっても祀る子孫がいなくなって、草や雑木の中に埋もれてゆく墓も最近著しくふえて来つつある。そしてそれが人の移動のはげしさを思わせる。〔『東和町誌』〕

産育習俗

（出産〜育児）

鹿児島県屋久島

① 麦生《むぎお》

初　産　初めての子は実家に帰って生んだ。

出産場所　子供を生む部屋はきまっていなかった。

腹　帯　腹帯は四ヵ月か五ヵ月目に、自分で勝手にしたものである。腹帯をしないと産が重いと言われている。臨月になるとイヌの日に一家は酒を飲んで、安産を祈った。

サンドマクラ　子供は坐って生む。布団など高く積んで、それにもたれて足ものべないで坐っている。この故に、布団を高く積むことをサンドマクラと言った。

コボシヤ　産婆のことである。村にいた。それに頼むと、出産のとき腹をもんでくれた。エナは鮑の貝殻で切るとよいと言われている。埋めるのは家の床の下であった。犬が食うと悪いといわれているためである。今は墓所に埋めるようになっている。

ナツケ　名前は、早い家で三日目、遅い時は五日、七日に親がつける。

ユミイリオヤ　ナツケ祝の時その家に爺さん婆さんがいれば、家の中で婆さんが子供を抱いていて、爺さんが外から「何か」と聞く。すると婆さんが男の子である時は「女の子」、女の子である時は「男の

子」と反対に応える。これを三度くりかえす。すると爺さんは家の中のどこか適当なところへ箕《み》をたてかけておいて、

天竺の桂男の子の弓射るは
悪魔射りはらいなあにもか

と唱えて、三度箕を射るのである。爺さん婆さんのいない時は叔父とか叔母とか、夫婦の揃っているものがそれに選ばれた。これをユミイリオヤと言った。弓を射た後で名をつけたものである。ユミイリオヤには、正月になると、子の方から毎年餅を持って行ったものである。

ナツケイワイ ナツケをすますと、ナツケイワイとて、親戚のものが赤ん坊の衣裳など祝って持って寄ってくるので酒盛りをする。これは正式な酒盛りで、最初に吸い物が出、次に酒が出るのである。その時にうたわれる歌はきまっていた。

おらは百まで子は九十九まで
共に白髪の生えるまで

これが儀式歌で座席一同唱和する。そうして後は膝をくずしてもよい。

カンマイリ〔神参り〕 三三日目に親が子を連れて神社に参る。それまでヤウチのものは一切神様に参られない。赤不浄と言った。

タンジョ　生まれて満一年（ムカイヅキという）たつと誕生の祝をする。誕生のこないうちに歩くようになった子供には大きな餅をこしらえて草履をはかしてふませた。あまり足がかるいから足がよく地につくようにとの意味だと言われている。

こういう時の食いごとには男よりも女客が多い。茶祭と言っている。またこういう祭に女が集まるのは、男はもと沖へ漁に出なければならなかったからであるという。

ヤシネオヤ　生来病弱な子供がヤシネオヤをとることは安房《あんぼう》と同様であるが、最初に親を頼みに行く時、塩一升を持って行った。育てるのはやはり実父であるが、ヤシネゴになると、ヤシネオヤの名を一字もらったものである。たとえばヤシネオヤが岩吉であるとすれば、ヤシネゴは岩夫とでも呼ぶようにした。

ヤシネオヤは親戚関係によることなく、丈夫で病気にかからぬ人を頼んだという。親子となれば、それから先は実の両親についで大切に仕えたものである。

② 宮之浦

初　産　この地でも最初の子は里で生む。

イワタオビ　妊娠して五ヵ月目のイヌの日に産婆がする。

出産場所　子はナンドで生む。もとは素麺箱を前におき、これに足をあげ、後に布団を積んで坐って生んだ。素麺箱の端から足が向こうへ出ることをきらった。だから実に窮屈にして生んだのである。

イヤ　エナのことである。墓にうずめている。（附記：種子島では家の周囲のあまりきたなくない所へ小さい小屋をたて、藁で屋根を葺いたものの中へイヤを埋めた。この風習は今はなくなっている。）

生まれて、お産やら汚物の始末をしてしまうと、家内のものと産婆に吸い物が出る。素麺汁であった。

ナツケ　七日目に行なう。親父か祖父さんがつける。産婆さんを主客にして本膳を出し、親戚、近所も招く。子供の名は半紙に書いて神様に供える。

宮参り　三三日目をヒガハレルとて宮参りする。

オビトキ　ずっと以前は一月十四日の若年の日にオビトキという祝があった。子供が生まれると、健康で育つようにという意味で、夫婦揃った人をメメというものに頼む。そのメメから、九歳になった年の若年の日に帯をしてもらうのである。頼む時、だれかと一緒に二人でくると縁起が悪いとて請け合わなかった。帯は白い帯であるが、その日、子供にその帯をさせて祝う。メメの家へは米、野菜、肴を祝って持って行く。近ごろはお金を米にのせて行くようになった。帯はメメ以外のものからももらう風があったようである。一湊《いっそう》ではこのオビトキ祝が一生のうちで一番大きな祝であるといわれている。宮之浦の郷土年中行事には「九歳になった人が親類の家で八歳の帯と取り換える」とある。

③ 安《あん》 房《ほう》

ヤシネオヤ 安房では、子の育ちの悪い時とか厄年にできた子供は、村の適当な人を親に頼んだ。これをヤシネオヤといった。別に何のむずかしい儀式もなく、「今度おれとこの子供の親になってくれないか」と頼めば相手もよしよしと承諾する。しかし子供を別にヤシネオヤの家へ連れて行くのではない。ただそれだけでよい。しかしいったん親子の関係が結ばれると、あとはまったく親類つきあいで、土産物などはいちいちヤシネオヤの家に持って行き、また正月には年始にも行く。

また、親分の家が忙しければ手伝いに行き、サクバ（畑）を拓く時などはかならず稼ぎに行った。この親類つきあいはだいたい一代限りであったという。

附記：南種子村でもヤシナイ親を頼む風はあった。ヤシナイ親は有力者を頼んだ。そうしてヤシナイ親のことをトトとよび実父はテッチャとよんだ。ヤシネゴ同士は兄弟として親しくしあった。また、仕事の忙しい時はヤシネゴはトトの家へ手伝いに行った。〔『屋久島民俗誌』〕

鹿児島県宝島

チカラオビ 妊娠して五ヵ月目にはチカラオビをする。「……やがて六月の力帯」という歌もある。チカラオビは親類ブラからくれることもあるが、自分の家で準備することもあった。村の上手な産婆であったクニンバが「よくしめておらねばならぬ」と注意したものである。これは腹の中で子供の位置が変わらぬためだと言われている。布は木綿のやわらかなのを用いた。帯もクニンバがきてしめ方をすることが多かった。

サンバ　この言葉以外に名称はないようである。今日まで産ませ方は親戚の間同士で行なっているが、近ごろまで坂元軍哉氏の婆さんでクニンバと言う人がよく子供を産ませる世話をした。ヨタ〔ユタ〕をやる婆さんでお諏訪の神を拝んだり、死人の願払いをしたりした。子供の生まれる時は頼んで世話をしてもらい、臍の緒を切ってもらった。別にこれというお礼はしないが二十五日の神詣の時は御馳走をした。

初　子　初子は里へかえって産んだ。しかし初子のできるまで嫁が里親のところにいて、婿の通う風はあまり見かけない。やや形をかえては存在する（結婚の条参照）。初子を産む前に嫁は里へかえる。もう腹の具合が悪くなって、お産ではなかろうか、というような時にかえるのである。それまでは力いっぱい働く。遊んでいるとお産が重くなるという。

ウブヤ・サンヤ　お産をすると小屋をたてて、身体が少しよくなるとそこへ行って一五日間暮らした。小屋には床をつけ畳を敷き竈までついてそこで煮炊きした。それにはお伽《とぎ》がついた。姉妹とか叔母などであった。この小屋をウブヤと言った。産屋は海の見えないところがよいと言われていた。そうして建てる場所はきまっていて、今も産屋敷の名の残っているところがある。出産ごとに建てたのである。笹葺の粗末なものであった。こうした産屋を造らなくなってから一〇〇年もたっていようかという。

今はそのかわりに雛形のような小さいのを作る。これをサンヤとかサンニャという。村はずれにこれをいくつも見かけることができる。海の方の側に木が茂っているところで多くは田畑の畦である。子供の生まれた翌日、家の老人や親戚の人たちが弁当持ちでやってきてサンヤをたて、中に子供のイヤ（胞衣《えな》）を掘り込み、入口には藁で編んだ菰を垂らす。高さ三尺、間口三尺、奥行二尺くらいの笹竹で全体を葺いたものである。でき上がると持ってきた弁当をそこで食べて戻ってくる。この弁当はかならず持って行かねばならぬ。

サンヤを建てる理由はイヤを日光にさらさぬためであり、また地中に埋めておいて猫や豚に掘りかえされぬためである。

サンヤは三人の人がつくらねばいかんという。これをつくることをサンヤツクリと言った。昔は一週間も前からつくっておくものであったという。イヤは朝のうちに埋めるものだと言われている。

サンヤは海の見えぬところであればどこへ建ててもよい。適当な場所を持たぬものは人の田の畦などを借りた。大きなウブヤを造ったころもイヤはそこに埋めた。

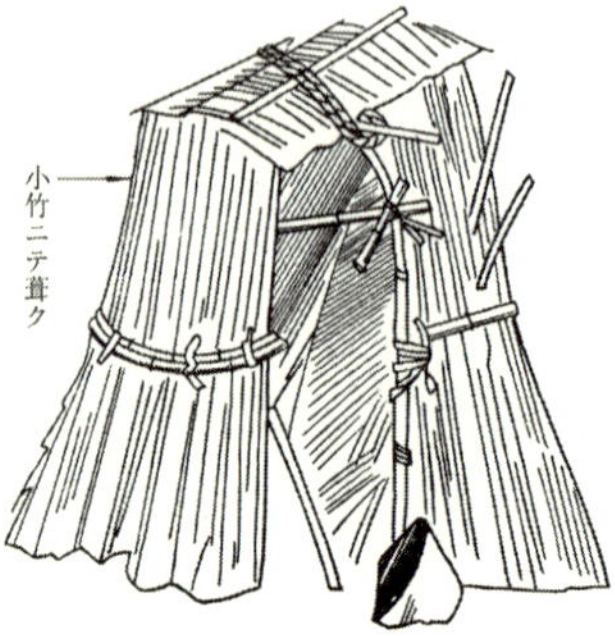

サンヤ（高さ3尺、入口にこもを垂らすを普通とす）

産屋をつくって戻ると、家の外で垢離をとって（潮祓いして）家の中に入った。

臍の緒　臍の緒は竹を伐って刃物のようにしたので切った。これはウブカミナデのとき剃った毛の一部と共にあわせ紙に包んで、旅に行く時には、どこへ行くにも肌身はなさず持っていた。百姓をするときには枕とかテビキの中にかくごて（しまって）おく。テビキは今の鞄のようなもので、竹で造り、男は銘々一つずつ持っていたものである。

安産祝　男が産屋をたてて戻ってくると、御飯をたいて四つ組の膳をつくり、五人の神役のところへ安産のお礼とて持って行く。またその家の暮らし向きがよければ、親戚のものを招いて安産の祝をした。

ウブノメシ・サンビ　子供が生まれると男（父親）もウブノメシとて、一週間鍋を別にして煮炊をして食べた。また女が妊娠していることが分れば、男は宮にも入ることを許されなかった。葬式のときはわざわざ竈まで別に造るが、出産の時はそれはない。ただ一つ火で炊いたものを食べねばよい。

母親のサンビ（産の忌）は二五日間である。父親のサンビは、ウブノメシを食べている一週間で、その間の物忌として漁には行かない。また、神の前へは行かぬ。たとえ内神の前でも。田畑や山仕事はしてもよい。生まれた子の兄弟には忌のかかりはない。祖父祖母にも忌のかかりはない。

サンビのあけたとき、自分の家で竹の笹に潮をつけて祓いきよめをする。神役にきてもらって祓いをするようなこともない。

ウブカミナデ　生後二五日、親類ブラのおばさんたちが集まって産毛を剃ってやる。これをウブカミナデという。剃った髪の一部はとり、後は人の踏まぬようなところへ埋めておく。剃り方は上の方を残して下の方をきれいにする。

お客を招くこともあって、招かれたものは米を持って行って御馳走になる。

五社参り　二五日目には母親が、子供を連れて神役のところへ、団子をこしらえて持って行き、「神参りした」とて団子を神役の家の内神に供えて拝む。神役はどの神役の家でもよい。近い所の一軒へ参ればよいのだが、これを五礼参りと言っているから、もとは五人の神役の家を全部まわっていたものかと思う。

子供をトンチへ連れて行くということはない。

ヤシネオヤ　名親ともいう。名をつける人をいう。昔は万年暦を繰る人のところへ行って、繰ってもらって名をつけることが多かった。記憶にある万年暦を繰った人は伊兵衛おじでトンチにいた。この人がたいていの名をつけた。しかし、今、万年暦を繰る人が名をつけるとはきまっていない。適当な人をたのむのである。それは子供との相性がよいとか悪いとか言うようなことは言わない。名親は子供一人ひとりで違っている。もと名親とヤシネオヤは違っていたらしい。名をつける人は万年暦を繰る人であり、別にヤシネオヤをたてたらしい。今このヤシネオヤと名親が一つになっているようである。

子のない人は名親になることはできない。名親は親戚の健康な人が多く選ばれる。伯叔父、従兄が多い。従兄より遠い人を交際上頼むことがある。

名親に対して子の方をヤシネゴという。その子が七歳になるまで、正月には歳暮を持って名親の所へ行く。名親の方からもやった。ヤシネゴの方から餅、酒などを持って行くと、ヤシネオヤは男の子には弓、女の子には羽子板をやることが多かった。いずれも自製であった。

札名・コマナ　名付祝は秋に行なったものである。そこで、冬から夏までに生まれたものは、札名とて戸籍の上の名だけを届け出ておいて、秋まで披露はしなかった。しかしその札名の届け出さえ怠って戸籍の違反は多い。また届けても、「よい加減につけておいてくれ」などと頼んでおいて、自分の方では自分の方で呼び名をつけているものだから、八つになって学校へ行く時、初めて自分の戸籍名を知るというような人も少なくなかった。

子供の時にはコマナというのがあった。吉とか助とかいうのが終わりにつく名であった。それが十三歳（今は十六歳）の時、元服するに当って、右衛門、左衛門をつけた。たいていは親の名をついだもので、古い系図を見ると、同じような名が続出する。ただし子供の時から衛門のつくものもあった。

女は死ぬまで子供のときついた名で通った。

ミヤマイリ 子供は一〇〇日たつとお宮に参ってもよかった。お宮に参ると言っても、浜のトバシラのところから拝むのである。〔トバシラ：島の神々を拝む遙拝所〕

名付祝 秋風がたってから冬のくるまでの間、すなわち八、九月のころに最も盛んに行なわれる。それは八、九月ころに最も盛んに魚がとれるからである。日にきまりはない。名付祝までは名は世間へは発表してない。

秋になって、名付祝を近いうちにするぞと言えば、親類ブラの人たちは沖へ魚をとりに出る。名付祝はこの島では一番大きな祝であった。酒盛りは本式に行なう。招かれた人たちは沖でとった魚をモタセ（土産）として持って行く。

まず一番上座に区長がすわる。昔はトンチの主人がすわったものである。次に校長がすわる。名付祝とか出征祝とかいうような大きな祝には区長、校長はかならず招かれたものである。そうして村の有志もまた招かれた。（小さい祝は親類ブラだけ。……旅から戻ったとか、病気が治ったとか、ウブカミナデのようなもの。）

次にヤシネオヤ、実の親、子の三人が座の真ん中で盃をする。膳の上には塩、米、反物、手拭、焼酎、肴がのせられたものを出す。この膳は実親とヤシネオヤと二つ作る。子供は小さいから酒はのませる真似をする。この盃をすますと「名は何と定めます」と座中に披露し、その膳を持って座中をまわる。実親の方が先にまわる。上座から一つは右へ、一つは左へ順々に盃をまわして行く。この盃がすむと、酒盛りの儀式になる。

親子の盃の時に使う膳（じつは盆である）は長いものである。膳の上に供える反物、手拭は、ヤシネオヤの分はヤシネオヤが持ってきたもので、反物はまた持ってかえるが、手拭はその家におく。手拭は新しくさえあれば、どんな手拭でもよかった。塩や米もヤシネオヤの分はヤシネオヤが持ってくる。こういうものは膳の上に供えるだけで食べない。盃をまわしてしまうとその米もヤシネゴの家へおいて行く。

名付祝に弓をひくというようなことはなかった。

名付祝は長男のものを少し華美にするが、二、三男、女といえども同じように名付祝をする。

ハツドシの祝　子供が生まれて、初めての正月には年取りの祝をする。すなわち二歳になる時の祝である。正月の朝行なうものもあるが、晩にする人もある。その時に、昔はヤシネオヤ、おじ、おば、姪、甥などを招いた。招く方の考え次第であった。

今ハツドシの祝と名付祝とを一緒にすることが多い。そういう場合には、正月七日までに行なえばよい。

「初年の祝について名も付け申すから、何もなくて焼酎でもあげますゆえ、おいでください」と案内をする。すると、正月には魚がないから、招かれた方は素麺を持って行く。

九月に祝をしてまた一月にするのはいけないと言うので、一月にあわせてしまったが、土地の習慣として何か持って行かねばならず、正月には魚がないので素麺を持って行く。するとこれは買わねばならぬもの故大変不経済になる。九月であれば魚がとれ、これは無代《ただ》である上にうまい。費用は何程もかからぬのである。従って九月を希望する者が多いという。

初節句 簡単な祝をした。この時は区長などは招かない。

ハツギ 子供が生まれて初めて親類ブラへ来た時、子供に親類から紙、墨、手拭などをやる。これをハツギという。昔は手拭にきまっていた。今そういうきまりはない。学用品が多い。(『宝島民俗誌』)

鹿児島県大隅半島

① 佐多村

ヤシナイ親 子が生まれて育ちが悪いと、元気な夫婦の所へ形式的にくれてやる風があった。そうしてすぐまた、塩一升か五合を持って子供をもらいに行った。そうすると山間部の方ではヤシナイ親の方から米一俵をくれたものであるという。これによってヤシナイ親との間にも親子関係ができて、ヤシナイ子はその義親をトト・カカといい、始終出入りした。

また同じく、元気でない子を塩売にくれるということもあった。塩売をヤシナイ親にたのんだのである。また昔は、子供が生まれると、塩売に名をつけてもらうこともあった。(佐多村伊坐敷)

出　産 女は月のさわりのある時は、神棚のある三畳間に入らぬばかりでなく、神社の前もなるべく行かないように慎しんでいる。

ホイの家では別に小屋をたてて、さわりのある時はそこにいた。一般民家はそれほど厳重でない。さて、女はお産をする時は、桁のある間で生むことになっている（桁と桁との間）。そういう間は、ヨコザかコザである。したがってヨコザで生む家もあり、コザで生む家もある。コザは一畳半ほどのせまい間であるが、坐って生むので事足りる。生むときは間の四周へシメを張っておく。ジロのすぐそばで生むのである。〔ホイは祝《はふり》。神職〕

生まれて六日目に弓を射た。弓は家の裏で射る。男の役目である。家の裏で「男か女か」と聞く。すると家の中で、男であれば女、女であれば男と答える。すると男は箕を的にしておいてそれを射た。弓矢は竹で作った。この日に名をつける。

この頃までは、産婦の食べる火とその他の者の火とを別にしていた。正しくは九日目にヒヨセということをして、それから一つの火で煮炊きして食べるようになるのである。（佐多村辺塚）

② 内之浦町

初　産　初めての子は親許にかえって生む風があった。縄を天井から下げたものにつかまって坐って生んだ。前にかがむようにして生んだものである。後へ倒れないために、後に布団を積んでおいた。

タテユエ　子が生まれて六日目にはタテユエとて、祝ごとをして名をつけた。名は家内のものでつけるのであって、名付親はない。

ブンノハガマ　お産の時はブンノハガマ〔ブンノハガマは別の羽釜で、家族とは違う鍋釜で煮炊きすること。〕で、物をたいて食べさせる。そうして三三日間はじっとしている。

宮参り　三三日たつと宮参りをする。一人で抱いて、小さい旗に子供の名を書いたものを持って宮に参る。

村の中を流れている小さな川の東の人たちは三三日たたぬと、その上にかかっている橋を渡ってはならぬといわれている。その橋の上にヤマモモの木があって、その木の実はとってはならぬといわれていたが、ある時、人がその実をとって食べると、長い間実がならなくなってしまった。最近またなるようになった。（内之浦町大浦）〔『大隅半島民俗採訪録』〕

熊本県西合志村黒松

誕生祝　四月五日であった。黒松地方の城《じょう》という所に工藤さんの親戚の安武重喜さんの家があり、そこで招宴があるので行って見ないかとさそわれて、工藤さんのお供をして出かけていった。宴席に連なっているのはすべて血縁姻戚で、他所者は私一人であったが、その私のために、家人たちは、家のこと村のことなどくわしく話してくれる。

中で興のあったのは誕生祝の贈物で、昔は男の子が生まれると叔父・叔母・従兄などは半弓を持ってゆき、女の子ならば羽子板を持っていったが、そういうものをもらっても、もらった方は何の役にもたたないからとて、明治三十年代から、誕生祝に農具を持っていくようになった。それらが鴨居《かもい》や長押《なげし》の上に釘や紐でとめてかざってある。

安武家で見たものは柄杓十一本、フォーク四本、スコップ二本、バケツ二個、担桶《にないおけ》二荷、馬鍬《まぐわ》一台、肥取籠《こえとりかご》二荷、鍬の柄などである。そのもらったものを大晦日の晩にかざり、そのままにしておく家もあり、倉などにしまっておく家もあるというが、そのもらったもので大正時代にはその人の壮年期にはほとんど農具を買わなくてもすんだそうである。

女の子なら多くは反物をもらう。安武家には明治四十五年の誕生祝の記録もあり、このような行事が、その頃もきわめて盛んであったことがわかる。村に住む者がすべて百姓であり、子供は親の後をついで百姓をするとすれば、これほどよい贈物はないわけであった。〔『私の日本地図11 阿蘇・球磨』〕

長崎県対馬

コウムサカ 妊婦は臨月になると部落の西北に大きなサエ（際）がある。コウムサカというサエである。もとはそのサエに産屋を建ててお産をしたという口碑が残っている。

ヒアワセ　子が生まれて七日に赤ちゃん、産婦のものを炊く火と家の火をひとつにすることをヒアワセという。七日にはサカズキゴトをする。オビオヤを子が生まれるとたてる。小豆ご飯を炊くのが関の山である。女ばかり集まる。

ヒノヨセ　子供の名を付けることをヒノヨセという。命名式はナツケイワイとて別にやる。

ウブヤ　三三日目にウブヤを建てる。男の子ならば牛の鞍を二つ屋根に上げ、女の子は馬の鞍を上げる。下の方に筵をはって（吊り下げ）オゴケにご飯を入れて玄関の下に置き、それを筵で囲み、シバを筵に立てておく。出入りは男の子ならば三日、女の子ならば五日を避けるが、漁師はアカフジョウ、サンケガレとて嫌う。家族も出入りしない。漁師の家族に産気がつくと漁師は三日間家に帰らない。（以上巌原町豆酘）〔『農漁村採訪録Ⅵ』〕

産の忌　この村ではお産のときアカフジョウとて、川の向こうに、蔵のほとりに仮屋をつくりひと月ほどいた。ナヤと言った。月のさわりのときは行かなかったが、妊娠したらそこへ行った。クロフジョウ（黒不浄＝死の忌）でお宮の方へ行くときはヘギザカを通って神の前を通らず。その道をヨケジという。アカフジョウのときに女が漁に行くとき、青魚が逃げるから来るなと漁をする者は止める。妊娠した女が行くと船頭が「魚をやるから沖に出てくれるな」と断る。（峰村木坂）

アカフジョウ　アカフジョウには三日間は網を引きに行かぬと言っている。（仁田村久原）

出産と漁　名の付かぬ間は沖に出なくても配当がある。漁の沢山あるときは、子の生まれた日に名を付けて沖へ出て行くようになっている。（仁田村久原）〔『農漁村採訪録Ⅶ』〕

ヤシナイオヤ　産まれたときが悪いときは、その家に朝早く踏み込んだ人にもらってもらうことあり。それをヤシナイオヤという。その人にオヤとしての指導をしてもらう。（仁位《にい》村《むら》千尋藻《ちろも》）〔『農漁村採訪録Ⅹ』〕

ヤマイモボリ　赤ん坊が産まれて必要のない子は胸に挽き臼をのせた。十一人子を生んで五人だけ育てたという例もある。

山芋を掘った穴くらいの穴に入れるのでマビキのことをヤマイモボリといった。六歳まではお寺は関係がない。ホーセンボーにもって行けといって、ホーセンアンのところに埋めたものである。埋めると平たい石をスヤの替わりに作って置いた。もとはコモツツミかテボに入れて埋めたが、後には箱に納めて埋めるようになった。（厳原町豆酘）〔『農漁村採訪録Ⅺ』〕

山口県見島

産の忌　子が産まれてから三十三夜まで鳥居をくぐられぬ。

産湯とユカン（湯灌）の湯　子を産むと奥の間の下へ産湯を捨てる。床の板をはぐって捨てる。ユカンのときの湯も下に捨てる。これは今も捨てている。

エナ　子供のエナはハカワラ（墓地）の下（そこに小さい石が積んである）の石の中に捨てる。昔からそうしている。一人は後ろからキレモン（切物＝刃物）を持って行き、一人がエナを持って行く。〔『農漁村採訪録XVII』〕

山口県高根村向峠《むかたお》

出産　子供は寝間で生んだ。後産はその家の床の下へ埋めた。すると犬が床下へ入り込んで掘って食ったものであった。そこで、今は墓地へ埋めるようにした。

ヒキアゲバア　産婆は近所の人を頼んだ。ヒキアゲバアと言って二人くらい頼んだ。これが産婦と子供の世話を一切してくれた。

ウブメシ　子供が生まれるとすぐ飯をたいて産婦に「ウブメシをおくいなされ」と言って食べさせた。

名付け　名は二、三日たつとつけ、一週間ほどたって「名付の客」とて近所の人々を招いて酒宴をした。（註：「客をする」といえば酒宴をすることで、客を宴の同義語に用いている。）

イミアケ　産後の忌あけは三三日であった。そのとき子供を神様へつれて参る。そのとき神社で氏子札を出した。

産婆への礼　産婆に対しては別にこれという礼をしなかったが、盆節季には子供の家から餅や米を持って行き、病気や死者のあったときは、親戚同様に交際した。

誕生祝 一年たつと誕生祝をする。きれいな着物を着せて神様へ詣る。また米一升と餅を産婆の家へ持って行くが、その餅を持って歩くことが出来れば丈夫な子とされた。

幼児の死 生まれて三ヵ月か五ヵ月で死んだ子供のあるときは、ナゲイレとて近所のものは二銭三銭ずつ香典を持って葬式のともに行き、御馳走も何もなしで戻って来る。〔『中国山地民俗採訪録』〕

山口県久賀町《くかちょう》

出産場所 子供はすべて婚家で生む。生まれた子にとって、生家はウブチをコボシタ家として大切にし、なつかしがられる。嫁いだ女が年をとって夢を見るにも生家の夢を見るという。

子を生む部屋は奥の間にきまっており、もとは畳をあげゴザを敷き、カマスに米を入れたのを枕にした。この米は子供の生まれた時産婆に持ってゆく。従って金持は大きな枕をさせたものである。もとは坐って生んだ。畳をあげなくなったのは近頃の事である。どこの家でも奥の間の床は一枚敷ほどスガキにしてあった。産湯はそこから捨てたものであるが、中には海に捨てに行く者もあった。死者のユカンの湯もまたここから捨てた。

オビイワイ 妊娠の発表せられるのは五ヵ月目で、親許からオビイワイとて腹帯を持って来る。それに米三升、小豆一升位をつけて。これで小豆飯を炊いて親類近所の人に振舞う。

古くはこの時産婆（ヒキアゲバア）をたのみ、産婆に腹帯をしめてもらったものである。此の日はイヌの日をえらぶ風があった。産婆はもとは功者なものをたのみ、娘の親が手伝った。

エ　ナ　エナは塩一握りと共にホウロク（炮烙）に入れて寝間の下の土にうずめておく。最近は屋敷内へ埋めるものも少ない。

エナをあらって日にすかして見ると定紋がうつっていると言うけれど、そうして見た者はない。胃癌はエナを煎じてのますとなおるとも言われている。

ジョウギチャワン　子供が生まれるとすぐ御飯をたいて父親のジョウギチャワン（常器茶碗）に山盛にし、両方から箸でつくと子供にエクボが出来るという。その飯はお産をした所にすえておく。

産　湯　産湯をつかわした後、水をふきかける。すると、おどろいて眼をぱっちりひらく。

ナガレカンジョウ　身持ちの者が死ぬると六地蔵の前に字をかいた白い布きれをはり、それに人々に水をかけてもらう。その字が消えるまでおかぬとうかばれないという。これをナガレカンジョウと言った。また子供が死ぬると普通の墓に埋めた。ここでは地蔵様をたてる風は幕末頃にはなくなっていたようである。

昔は誕生すぎて物をたべるようになった時、ヒキツケをおこして死なせた子が多かった。

名付け　名付けは女は三日目、男は五日目で、もとは祖父祖母の名をもらう事が多かった。

拾い親　女十九歳の厄にできた子は捨てるものといわれ、男四十二歳の時の男の子も悪いといい、拾い親をたのんでおいて拾ってもらう風がある。子の育ちの悪い時もそうした。そして拾い親の所へもらいにゆくのである。盆正月には子供は拾い親の所へセイボを持ってゆく。

今ではそのような風習はめったに行なわれない。

ヘソの緒　子供のヘソの緒は大切にとっておく。腹痛のとき、これを煎じてのむとよいといわれている。

イミアケ　三三日目をすぎるとイミアケとて、親戚やお祝をもらった人をまねいて御馳走する。客はすべて女である。あまり御馳走はないけれど酒が出る。

宮参り　三三日目には宮参りをするが、それはお宮までは上らないで、鳥居の所まで行く。それでトリイマイリとも言った。抱いてまいる人は産婆であった。今は母親か姑である。

宮へまいると川向こうの家へ寄るものといわれ、参ったかえりに親類がなければ知人かまたは適当な人の家へ寄る。するとその家では穴あき銭三文を苧に通して子供の首にかけてやる。

宮参り着物は、嫁の里から持ってゆく。

真宗信者の家では宮参りをせず、お寺へまいって御文章《ごぶんしょう》をいただかせる。

初節句　子供が生まれて初めての節句や端午には人形や幟が贈られる。節句の場合はずっと昔は京雛といわれる紙雛がおくられる程度であったが、その後カラッデコが贈られるようになった。清正、金時、弁慶、浦島などの人形で、これを平生はデコビツの中へしまっておいた。それが三〇年ばかり前から市松人形が贈られるようになり、それに美しい着物を着せてかざるのである。

男方は幟をたてた。里の親と婿方の親と二本たてるのがきまりであるが、金持の家で方々から贈られて十本以上もたてた家があるという。

幟は流田の加賀屋が紺屋《こうや》をしていてなかなか上手に描いた。

端午にはササマキをつくって近所にくばり、またカシワモチを配る家もある。ヒナの節句にはヒナモチをくばる。

モモカマイリ　生まれて百日目をモモカマイリとてお宮へ参る。この時は拝殿まで参るのである。氏子入とも言っている。お神楽をあげてお守りをうける。

ウブギュウ　子が生まれて一年以内にウブギュウと言って灸をすえた。

タンジョウ　一年目をタンジョウとよび、大きい餅をついて祝う。そのさきにはミツタンジョウ、トウタンジョウなどの祝がある。餅をついてくばる。最近は毎年の誕生日を祝うようになって来つつあるが、これは配りものなどしないで家の中だけで特別のものをつくって食べるのである。最近は学友を

まねいて御馳走したりする家もある。〔『久賀町誌』〕

島根県匹見上村三葛《ひきみかみむらみかずら》

産　室　子供は嫁入先で生む。畳をあげ筵をしいてそこで生ませる。そのとき男は他所へ宿をこしらえて泊りに行く。産婆は経験ある人に頼む。坐産で、布団を後においてよりかかっている。

三ツ目　名をつける。このときカナオヤを頼む。

ウブメシ　御飯を山盛りにして近隣親戚に配る。嫁にはそれに箸を一本立ててやる。また近隣の客を招く。招かれたものはウブキンとて布を持って来る。

三十三夜　祝餅をついて三ツ目にヨロコビに来てくれた家へ配る。三十三夜まで女は男と交ってはならぬ。この日がすぎると男は宿から戻って寝るようになる。

タンジュウ　生後一年目の祝である。餅をついて近隣の者を招いて酒宴をする。子供には歩くようになっていれば餅を風呂敷に包んで背負わして歩かして見る。昔は歩く子がいたものだが、近頃いなくなった。次に嫁が子供を抱いて一番上座にいるカナオヤに渡す。すると抱いて見て、大きな丈夫な子だとほめて左側の人に渡す。左側をまわしてしまうと右側をまわす。これがすむと酒宴になるのである。

〔『中国山地民俗採訪録』〕

島根県片句浦

産　屋　このあたりは別に産小屋を建てるということはなかったが、神様の祀ってない間で生んだ。普通はヘヤといわれる間が使われている。坐って生む。子を生む時は背中に藁をあてておく。

産の忌　子を生むと、神様の前、公衆井戸へは一〇〇日間行かない。公衆井戸には水神様がいるといわれているからである。五〇日たつと宮参りするが、それまでは家のものも神事には遠慮し、どうしても出かけねばならぬ時は浄めてから出かけた。

タ　ヤ　もとこの方には月経時のタヤがあった。コージに一つずつあった。月経中そこで炊事をして、神仏へは参らなかった。また家の中でも神様の祀ってある間へは入らせなかった。井戸のそばなどもできるだけ避け、公衆井戸へは絶対に行かなかった。かかる風は明治四十年頃から漸次すたれて、タヤもなくなった。

そのかわり近頃はタヤのゆるしのお守りを月経時中はかけている。高野山から出している。月経を終わると水垢離をとること、昔も今も同じである。

アコイワイ　子供が生まれるとすぐアコ祝ということをする。取上げ婆さん、近所の女たちをまねいて簡単な御馳走をするのである。取上げ婆さんは産の経験ある人を頼む。元来これを職業とするものはなかった。

ステゴ　もと子供が生まれて育ちが悪いとか、親の厄年にできた子は、捨子して近所の人に拾ってもらった。

クイソメ　一〇〇日目に行なう。新しい膳と小さい器と箸箱を揃えて、食べそめをさせるのである。

氏子札　昔は子供が生まれると、その年の秋祭の時、神社へ子供を連れて参って、名と生年月日を書いた氏子札という木の札をもらったものである。これは明治の中頃からすたれたようである。

妊娠の忌　妊娠中の者は葬儀へは絶対に参加しない。また死人にはふれない。妊婦の夫も同様に守る。親が死んでも妊婦の方は葬列にたたず、湯棺にもふれない。〔『出雲八束郡片句浦民俗聞書』〕

兵庫県鴨庄村

出　産　嫁に行ったさきで生み、里へかえって生むということは少ない。たいていヘヤ（主人夫婦の寝間）で生む。南では子供はヘヤで藁ぶとんをしいて生んだ。今はかわっている。

四十二のフタツゴ　上牧では子供が生まれた時、親が弱いとか、それまでの子供が次々に死んで行ったとか、または親が四十二歳の時にできた子とかは捨てる風がある。とくに父親が四十二歳の時にできた子供を四十二のフタツゴといって他人に拾ってもらうか、または貰ってもらった。「吉見氏の古い分家の一人に四十二歳の時に子が生まれた人がある。その子を吉見伝左衛門氏がひろい名をつけてやったことがある。名のつけ方などに別にきまりはなかった。」

サンヤミマイ　神池では子供が生まれると近所の者は米一升を持って見まいに行く。これをサンヤミマイという。

トリアゲバア　トリアゲバアは心安い人をたのむ。トリアゲバアは子が生まれるとすぐ湯をあびせる。

名付け　子供が生まれて七日目に名まえをつける。名づけ親というものは別になかった。

宮参り　三〇日たつと宮参りをする。その時ヒモツナギとて一文銭をミズヒキにつないで近所の子供たちにやった。

月のサワリ　昔は女の月のサワリがあると鍋、茶碗を別にして土間で炊いてたべたものである。そして他人がきても茶もくまなかった。またオモテの間にはいることもなかった。しかし、今この風習はすっかりくずれている（神池）。

ヒマヤという別の建物や部屋で暮らすようなことは古い人たちの記憶にもない。しかし月のサワリの物忌はきびしくまもられていた。

南では月のサワリのあるものは別釜で炊く家もあり、そうしない家もあった。別カマドにしない場合は、一つの茶碗についで、さらに別の茶碗にうつして食べた。月のサワリが終わると火をあらためるといって、カマドの灰をとり、釜の炭をおとして、炊いたものを残らずたべて、あたらしく炊きはじめる。また京都の愛宕さんへ参るとシキビを売っているが、それを買ってきて、竈に炊いて、その飯をたべるとケガレがとれると言われていた。〔『村の旧家と村落組織Ⅰ』〕

兵庫県淡路沼島

サンマ（産間） サンをするときは間を仕切って十一日の間はそこにいる。家を借りてそこでサンをすることもある。気安い家を借りる。家にいると家がシケルので、漁に出るのがいけないからという。その間、火を別にしていた。間を仕切ると出口を別にしたものである。子を産むと産婆が八日間、子に湯を浴びせに来る。親も大きなタライで、湯で腰を洗う。子の産まれたときは三日間沖へ出るのを休む。三日すると「ショージョージ」をして、魚を食べて沖へ出ることにする。〔『農漁村採訪録XII』〕

大阪府滝畑

イワタオビ 五ヵ月たつと家々で勝手にする。オビイワイは別にしなかった。子は嫁に行った先で姑の世話で生んだ。

出　産 子はヘヤで生んだ。ヘヤのない家はナカマで生んだ。藁をたがえちがえに七〇把つんで、それに布団をおき、もたれかかっていた。そうして坐ったまま産んだ。ヨナ（エナ）は鎌で切り、鎌を一七《いちしち》夜埋めておく。女のヨナは固いもので、湯か水でもんでちぎろうとしても切れるものではない。

女のタイサン〔泰産？〕はなかなか難しいもので親の命にかかわることがある。そういう時には、手に油をつけて道具を持ち、女の尻に足をやり引き出す。

子を生みにくい人は必ずわけがある。男が夜這いに歩くのも一つはそのためで、顔だけでなく、未だ調べねばならぬ所があったからだ。

臍の緒はとってなおしておいた。

カミアライ　たいてい祖母さんがあらうが、今はオヤジの洗う家が多い。

シオブチ　生まれるとすぐ、この村の川の上にあるシオブチへ抱いて行って洗って来た（形ばかりに）。そうすると達者であると言われる。

嫁の親の贈物　子供ができると親から三合どりの餅を一〇〇こしらえ、子供の衣類をこしらえて持って行った。これをウブギと言った。

アカゴの淵　村から光瀧寺へ行くまでの間に赤子の淵と言うのがある。昔はここへ一七日《ひとなぬか》に連れて行って水をあびさせた。

ナツケ　子が生まれると近隣親戚は本絹紅布〔ほんもみ〕を一疋くらい祝うて持って行った。すると生まれて一一日目のナッケに、その人々を招く。まず親類の一番年寄の人をよぶ。行くと本膳で、カシワン、ヒラ、ツボ、ナマスなどをつけてもてなす。そうして巧者なものが名をつける。昔は年のいった人の所へ行って名をつけてもらった。

親のつける名　親のつける名は四季にあわせて、春は春らしく夏は夏らしく、その下へ右衛門や助や郎をつけ足したのである。しかし平生はシコナですませた。シコナはたいてい二字で呼んだ。

宮参り　女の子は三二日目、男の子は三三日目に生まれた子を負うて宮へ参り、親の家へ行った。親の所へは小豆飯と餅片荷を持って行く。

食い初め　生まれて一〇〇日目にお膳に石をのせて歯がためと言って噛ます。

産屋の忌　産婦は七〇日目の忌あけまで産屋（部屋）に寝起きし、七〇把の藁を一把ずつ減らしていく。その間、煮炊きはしなかった。

タジョー（誕生）　生まれて一ヵ年目の祝をタジョーという。赤飯を炊いて近所へ配った。タジョーの日をタンジューニチと言った。子供が達者で誕生日まで草履一足もやぶったとなると、「何とさか立ちが早いなァ」と言ったものである。もとはウブヤモチをついた。二日くらいかかってついたことがあった。それを近所や親類へ配った。親類は着物をもって行った。それを子供に着せて見た。この祝には女がよばれて行った。

捨子・拾い親 子供が生まれると可愛らしいようにと言って産土神へ三七《さんしち》二十一日のあいだ参った。また子供があまり弱いと捨てに行った。すると人が拾うて来る。拾い親には誰がなってもよかった。拾い親には一、二年の間だけ、正月や盆に礼歳暮をした。

この村では双子はどうもうまく育たぬ。育ったのはほとんどない。また拾ってもらうと子の名をかえた。その名は親が勝手につけたが、人に頼んでつけてもらうこともあった。よい名をつけると悪いと言って、こういう時にはあまりよい名をつけなかった。

産屋の方位 産をする時は方位を見てする。のがれ方を向いてするとどうしても出ない。のがれ方と言うのは金神さんの方位で、この方を向いてはいけないという。〔『河内国滝畑左近熊太翁旧事談』〕

大阪府西能勢

オビノイワヒ 妊娠が確定すると、五月目に腹帯をしめる。この時赤飯を炊いて親戚近隣を招く。招待を受けた者は、子供が出来た時、緋縮緬かまたは白、中以下は唐縮緬など持って行った。

ヤヤミ 子供が出来るとヤヤミと言って嫁の里では簞笥、着物ミカサネ位、乳母車その他のものを持って行く。貧乏な家は行李を持って行く。これは初めての男の子と女の子の出来た時に限る。ヤヤミの時衣装見せをする。これは近所へ見せるのである。一日目は親類、二日目はヒロメと言って村中の女を招く。その時餅を出すが、この餅も嫁の里から持って来る。

セックハジメ　男の子が出来ると五月にセックハジメをする。嫁の里から鯉幟、一反幟を持って行く。但し一反幟は二荷以上の荷を持って来ぬと建てぬ。そのほか冑、具足人形を贈る。またチマキを近所へ配る。

女の子が出来ると三月にセックハジメをする。やはり嫁の里から内裏雛を持って行き、またヒシノアモ（餅）をついて持って行く。この時は特に華美で、アモ代だけでも百円を要するという。

タベゾメ　子供が生まれて一二〇日たつとタベゾメをする。嫁の里からお膳一式を持って行き、赤飯を炊いて子供の口につける。

正月ハジメ　初めての正月に嫁の里から晴着を持って行く

盆ハジメ　初めての盆にやはり嫁の里から単衣に扇子を持って行く。〔『上方』96号〕

奈良県吉野西奥

① 十津川村

ヒマヤ（月小屋）　十津川も小森から南へ行くとヒマヤの風習がある。湯泉地《とうせんじ》あたりでは女が月経の時は、煮炊きはしても勝手から奥へは一週間ほど入らないで、勝手かまたは少しはなれた所にあったヒマ小屋にいた。しかしヒマ小屋のある家は少なかったという。

東区では女の月のさわりのための火のケガレということをやかましくいい、月役の場合はせまい小さな納屋をよそへたてて、そこで一週間煮炊きして食べた。

ヒマヤはすべての家に建てておくということは困難であったから、最寄り最寄りで建てて、多い時は三人くらいで暮らしていた。近頃の若い女の子はこういう所で生活するのを極端にきらって、だんだん止って来た。しかしヒマヤがなくなっても、神を祭ってある所へは一〇日のヒヤを断たぬと行かなかった。この風は、今も八十、九十の老婆のある家なら実行しているという。

月役がすんで家に入る時は、女は川で裸になってつからねばならなかった。

産屋　十津川本流筋（中野区一帯）では子供はウスヤで生んだ。ウスヤは土間のことであるが、家によっては土間の向こうに小さい間を作っているものもあった。

東区（北山川流域すなわち上葛川《かみくずかわ》、玉置川《たまいがわ》方面）では二畳か三畳くらいの狭い間があってそこで生んだのであるが、子を生むように仕度することをサンヤをタテルといった。そして、生まれた子が男であれば、弓、矢を樫の棒の先にくくって屋外にたてた。女の子の場合にはこれをたてなかった。

三村区（湯泉地附近）では産はネマで行なった。うしろに藁束をおいて坐って生んだ。一五日くらいここにいた。間数の少ないものはカッテのいろりの側などで生んだ。

ヒキアゲ婆 ヒキアゲ婆はたいてい嫁の親であったが、近所の人を頼むこともあった。子を生むことをソトになるといった。

ウチイリ ウチイリは一〇日目か一五日目であった。鮓かマゼコミ飯をこしらえて近所の人を招いて御馳走し、子供には湯をつかわさせて家に入れた。御馳走は産婦には食べさせなかった。

親の身体が弱いと産屋には二〇日もおらせることがあり、高い枕をさせていた。初めは三尺四方を動かさず、後は壁、前には米の俵をおいて足をのばさせなかったという。

② 天川村《てんかわむら》

出　産 子供は坐って生んだ。後にもたれるものを作ってそれにもたれていた。トリアゲ婆はいないから、隣近所の人が行なった。

産　屋 産屋は納戸を使った。たたみをあげ、菰を敷き、その上にうすべりを敷き、シキヨギを敷いてその上に坐った。

産婦は一二日間すわって飯をたべさせてもらい、頭を出来るだけ下げぬようにした。一二日すると寝屋を出るが、煮炊きは七五日間しなかった。七五日から煮炊きすることをオビヤといった。

ヨロコビ 子の生まれた三日間にヨロコビといって、親戚の者が一合餅をホッカイへ一杯入れて持って行き、一同で食べて別れた。

ナカマイリ　生まれて一二日するとナカマイリということをした。その時名をつけた。名をつけると、名の披露のために近所の人々を招いて、御馳走した。これをナツケブレマイといった。

テラマイリ　名付けがすむとテラマイリをした。母か祖母が連れて参る。

節　句　三月節句に女は雛、五月節句に男は鯉幟を親類か嫁の里から買うて持って来る。親類へは鯛を買うて配った。

拾い親　男が四十二の年に生まれた子は育ちが悪いからといって捨て、人に拾ってもらった。また五月五日に出来た男の子も吉すぎて悪いとて捨てた。そういう子供は拾ってもろうて、ステの字のついた名をつけた。

拾い親に対しては盆正月に、素麺、お鏡を持って行った。一升持って行く家もあった。

育児用具　子は小さい間はたいてい負うて大きくした。これには子負い布団を用いた。子の守は多く婆様の仕事であったが、女の子があれ

ハコ（天川村広瀬）

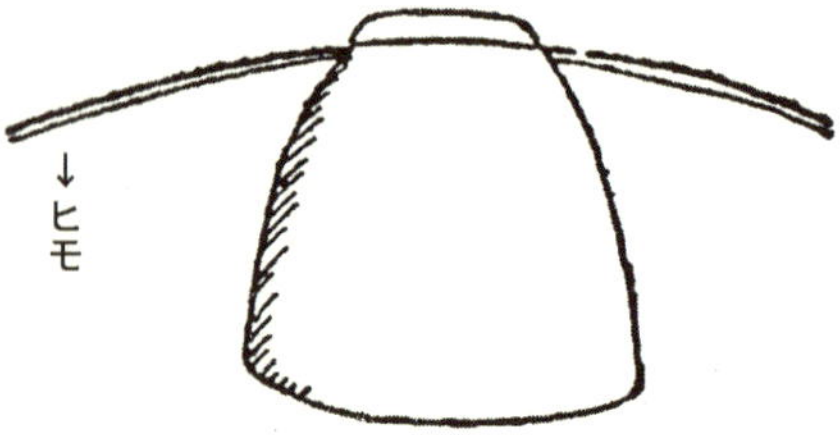

子負い布団（天川村広瀬）

ば女の子に負わせた。子守をやとうようなことは少なかった。またハコに入れて子供を育てた。他地方のツグラとかエンザ、エヅメなどというものと同じである。木で作ってある。

③ 大塔村《おおとうむら》

出　産　子供はカドあるいは便所のあたりで、タライの中へ生む人もあり、座敷で畳を裏返して生む者もあった。つくなんで生み、後から姑婆などがかかえている。

もとは生んでから一二日間は物にもたれていて動かなかった。今は寝ている。この間女は絶対に煮炊きしない。

産で命をとられた者は殆どなく、産はいずれも軽かった。また子供もよく育ち、一〇人に一人くらい幼児のとき死ぬにすぎなかった。しかし出産の数は少なくて一戸たいてい三人くらいしか出来ぬ。従って殖え方は少ない。

マビキは絶対に行なわなかった。行なうては人が足らなくなったであろうという。

名付け　生後三日目か四日目にナツケメシを炊いてこれ

ツグラに入る子供（佐賀県富士町、昭和40年8月）

を仏様に供える。子が生まれると近所の人や近い親類は木綿五、六尺に米一升を産見舞（ヨロコビともいう）として持って行くので、この日夕飯を炊いてこれらの人々を招く。

厄年にできた子は捨子して誰かに拾ってもらい、拾造、捨吉などの名をつける。

クビスワリ　一〇〇日目をクビスワリといい、クビスワリ飯を炊いて御宮へ参ってこれを供えた。また、餅をついて近所へ配る者もあった。

タンジョー　ムカワリ（一年）をすぎると乳をはなさして物を食べさせ始める。そうしてちょうど一年目をタンジョーとて、餅をつき、ヨロコビをもらった家へ一重ネずつ配った。親類の多い家はヨロコビを三〇くらい貰っている。〔『吉野西奥民俗採訪録』〕

京都府当尾村

ケガレ　子供は納戸へ藁を敷いてそこで生んだ。藁は七五三の割合に積んで、それにもたれて、坐って生んだ。もとは子を生んでから七日間をケガレありとして産屋でジッとしていた。しかし天理教が流行るようになってから、天理さんを拝むと、生むまで動いてもよく、また生んでからもゴク（御供）をいただけば動いてよい、七日のケガレは受けないと言っている。

子を生んでから七日目をムイカオリともナヌカオリとも言い、その日赤飯を炊いて祝い、その日をすぎると、手のない家はボツボツ起きて煮炊きなどした。

お産は七五日の病気とも言われた。また産病人はコシラエ病だから一日一日力づいて来るともハジャ（母者）が言っていた。

ケガレということの中、火のケガレを恐れた。だから七日間産屋にいる時は、飯も食べさせてもらうが、本人の茶碗を台所まで誰かが持って来てつぐということさえなく、こちらから別の茶碗についで持って行って本人の茶碗にうつしてやった。

子供を洗った産湯はもったいないと言って、人に踏まれないように納戸の床の下に捨てた。今はそういうことはなくなったが、それでも太陽には当てないようにしている。

アトザン（ヨナ）はチョーズ（便所）の上り石の下へ埋めるとよいと言われている。

赤子の乳つけまでに蕗の根を甜めさせるとよいともいい、またゴコ（水に浸した大豆を石臼でひいて乳様にしたもの）を飲ませるとよいとも言う。

名付け　子供が出来ると子供らしい名をつける。子供の間は髪がガッソで、十二、三歳になるとそれを頭の上で結うており、十七になると元服とて月代を剃って髪を結うた。そして名をかえた。子供の時の名の披露は子供が生まれた時ではなく、正月の寄合の時であった。その時の名は鶴、亀、岩などの下へ吉か松かをつけて呼んだものであるが、子供たち同士は決して丁寧に鶴吉とか亀松とかは言わないで、ただ頭字だけを呼びあったものであるから（たとえば鶴とか亀とか言うように）、相手が鶴吉であるか鶴松であるかを成長するまで知らぬことは多かった。ただシウシ〔宗旨人別改帳（宗門人別改帳）のこと〕には記されていた。〔『民族学研究』7巻4号〕

岐阜県石徹白

ヒマヤ　もとこの地では子を産むことはケガレとされており、上在所は特に厳重に忌をまもった。そしてどこの家でも庇の下に六畳くらいの部屋が葺きさげにして作ってあり、それをヒマヤともヒサシともいった。月のさわりのある時と子を産む時はここにおり、別に火をたいて食べ、主家へはなるべく入らぬようにした。月のさわりの時は七日おり、お産の時は三五日もいた。お嫁をもらった時も忌があって、その時は男の方もアラハダ七五日といい、その間お宮へまいらなかったのである。

エ　ナ　子供のできた時も、お産のエナをうまやの不浄のかかる下を掘り、そこへいける。早産で生まれて死んだ子は縁の下へうずめた。ただし上在所はそうしていない。

ミズガエリ　上在所は七つまでの子供が死ぬるとミズガエリといって葬式も年忌もしない。

捨　子　親が四十二の時にできた子は育ちがわるいといっており、そういう子は捨てる。すると隣の人が拾って家の前へおいてくれる。そうするとよく育つといわれる。

名前は庚申の日に生まれたものは金に関係の名をつける。そうしないと盗人になるといわれる。名前をつけてくれるのを名前親といい、本家かまたは賢い人をたのみ、セイボや年頭を持って行って親同様につきあうのである。

ハツマイリ　子供が生まれて一〇〇日たつとハツマイリといい、ウブスナダンゴというのをつくってお宮へまいり、かえって来てその団子を親戚に配る。

一般に私生児はシンガイゴとよばれてきらわれていた。〔『越前石徹白民俗誌』〕

青森県下北半島・岩手県大船渡

他　屋　目名の氏神の神主をしているのは菊池氏で、古い山伏の家であった。その家はそれほど大きくはなかったし、いわゆる神主の家らしい様子もしていなかったが、屋敷の中にいくつもの建物があり、それぞれ用途が決まっていた。生活にケガレをもたらすような建物は主屋《おもや》からかなり離されていた。その一つに他屋があった。他屋というのは、女の人たちが月経のときにそこにいて食事もそこ

菊池家（青森県東通村目名、昭和38年6月）

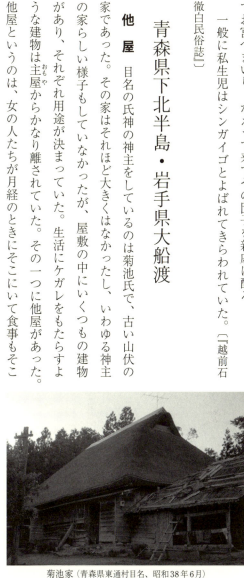

で食べる。月経は不浄とされ、アカフジョウ、赤ダミなどとも言われている。月経だけでなく、出産のときも別小屋に籠もることは伊豆あたりから西の海岸地方に広く見られた習俗である。東北には他屋の習俗はきわめて希薄なようにいわれていたけれども、下北にも絶無ではなく、ここに一軒あったわけで、それが山伏の家であるということに興をおぼえた。（東通村目名）

そして、下北から南へ下って、岩手県大船渡市蛸ノ浦の尾崎神社の社家でその話をしたとき、その家にも月小屋（他屋）があったと教えてくれた。そこの社も熊野権現をまつっているとのことであった。そこでは熊野とのつながりがあるという習俗をいくつも聞かされたし、またイタコではなくて、目の見える女がカミサマ（巫女）になる話も聞いた。この地方は盲目の巫女は少なく、死人の口寄せではなく、神占を主としていると聞かされ、その巫女を訪ねていった。その巫女も月経の間は神の前には行かず、食事は家族とともにしなかった。その慎みをしないと神がかりしなくなると話してくれた。その後、各地で聞いてみると、古い神主家にはこうした習俗を伝えている家が少なくないようであるが、一般民家での習俗としては、太平洋岸は伊豆から西、日本海岸は福井県から西に点々として分布し、熊野あたりでは、月小屋に籠もる習俗から娘宿が発生したのではないかとさえ思わせるものがあった。〔『私の日本地図3　下北半島』〕

子供時代

子供行事採集例　―周防大島家室西方村を中心に

1　山口県大島郡家室西方村　大正十五年より昭和十年までに調査。

2　特に子供組というようなものはなかった。が、十三になるとヘコ祝ということをし、名付親が普通ヘコを子に贈るのである。これがすむとコワカイシという。コワカイシになるとたいていの子はコワカイシ宿というのへ夜は泊りにいった。たいていおばあさんのある家であった。この仲間が子供の参加する行事を牛耳った。子供の参加する行事には天神待、花見の石合戦、キザキ様、亥の子などがあった。この行事に正式に参加することのできる者は旧幕時代にはだいたい寺小屋にいっているもの、明治以後では小学校へいっている子であった。仲間入りの方法は別に何のきめもなかった。

註：同郡日良居村では子供組を少年会といっているが、もとはコワカイシグミといったようである。一定の子供宿はなかったが、どこの家へでも二、三人で泊りにいったようである。同村浮島の樽見でも、七歳を超えると、自家で寝ない風があった。家室西方村地家室でも子供のない家へ七、八歳になると泊りにいく風があり、泊りにいき始めると少年団に入れた。大和野迫川《のせがわ》では十一歳になると子供組に入り、ヨナノコといった（横井氏）。子供組役割の名称にいろいろあるようで、その記入をもこいたい。

3　子供同士の仲間はずしということはあった。その子供がよく嘘をつくとか、約束を守らぬとナカマにした。ナにアクセントを持たせると仲間はずしのことである。そうすると親が菓子など買うて子供の頭のところへ頼みにいった。

4　子供の参加する行事は2に書いたとおりである。以上はほとんど男のみの集まりで、女の子には別に仲間はなかった。

山の神　　旧一月四日（地家室）
天神待　　旧一月二十五日（船越）
花見の石合戦　旧三月三日（西方）
キザキ様　　二百十日の前七日（各字）
亥の子　　旧十月亥の日（各字）

註：各地の子供の参加する行事をみると、一月・鳥小屋、コトコト、エジロワリ、山の神、オジュウシチヤ、トンド、ムグラ追い、鬼の火、塞の神祭、ナマハゲ、カサドリ、粥釣、狐狩り。二月・神送り、初午、栗柿年始、山の講。三月・クサメ（女の子の行事）、ナガシニンギョウ、ヒナマツリ、マンド火（彼岸）。四月・山アソビ。五月・ショウブウチ、野神さん送り。六月・ネウタ流し、虫送り。七月・トウロウ流し、七夕、盆釜（女の子）、オンゴク（女の子）、牛神祭、地蔵盆。八月・ダンゴ突き、ボージボブチ。十月・亥の子、トウカンヤ、十夜、オカリアゲ、

エビス講。十一月・墓日待、地神祭。十二月・針供養（女の子）、山の神祭。以上のようである。

5　天神待の費用―年長者が会員のうちを米をつないであるく。二合ずつもらうのであるが、家によっては三合も五合もくれることがある。それをトーヤ（頭屋）に持っていき、一部を売ってもらって魚、酒を買い、飯を炊く。他の行事は費用がかからないが、亥の子などは家々での貰い物があるので、食べられるものは食べ、お金は貯金するか、分けてとる。船越では酒を買って飲んでいる。

註：費用の集め方は、信濃の道祖神祭では道に綱を張って通行人から物をもらう例があり、上伊那川島村では道祖神に打ちつけた厄投げ銭を拾って菓子を買い、分ける。南筑後三橋村では一番頭が、村内各戸の耕作反別をしらべ、それによって藁と竹とを徴発して費用とした。また六月十五日の祇園会の晩には野菜の無断徴発を許された。和泉北松尾の牛神講の座では、牛一匹、子供一人に麦五合と、野菜類を集めてまわる。その方法にはいろいろあったようである。

6　行事の頭屋は天神待ではクジをひいてきめる。一年に一回である。頭屋になった家はマンがよいといって喜ぶ。頭屋の家では天神様の厨子を祀り、天神待の日には宿をした。亥の子には別に頭屋というようなものはなく、子供の宿に集まってそこから搗きに行った。

註：大三島では小楽な家か十五歳頭の家を宿にたのみ、そこで御馳走を作ってもらって酒などのみに出かけ

る。喧嘩など起きると宿の主人が仲直りさせに出かける。筑後三橋では祇園様の拝殿を集会所にし、別に宿をたのみ、そこで子供らが煮炊きする。上伊那川島村では天神待ちの頭屋はまわり番である。常陸高岡の寒念仏には念仏がすむと宿にかえり昔話などしてあそぶ。

7　山の神祭―一月四日に村の子供（七歳から上）が全部山にのぼり、五色の紙のぼりと吹抜きをたてる。そうして餅を二つずつ持ってまいり、焼いていただくのである。山の上では大きな火を焚いた。天神待―二十四日の日、子供らが集まって、笹をきってき、これに五色の短冊をきってつけ樽につける。年長者は米を集めてまわる。当日は昼集まって頭屋で食べ、短冊をつけた樽をかつぎ、歌を唄いながら村をまわる。夕方戻ってきて、頭屋で夕飯を食べ、次の頭屋をクジできめ、その家へ厨子を持っていく。するとその家は一年間少年団の世話をする。天神待は手習い子の祭として、寺小屋でも行ない、寺では僧が子供らに酒など出し、一日中寺の本堂であそんだという。

註：亥の子は泉南では戌の日になっており、大阪、堺などでは十夜とよばれている。豊能《とよの》ではやはり亥の子であり、百姓祭といっている。藁鉄砲を作りこれを打ってまわるのであるが「亥の子の晩に重箱ひろて、あけてみればホコホコまんじゅう、握ってみれば重兵衛さんのきんたま」とうたう。豊能田尻では笊の古いもので獅子頭をつくり、同郡北豊島村では子供二人が布をかぶってフクガエルになり、家々を踊りまわる。藁鉄砲はたいてい屋根の上か、木の枝にかけておく。人気の悪い家は特にその前で罵る風があった。また近畿に多い宮

座行事の中に子供座が和泉にはあり、和泉町和気《わけ》の甘酒座というのは八歳から十五歳までの子供がこれに参加する。一週間前に村に昔からある四合枡で麦をあつめ、当屋（頭屋）で甘酒をつくる。これから毎日牛神様を掃除してから砂を運ぶ。この時二本のにれの木の間へ田の土をもって二段つくり。その横へ大ブトン、小ブトン、相撲場を砂で作り、七月七日の前日には幣をつくる。幣の一本は先に木の葉があり、他の一本には幣をつける。当日朝午前一時頃に当屋で甘酒をのみ、一老（老人）監督のもとに四老、五老、六老が太鼓をうち、子供らは「男しゅ女しゅ酒のみやヨホホ」といってあるき、当家でのんでまた出かける。和気では老人も参与するが、泉南郡木積《こつみ》では牛神講といって子供だけの参加である。丹波に多い狐狩りの例を一つ書くと、多紀郡村雲村では旧正月十五日夜明の三時頃からする。十二、三の村童どもが集まって、笹に紙片をつるしたのを持った者が先頭にたち、御幣を持ったものや太鼓をさげたものがその後からついていく。道々紙片や笹の葉をゆすぶって地上へ落としてゆく。落ちないときは手でちぎってまいていく。太鼓にあわせて、

狐狩せんかいや狐のすしは幾おけなから、
鴨やいて　エンエン　バサバサ

村の森や小社やまたは古いほくら（祠）をすてる所などへは幣を一本あげていく。まわり終わったとき笹を他村の者に盗まれると悪いというので田の中へうずんだりする（『民俗学』2巻12号、鷲尾三郎）。

8　大人の行事に子供の参加するものは地蔵盆である。西方の長崎では、村の中央に地蔵様があって、一軒の家でそれを管理するが、盆の二、三日に村を戸別に米一合ずつ集め、これを炊いて握飯をつくり、

村中の子供を呼んで二つずつ配る。残ったのを村へ配る。

虫送りも子供が主になってサネモリ様を流しにいった。

トンド―七夕にも子供が大人の中に交る。個人的には祭の時、神輿の神幸について御供えを持っていく。

註：近江筑摩神社〔米原市〕の鍋かぶり祭の鍋をかぶるのはもと出戻りの女であったが、今子供になっている。若者と子供と組は別であるが、一つ行事をやっている例は多い。エジロワリ、嫁叩き、ムグラ打ちなどにそれが見られる。和泉ではだんじり引きは主として子供である。淡路福良《ふくら》では旧十一月十五日（今は新の同月同日）の氏神祭礼の時子供の名で頭に入って、クジにあたると裃を着て、父につれられ御馳走に預る。そうして同日出し物のダンジリに乗子として乗る。太鼓を常にたたいている。また盆踊の時、街を踊りあるく一隊の前部には子供が踊るのが常である。旧五月五日の綱引きにも子供が参加する（森崎国雄君）。和泉東葛城の雨乞い踊（旧七月十五日）では太鼓打ちは子供にきまっていた。この太鼓打ちは大変むつかしいもので、八歳から十一歳くらいの子供があたったが、そのために一ヵ月も前から練習した。近江湖西の村々では盆踊の櫓の提灯のろうそく代えが子供の仕事であったという（三田村耕治氏）。祭礼に子供の参加の例は実に多いと思う。

9　嫁入の時の樽かたぎは子供に限られていた。これは親戚の子でなくても誰でもよかった。葬式の時、棺の先を行く草履持は死人に近い小児があたることが一番多い。

註：和泉の葛城筋に残る雨乞い踊の新発意《しんぼち》は子供であった。嫁入りの行列をさえぎって物をもらう風は単に子

供だけでなく、若者にもあったようで各地に見られる。和泉富木《とのぎ》は真宗で、在家で報恩講をつとめるが、それをふれてまわるが、こうすると、豆の炒ったのなどをもらった。

10　団体的な参加はなかったが、村日役には十三から上の子供であれば出てよかった。

註：河内滝畑では昔、夜番は子供仲間の仕事であったという。出雲一畑ではそういう例を見た。近江大溝では地蔵盆の晩だけ子供が夜番をする。

11　村日役に出る男の子供は半人前として扱う。しかし鰯網を引きにいくとき、その分配にあずかるのは大人と平等である。鰯網は年齢は一歳からでもよい。また十五歳までの子供であれば、非常に悪くして村からはずされることはなかった。ただ子供仲間からナカマにされただけである。女は網にはひきに行けぬのを立て前とした。

註：土地によってはたとえ三歳でも戸主の男子は一人前として遇された例がある。

12　子供の私有財産は、昔は縄をなって船着場の問屋へ売りにいって作った。これが若衆はよい着物を買うもとになった。女の子については調査してない。明治になって蚕をかうようになり、その手伝いで金をもらうこと、男の子は鰯網をひいて鰯を売り金を作るもの、草履を作って売るもの、山の椿の実をとってこれを売り金にする風があった。またお宮のシオカキ（願かけ）をたのまれて、それをすると金をもらった。こうしてためた金をヘソクリといい、スギンといった。また物を共有することをモヤイといった。椿の実などは二、三人でとったもので金はモヤイにし、あとで分けた。

註：淡路では鰯網の人呼びが子供で、漁のたかによって二〇銭とか五〇銭とかもらった。これが小遣いになった。近江川上でも、河内滝畑でも竹藪の竹皮拾いが私有財源になっている。大和天辻の峠では荷持ちをする多くの子を見かけたが、これはトンネルがくずれての一時的現象らしいが、日曜のよい仕事のようである。和泉北池田あたりではまぐさ刈をしてこれを売り金を得ている。お年玉や歳暮以外の収入は案外多いようである。大和南阿陀では、配り物をしたオタメが全部子供の収入であるという。和泉有真香《あまか》ではこうした子供の貯金がたしか一万円近くもあったと記憶する。

13　一家のうちで米麦搗きは必ず子供の仕事であった。一家のものの履くだけの草履もたいていは子供が作った。家々への配り物の使いも必ず子供であった。昔は田畑へ入れる草刈は十五くらいになるまでの子供の一番はげしい労働の一つであった。忙しい家では煮炊きはすべて女の子の役目であった。季節的なものでは、桑つみ、田植（小さな子は苗打ち、十歳を越えれば田植）、藻葉ひろい、田畑の草ひき、稲刈の手伝い、薪取りなどがあり、大人について行った。小さな子供の最初にあたえられる仕事は戸のあけたて、にわとりの世話である。子守は多くその家の女の子がした。

註：年齢によって参加する仕事が次第にふえていくことも気をつけねばなるまい。

14　秋の夜鰯がとれて、それを夜引きというが、夜引きの夜、年長者からいろいろの話をきかされる。旅での話が第一で、次は化け物話であった。親戚などへよばれていくと、いろりのそばや、こたつで昔話が出た。私の毎晩の仕事は祖父の肩をたたくことであったが、そうすると昔話をして下さった。その終わりには必ず教訓的な言葉がそうた。庚申様の晩は話をするものといってよく話をきいた。泊り宿へ行くものは宿でいろいろの話をきいた。大師講の晩には伝説が多く出た。私の家へは旅の人がよくとまったので、夕飯の後で旅での話をきかされた。朝学校へいくとき祖父は必ず「うかうか道をあるくな、人の悪口をいうな、うそをつくな、先生のいうことをよく聞け、先生には礼を忘れるな」といって注意した。これが八年間の朝の言葉であった。正直で、よく働いて、意見があっても人の言葉を一応きいて、神仏を念じて……これが祖父の生活教訓であった。父はよく仕事に惚れよ、といっていた。親類への配り物は子供の役で、持っていくときの口上などはその時々に母なり父が教えてくれた。

15　よい子供は秋祭の神幸祭の時の御供を持つのに選ばれるのが普通であった。特定の表彰法ではないが言葉でそういうものがきまっていた。カシコイ子は人格的にも智恵も申し分ない子で、ハツメイなは利巧、エラシコは悪賢い、ブイなはおとなしい、イッコイなは正直で頑固な、カッセイなはよくはたらく、モモジリは辛棒気のないもの、駄々子はジラボーズ（男）、キンピラハリ（女）、おませをチャンバ、よく文句をいうのをクジクリといった。そしてこれが子供にかぎらず結婚までの人々の評点で、カシコイ子であれば無条件で嫁も婿もあり、嫁の口を聞き合わせにいくにも、この言葉のどれかを近所の人から聞けば、もうその子の日常は判断できたものである。

16 子供のあそび場所は宮の森、寺の広場などであった。浜もまたよいあそび場である。

17 冬から春にかけて男の子はドングリ合戦が多かった。ドングリは松かさのことである。たこあげ、ぞうりかくし、陣取り、めえさん、夏は潮あそびが主で、軍艦水雷という鬼事をする。秋は尻まくり（小さな子）、かくれんぼが多い。女の子は冬はままごと、まりつき、手あわせ、春はいっこ（おじゃみ）、なわとび、けつり出し、子取り、天神様の細道などがある。団体的なあそびはたいてい七歳から上で、それ以下のものも加わらせたが、カワラケといって鬼にもせず、いわば見習のようなものであった。ドングリ合戦はすでに大将がきまっていて、その連中がくると始められたが、他の遊びは集まれば誰が首唱しても始められた。順序その他はジャンケンできめたが、ぞうりかくしは、

ぞうりかくし九年母、橋の下のしょうぶ
刈っても刈れぬ、みそちょっくりちょっくりな

なめても未だ刈れぬ。

と、足でかぞえていって、一番しまいにあたったのが除けられていき、最後に残ったのが鬼になった。ほろびた遊びに、穴一へいころがしというような賭博風なものが正月に多かった。

18　お手あわせ歌

一にゃたちばな、二にゃかきつばたね、三にゃさがりふじ、四にゃ獅子ぼたんね、五ついやまの千本ざくらね、六つむらさき色よくそめてね、七つなん天、八つ山吹でね、九つこんめがちらちら咲いたね、十で殿様おかごでいっちょんちょん(他に多し)。

しりまくり「しりまくりはァやった」といってまくりあう。ぞうりかくしの時かくしている子が「おかァか、じょんじょ買うてくだれ、足の冷いのにじょんじょ買うてくだれ」という。

またあそびを始めるときには「何々しようや、後からくるるものはよせんぞ」といって子供をあつめ、手をつないで輪をつくりジャンケンするのである。

註：『民俗芸術』4号は童謡童戯号になっており、『郷土研究』の5巻5号に童戯の記事が多い。また『子供の詩研究』4巻1～10号に連載せられた柳田先生の児童語彙はぜひ見るべきである。

19　子供手製のおもちゃ
弓矢―しだ（羊歯）のしんをぬいて弓矢をつくる。
麦稈かご―むぎわらでホタルカゴなどつくる。
次郎んぼ太郎んぼ―麦笛をつくるために穂のついた藁の梢の方を端に節のある五寸ほどの茎にさし込んで抜き差しすると穂が手招きするように動く。「次郎んぼ太郎んぼ牛はどこへつないだ川のはたへつないだ　ピットようなりますように」といって、穂をぬいて吹く。
つめかち―女の子はヤシャラを拾ってきて行なう。
ほうずき―おばこの葉でつくる。
人形―草で他地方のオカンジャケに似たものをつくる。
かい―さざえや赤がいの脊に穴をあけ、これに縄を通して男の子がはいてあるく。
註：この例は実に多い。そのよき採集例として本誌『近畿民俗』1巻3号に太田陸郎氏の「もちあそびの追想」というすぐれた報告がある。

20　ホウバイというのは同年輩の特に親しい友のことであった。私の記憶では年は違っても一つくらいであった。ホウバイの家では飯など御馳走になったり、またうまいものがあると二人に同じようにわけてくれたものである。トギというのは年長者が年下の者とあそぶ時が多かった。ツレは深い交友を意味しない、一回きりのあそびなどに使った。ナカマは共同であそぶときに使われた言葉で、仲間にすることをヨセルといった。

註：和泉木積では子供が生まれると同年生まれの子を探してこれと友達の約束をなし、生涯兄弟以上に親しくするという。

21　日常の交友はいたってせまくて、遊ぶ場所を中心にだいたい三〇軒くらいの範囲の子供があつまっていた。ただ山あそび、虫送りなどには村中の子供があつまった。他字《あざ》との喧嘩は多くてたいていはあくたいをついたのである。

下田ひろい子、西方にしの子、長崎ながれ子、などといって罵ったり、個人を罵るときには「〇〇の頭に糸つけて穴風《あなじ》が吹いたらエッチンコイコイ」「わりゃァそこで泣きようれ、山から小僧が出てくるけえ」などといった。村同士のつかみあいの喧嘩はだいたい団体的で相手の大将をねじふせるまでは誰がはいって分けてもなおやった。仲直りは大人が出ればそれですんだ。個人的なものは親が出て、菓子でも分けてやり「仲ように遊べ」でけりがついた。他部落の子供とはだいたいあそばない。

22　猫の死体を見ると―猫神うつんな親子じゃないぞ。はぜの木の下を通る時―うるしうつんな親子じゃないぞ。

立小便の時―さってござれ。こういわぬとみみずにかかりチンコがはれるという。
雨の降る時―雨こんこんお降りやんな天神様へ潮をかいてあげようけえ。
風の吹く時―風々吹くなタコノバチ（笠）をやろうけえ。
寒い―やれ寒のうちゅうちゅうかい朝から起きて巣を作ろう。

23　私は子供の折、祖父に宮の森にミヤホウホウという化け物のいることをきかされていたら、その夢を見た。四二段ある宮の石段の上から二番に腰をかけ、左の足は下のもとまでのびていた。白い着物をきてニタニタ笑っていた。今に忘れぬ。身体のふわりと浮き上がる夢をよく見た。また小便がしたくなってすると寝小便であったことがよくある。よく聞いたおじいさんの昔話はしばしば夢に見た。よい夢として一富士二鷹三茄子四そうれん（葬列）という。また夢さかさまといって悪い夢をよいとする。よい夢は人にいわぬもの。いうとその人に幸福がいってしまうという。

24　村の子供が溺れ死んでミコに見てもらったら水の所に美しい花が咲いていて、それをとろうとして落ちたのだといった。また子供がいなくなって探しあるいたら山の中にいた。つれ戻してきいてみると誰か知らぬ人が来い来いといってつれていったのだという。
暗くなってムラワラ（墓場）へはいかぬもの、いくときはツレをつくっていくものという。

注：奥州のザシキワラシという子供の姿は、子供にだけ見える由である。柳田先生の昼の星を見た話（『旅と伝説』100号）は各地にあるようである。

25　老人にきいてみると今の子供はかしこくなったという。しかし仕事はしなくなったという。老人のいうことはきかなくなった。古い話でもすると、そんな馬鹿なことはないといって笑う。口はよくたつが手がもとらぬ。

注：和泉では子供はよく働き、性質もよくなったと一様にいっている。土地によってそれぞれ差異があるようである。

26　ある少年の父はひどく酒のみで酔うと道の真ん中にでも寝た。そういうとき少年は出ていって父をさがし、つれて帰れぬときは父のそばで夜を明かしたこともあるという。また朝学校へ行くまでに網を引きにいって父の酒代をかせいだ。父にどんなにいわれても従順であった。これが子供らの模範として話題にのぼった日は長かった（大正三年頃のこと）。またある少年は五里もある道を毎日小学校へ通い、かえってくるとそれから草刈に行った。夜は縄をない、九時までの儲けは父に渡し、九時からの仕事は自分の儲けにして、一〇円もためて、これをもとにし山口へ行って勉強し県知事にまでなった（明治三十年頃のこと）。この二つの村の美談で、学問をして出世しようと志すものがそれからずいぶん出た。

27　日良居村油良の山西老婆は昔話をよく孫にしてきかせる。年も八十五になるはずである。もう昔話口調はなくなっているが、いろいろ知っているようである（まだ生きているかどうか）。油田村伊保田の俊成老人は防長征伐の時の勇士で、今も孫によくその頃の話をする。屋代村天元佐兵衛翁はもう九十の老人だが、大庄屋をした家で、昔のことをよく知っており若いものにして聞かせる。

註：昔話などよく知った老人の名が分かれば、こちらから出向いてお話も承りたい。その土地土地にそういう老人があるはずである。

28　特別にこれという人はないようである。

註：これも今後この種の研究を完成するためにぜひ知っておく必要があり、各相提携する要がある。

29　子供行事のみの発表ではないが、『大島郡郷土調査』（郡教員会編）がある。定価一円。俗信、方言、童謡などが多少見られる。

註：これもわれわれの目にとまらぬ書が多いし、またそのすぐれた業績の埋もれている場合が多いので報告を待ちたい。

30　今、以上のほかに別に気づいたことはない。

後記：周防大島のものを採集例としたのははなはだ拙いのですが、註にできるだけ大阪近傍のものをあげました。〔『近畿民俗』1巻5号〕

〔註：子供行事の採集項目についての資料は見つけられなかった。〕

鹿児島県串木野

子供仲間　鹿児島から薩摩半島を横ぎって東支那海側に出ると、串木野がある。人口三、四万。この地の羽島神社には、旧三月四日に船出の神事と牛出の神事が行なわれている。船出の神事は漁師の家の祝事で、男の子が五歳になると、この日つくり船に宝物を入れたものをもって、神社の本殿から出て境内をひとまわりして、また本殿に帰って来る。その間若者たちが笛太鼓ではやしたて、船歌をうたうのである。牛出の神事は太郎太郎とも呼び、農家の行事になる。二人の男が牛〔面をかぶった男〕を引き出して田を犁くまねをする。そのあと五歳の子供が田植のまねをするのだが、牛があばれ、百姓がそれをとり静めるのに苦労する所作が皆を笑わせる。この儀式をすることによって、子供は子供仲間に入るのである。〔『都市の祭と民俗』〕

長崎県対馬

オヤドリ　二歳のときオヤドリをする。縁故のある人や親戚に頼む。オビシメタンジョウのとき頼み、帯をもらう。〔船越村濃部《のぶ》〕〔『農漁村採訪録X』〕

山口県高根村向峠

ネハン　旧二月十五日に子供たちは仲のよい近所の者同士で一〇人から一四、五人くらいで組を作って集まり、親から米をもらい、野原で飯を炊いて食べて遊ぶ風があった。子供の集まって行なう行事は他にあまりなかった。〔『中国山地民俗採訪録』〕

山口県久賀町

花染の腰巻　女の子は七歳になると親類の誰かが花染の腰巻をくれたものである。

赤いヘコ　男の子は十三歳になると赤いヘコ（褌）を親からもらった。

女の子の仕事　女の子たちは十歳以下で木綿糸をひく事をならった。親が手をとっておしえてくれたものである。明治の初めには子供たちは一般に学校へゆく事をきらった。話者熊谷刀自は山田学校のそばを通りかかって先生が鞭で生徒をなぐっているのを見て、子供心におそろしくなり学校へ行く気にならなかったという。しかし親が子をセッカンする事はあり、女親の役とされた。柱にくくったり、押入に入れたりヤイトをすえたりしたものである。

女の仕事はウミヨリが主で、機が一人前に織れる事である。手織の着物は一生着る事が出来た。それ

ほど丈夫だった。そのかわり年をとっても着られるように皆地味なものをつくった。〔『久賀町誌』〕

島根県匹見上村三葛

ヒモオトシ　三歳のとき行なう。ナツケオヤから着物と帯をくれるので、着せて近所の人を招いて披露する。〔『中国山地民俗採訪録』〕

大阪府西能勢

ヨツミハジメ　四つ身の着物を着る様になるとヨツミハジメとて四つ身の着物を嫁の里から持って行く。

入学祝　鞄、帽子などを嫁の里から持って行く。

十三参り　子供の父親が嵯峨の虚空蔵へ子供を連れて参る。その時後を向いたら知恵が戻ると言って子供を後へ向かせないようにする。〔『上方』96号〕

岐阜県石徹白

子供の仕事　この地には別に子供仲間というほどのものはなくて、子供が組をなして一つのことを行なうことはきわめて少なかった。ただ報恩講の時の米寄せは子供の仕事であった。講の講元は村の家が五、六軒ずつ順番にあたるが、講元は在所中から一軒分米三合ずつを集める。この米を子供が集めて歩き、長い縄を持っていて、三合もらうごとにむすび目を一つつくる。これによって講元ではそのむすび目の数だけ膳をつくるのである。〔『越前石徹白民俗誌』〕

福井県丹生

子供組　ここには子供組があった。ボーラといった。随分古くからのものらしい。村ではボーラの中は、カシラ、チューラ、ゲーラと三通りあり、まずゲーラになる。入る日は二月一日でこの日初講をする。子供の宿があって、そこで庚申様を祀り、子供たちはお膳を持って集まり、一緒に食べ、それから弓の事といって的を作って射った。その講の席上で仲間入りをした。仲間に入ってゲーラを三年するとチューラになり、チューラを二年して十六になるとカシラになった。カシラは絶対の権力を持っていて、仲間の者で不都合な事をすれば冬であればなぐり、夏であれば海へ投げ込んだ。これに対して村人は一切口を差し挾む事は出来なかったという。

ボーラの仲間には幾つかの年中行事があった。まず一月七日にはコーモリソーといって大師さんの修業の真似だといい伝えられる行事があった。ボーラの中のゲーラの仲間が中心になって行なう行事で、十三から下の子供は全部加わる事が出来た。朝早くこれらの子供たちは家で包みを一つもらい、それに家々から米、アラレ、豆、銭などを貰って入れた。その時子供たちは口をそろえて、

こうもりそうのおうすずめ
銭でも候　豆でも候
敦賀の奉公の奉公の銭
襷の端の結び銭　かえりの端の結び銭
ほうと一升五合
河原のどじょうに甑をたてて
こはいをもして
何きよう、よめぎよ
いつけれけんじょう　にけんじょ
さるけんじょ　しけんじょ
しきり鉢の上に
ぴっぴひよどり　豆の子どり
あをじゃ盲目で　そこへ一寸ついのけ

と唄って歩く。

その意味は私には分からない。

さて貰ったものは寺の下の家へ持って行ってそこで豆を煎って貰い、お金は観音様にあげた。また観音様へも枡へ一杯豆を入れて供える。すると和尚さんは豆一升を下さった。近頃はパンをくれる。お寺にはえんま様を彫った版木があって、それを紙におして自分の名を書き、観音様の戸の腰板に貼って帰り、また煎った豆を貰って帰った。今年一つの子は茶碗に半分であった。

一月十五日にはドンドをもやす。サギッチョともいって十四日の晩に神の森から枯木を寄せ、宮のシメ、松などを持ってきて番をする。村が田口と奥浦の二つに分かれていて、宮の注連縄をやくのに二つに分けねばならぬ。ところが宮に近い田口の垣内はよく松を隠したものである。これはよい松をとられぬようにするためで、別によく似たウソ松をきって来て立てておき、松をわけようといって奥浦の者が来ると、ウソ松の方をやった。これが争いのもとで、後に角力できめる事にした。そうして勝った方が好きなものをとった。負けた者は松を道までかついで行った。その時人々は松の先を折ろうとするので松を持っている者は足早く走った。しかし折られる事もあって、それがまた喧嘩のもとになった。その喧嘩にも親兄弟は口が出せなかった。

十四日の晩、子供は太鼓を叩いて村中をまわり、

狐の狩やどんどん

と唄った。十五日には村人が神様の門松の所へそれぞれ自分の家の門松を持って来てドンドをし、その火で餅を焼いて食べた。

盆にはマンドロをした。マンドロは柱松の事で、旧七月一日にしまってある胴木を出し、海で洗って乾しておく。七日には藤とりといって、子供たちは山へ藤を採りに行った。これは一日仕事で骨が折れた。刈ってきた藤は昼は水につけ、夜はあげて乾して柔らかくした。十四日になると、子供たちは藤蔓を持って村はずれの浜に集まってくる。若者組のゲーラという仲間もやって来て、これが胴木をたててくれる。胴木の高さは七尋もあろうか。この先に木の籠をつけ、籠にはヒダ（シダ）が一杯入れてある。三十貫もあろうか。これは村人が刈ったものである。

マンドロは十五日の晩である。夕飯がすむと村人たちが集まり、この胴木から三四丁も離れている所から松火をつけて、これを振り振り伊勢音頭でやって来る。そうしてマンドを三度まわって籠へ松火を投げあげる。この時ボーラは、桶、バケツ、杓を持って集まり、マンドをとりまいて警戒している。そしてヒダに火がついて燃えはじめると、長い二本の竿で火の粉を払う。最初を一番ガラキ、次を二番ガラキで胴木を海へ倒す。まことに見事なものであった。倒すとき若衆は鉦太鼓で念仏した。これがすむと観音様へ参りそれから踊場へ行った。

この行事は子供が全く施主であった。

しかしこうした行事も大方はなくなった。風儀上よろしくないとか、火事の危険があるとかいって……、そうして子供たちは学校の事にいそしむようになった。そういえば竹波の方へ行く湾口に近い所に小学校があって、子供たちが体操をしているのを見かけた。古い世界に替って新しい世界が来たりつつある。村の誰も彼もこれを承認し、またそうあるべき事を望んでいるのであろう。何処の村でも多少文字もよめ、世間を知った者には、自分の故里の旧弊さを笑う風が多少ともある。それでいて住んでみれば一番住みよいのである。〔『トピック』5巻8号〕

新潟県中俣村中継

子供仲間　中継ではずっと以前は子供仲間があった。しかし名ばかりで気のおうた子供たちが、十一月一日の大師講の時に集まって煮炊きして食べるくらいのものであった。これは男女別にあった。たいてい村の中のよい婆さんのいるような家をたのんで宿にしたものである。

明治九年に派出所ができ、こういうことがとめられ、また学校ができてみんな勉強するようになって止んだ。七、八歳から十五歳くらいまでの子供がその仲間になっていた。〔『高志路』76〜81号〕

東京都新島

子守　あたたかい地方や、子供の多い地方では、乳幼児は、子守の背中で大きくなることが多かった。子守は一般に貧しい家の子がなるものであった。それがややゆとりのある家へ雇われている。伊豆新島などでは、女の子は八歳になると、かならず子を背負わねばならぬとされていたというから、八歳にもなれば、子守をする能力の出てきたことが認められたのであろう。子供の多い漁師浦などでは、附近の村へ、子守奉公に出かけたものである。加賀越前平野の子守たちは、たいていその海岸地方の漁師の子であったといわれている。

この島の女の子は、八歳になるとかならず赤子を負わねばならなかったというが、一方、子供の生まれた方では、かならず子守を頼んだのである。おとなしくてよさそうな娘があると、子の生まれた家では、親類の者を使者にたててその女の子の家へ頼みにゆく。よほどのことのないかぎり、相手はひきうけてくれることになる。このモリは一般の雇人とちがって、モリの家族はその子供の父母兄弟につぐもので、子供の親は子守の家のことは万事よく世話をし、万一モリの家に何かのことがあった場合には、自分の家の財産のなかばをさいてもこれを救うというくらいであった。そして、モリの父をモリットーといい、母をモリッカーとよんで、すべてモリの名をかぶらせてよんでいるのである。モリは三度の食事は子供の家で食べ、夜は自分の家へ帰って寝る。子供の家では盆と正月には、モリに衣類・帯・履物などを、モリッカーには、履物、盲縞の反物一反、モリットーには、煙草か何か好きそうな品物をおくる。また物日〔祝日・祭日〕には、お米にお茶をそえてモリの家へもってゆく。モリの役は子供が三歳の三月まで面倒を見る定めで、そのときには子供の親もとから、モリの衣裳一切を作ってモリの家に持参した。モリと子供との中はきわめてよく、子供の一人前になるまでモリの家にいるというようなこともあり、縁談もモリに相談することが多い。こうして一生の間の相談相手になる。モリは十五歳くらいまでの女の子の役目で、少なくとも一度は頼まれるのである。伊豆の島々では、十一月十五日の墓日待《はかひまち》には、モリッカーを正客にする風さえ見られる。〔『日本の子供達』〕

元服

鹿児島県宝島

タンナ　男の子が十二、三歳になると、褌をしめる。別に祝はない。またヤシネオヤからもらうというようなこともない。兄弟とか親がみぐるしいからとて与えたものである。もと褌という言葉は行なわれなくて、下褌をタンナ、越中褌をツリダンナといい、褌全体を俗にシタオビと言った。

元服祝　もとは十三歳で元服をしたが、今は十五歳で行なうようになっている。たいてい正月二日に行なったものである。家内だけの祝で簡単なものであった。もとは二歳頭を招くというようなこともなかったが、今は役付の者や二歳頭を招いている。これから何でも一人前ということになる。今十五歳からである。十三歳で元服をしたころにも二歳組に入ったのは十五歳からであった。〔※二歳＝若者・青年のこと。宝島ではニサイと聞いたように記憶しているが、屋久島では二歳と漢字書きの他に、ニセイリ、ニセイワイなど片仮名書きになっており、ニセといったようである。ニセというところが多い。ニセェ・ニサァというところもある。〕

十三歳から十五歳まで髪は大人のように結うたが子供仲間であった。

平家のしつけで、もとは十三歳から二歳組に入っていたが、十三歳では小さいので十五歳から二歳に入ることにしたという。

名前替え　元服と同時に名をつけかえる。しかし子供の時から何右衛門というような名のついているものはそれで生涯を通し、また生まれた時の名が面白くないときは、何かのついでに名をかえて披露した。したがって名前替えはそれほど厳重な意味を持っているものではなかった。

入部（初入り）　十六歳の者が十一月二十八日に初入りの祝を行なうのであるが、初入りというのは若者組に入るということではなく、十六歳から六十歳までの御奉公仲間（ユーブ仲間）に入るということであった。二歳組はその御奉公仲間の一部であったと言っていい。もとは簡単な祝であったが、今は名付祝と共に人生の二大祝になった。ただし女の子の入部祝は盛んでない。（附記：もと入部は十五歳からであったのをアシビキゴウの重兵衛と言う人が、身体が小さくて十五歳から二歳の仕事がむずかしく、十六歳にしたらどうだということになり、それから全体が十六歳で入部するようになった。）

カミユイ　女はもと十五歳になるとカミユイとて髪を結い直した。それまではオイガミともシマダともいう髪の結い方をした。それを十五歳になるとマルマゲに結い、髪挿を挿し赤い緒をもってとけないようにくくった。ただしこれは晴の日の髪の結い方で、平生はかならずしもこういう風ではなかった。

カミユイは正月二日に行なった。オバたち（十七、八歳

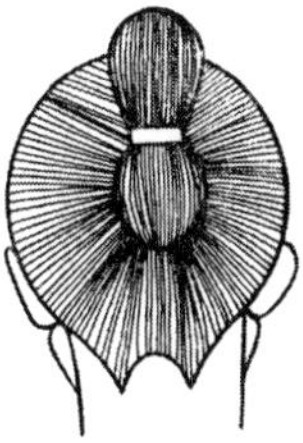
オイガミ

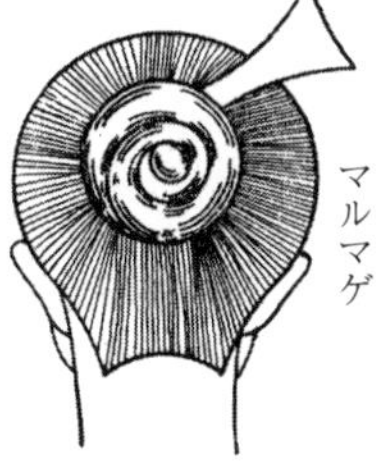
マルマゲ

の）がきれいに結うてくれた。すると村の人たちは「よか嫁じゃ」といってもどかしたものであるという。こうしてカミユイをすると、カタメ仕事をするとか、芭蕉布を織るというような一緒に仕事をする仲間に入れられた。（前田甚之進）（附記：松下清菊女の話では「女は十六歳になると、島田をくずしてホカケムスビにした。人の見えない所でドシが結うてくれた。ドシと言っても自分より年上の人であった。それはシチゲーの夜であった。祝物は誰からも貰わなかった」とのことである。）

オンケバラ　女は十五になるとオンケバラを持った。これは針入道具であった。竹細工の籠である。中には芭蕉の緒のつぐろ、針、はさみ、布などを入れておいた。男のテビキにあたるもので臍の緒もこれに入れておいた。人が死ぬると臍の緒は一緒に埋めたものである。臍の緒を包んだ紙に名をかいておく。〔『宝島民俗誌』〕

長崎県対馬

曲のカリオヤ　血縁が薄くなると（五代くらいたつと）、ゲンプク（十五歳）、カネツケ（十七歳）のとき、また縁故を濃くしなければならないとして、血縁の家に娘でも息子でも子にもらうということをする。御馳走を拵えて村人を呼び、そのときその親戚をカリオヤとして親子の固め盃をする。すると近い親戚として付き合うようになる。今までの人は皆カリオヤを持っている。お祝をしなくてもカリオヤはつくる。子の生まれたとき魚を持って行き、不幸のあるときは手伝う。ゲンプクオヤの死んだときは棺をかつぐことになっている。（厳原町曲）

豆酘のカネツケ・オビトケ　十一月十五日（神功皇后着船の日）、オビトケは九歳（男女）、カネツケは十七歳（女）、ゲンプクは以前はあったが今はない。もとは十六歳で月日も決まっていない。カネツケは今はやらない。カネツケオヤ、ゲンプクオヤはなし。

衣裳を一時に買って、一生の着るものはその日にくれたもの。今は鏡台、訪問着などをくれている。以前は婚礼衣装、普通着まで買ってくれた。婚礼のときに役に立つ。そのときに初めてカネをつけた。三、四人で集まってつけた。一緒に宮参りをする。クゾウ（供僧）はツトメはしない（眉は子を生んで落とした）。十五日には一般の人が祝儀を持ってゆく。（厳原町豆酘）〔『農漁村採訪録Ⅵ』〕

三根のコドモウチ　コドモウチは分家した者が本家のコドモウチになる。また給家に対してコドモウチになっている。コドモウチはオヤカタとなっている家の仕事が遅れるとき手伝う。オヤカタはそれに対して財産を売らねばならぬとか、病気になったとき見舞金をやる。コドモウチになるには、子供が十七歳になると元服をするが、長男は親方の家に行き、親になってもらう。ゲンプクゴ（元服子）がコドモウチになる。

松村氏のコドモウチ二〇戸、田口氏一五戸、宮川氏一五戸、阿比留《あびる》氏一〇戸。平民でコドモウチを持っている者もある。お嫁にやった家に女の子が出来ると一人は必ず親許のカネツケゴ（鉄漿付子）にしている。

長男が給家につながる。二、三男なら別の家につながるようになる。それぞれの親戚の縁の遠い方に子供をやることにする。長男は譜代になっている。

女は結婚した場合には、夫の方のオヤカタにつくようになることあり。親になる者は式の場に行き娘に金を包み、結婚のときの衣裳、普段着を作ってやることあり。

もとコドモウチはオヤカタの姓を名乗った。（峰村三根）

三根の元服　十七歳になると厄払いとて、旧霜月十五日に自分の家で近い人を呼んで祝をする。祝が済んでオヤカタの家に行き、床のある間で剃刀を当ててもらう。近頃は止んでいる。五〇年ばかり前に止んだ。元服の式が止んでからは、十七歳になってから衣裳など作ってそれを着て席に座り祝う。「お前は十七まで親に育ててもらって一人前になったのだから、悪いことはしてはならぬ」とオヤカタから諭す。オヤカタの家でやることもあり、オヤカタが来ることもある。親子の盃をする。盃は最初オヤカタが毒味をして子供に渡す。（峰村三根）

伊奈の元服　長男が元服するときオヤをとる。十九歳。霜月十五日。昔の元服の要領はオヤカタのところに、息子の親戚から付き人二、三人行って元服する。ハレの衣裳を作り、床前に坐り、餅八八、焼酎一升を子供がオヤカタに供える。剃刀を当ててもらい、盃を差し合う。三三九度を行なう。言い諭しは別にしない。昔は三宝に麻を入れ、短い刀を入れたという。戻ってきて披露する。オヤカタはユリモドシとて、オヤカタの方は夫婦で反物を持って返礼をする。手伝いに来てくれと言えばオヤカタの家に行く。（仁田村伊奈）

恵古の元服　旧十一月十五日。十四日に餅を搗き、十五日の夜明けにオヤの餅を搗く。元服は十九歳。トツタテ（分家）は本家へオヤンモチとて二斗くらいの餅を馬に載せて行くことあり。近くなら担げてゆく。本家で挨拶をする。餅の替わりに祝儀とて反物二反をもらう。そのとき前髪を剃ってチョンマゲになった。座敷の前でやる。両方の親戚である。三宝に剃刀を載せて、剃って、そのあとで盃をする。長男は本家をオヤカタとする。（佐須奈村恵古）

恵古のカネツケ　女は十七歳でカネツケをする。二斗餅を持って行く。するとオヤカタの家で歯を染める真似をする。オヤカタの嫁が指導する。カネはカラスキ（唐鋤）のカネを割って火にくべ水に入れて、フシ（五倍子）を粉にして入れておく。もとは蔓の箸で歯を染めた。三〇年前に止んだ。十二月二十日にはカネツケオヤの家にセツツキ（節季？）とてモノフミにやる。長女は母の里をオヤカタとする。二、三女はおば、おじなどの家をオヤカタにする。（佐須奈村恵古）〔『農漁村採訪録Ⅶ』〕

鰐浦のゲンプク・カネツケ　本家へゲンプクオヤを頼むことはない。男は十五歳でゲンプク、女は十六歳でカネツケをする。オヤはおば、おじなどが多い。オヤに対しては親子同様に付き合う。旧十一月十五日。羽織袴を着け、親戚の人がついて行き、オヤの家で盃をする。帰ってくると親戚知己を招く。ヤシナイオヤも来る。焼酎に重箱を持ってくる。オヤの方は反物をくれた。呼ばれた人は反物を祝儀に持ってくる。肴代は持って行かない。（豊崎町鰐浦）〔『農漁村採訪録Ⅷ』〕

五根緒のオヤカタ　オヤカタは代々決まっている。もしオヤカタの家に年長者がいなければ、他にオヤを頼む。次男はオヤカタトリをしない。（琴村五根緒）

五根緒のカネツケオヤ　女は長女、次女ともにカネツケを行ない、親の兄弟をオヤに頼む。カネツケは花嫁姿で行なう。オヤが買うてやる。カネツケオヤのところへ行き親子盃をする。カネツケオヤの親戚が集まる。四〇年くらい前まではカネをつけていた。餅を八八持って行く。普通の餅の倍くらいのもの。それに対して反物で返す。そのあとカネツケゴの家で祝をする。旧十一月十五日に行ない、カネツケオヤも来る。（琴村五根緒）〔『農漁村採訪録Ⅹ』〕

千尋藻のゲンプク　十九歳。長男がゲンプクオヤを頼むときは須川なら築城《ついき》、築城なら築城の親方（本家ともいう）に頼む。士族になるとき財産を譲って百姓にし、長男が士族になった場合には、百姓の株をもらった家をオヤにする。次には長男の父方の伯父や伯母婿にオヤを頼む。その次には母方の人に頼む。二、三男は長男とオヤを変える。親戚以外には頼まない。

十九歳は一般の男の厄年で、当たり前の男になるとされた。ゲンプクの日（十一月十五日）はオヤカタに来てもらってお宮に参り、村人を招いて御馳走する。オヤカタは反物を持って行く。袴を持って行くこともある。（仁位村《にいむら》千尋藻《ちろも》）

千尋藻のカネツケ　十七歳。長女は士族の本家にオヤを頼む。二、三女は長女とオヤを変える。親戚以外には頼まない。

半元服・マエオトシ　もとは十二歳になると前髪を分けて、士族の者は士族の位についた。ハンゲンプクという。そして十五歳になると前髪を切った。これをマエオトシといった。（仁位村千尋藻）

コドモウチ　オヤカタの家へは正月には必ず餅ひと供えを持って、下駄を持って行く。仕事の手伝いに必ず行かねばならぬということはない。結婚式のときは本当の親はついて行かず、親代わりにオヤカタ達がついて行く。結婚以後の問題はオヤカタが責任を持つ。ゲンプクゴとゲンプクオヤの実子との間には別に深い関係はない。兄弟名乗りをすることもない。（仁位村千尋藻）〔『農漁村採訪録Ⅹ』〕

広島県佐木島向田野浦《むこうたのうら》

元　服　男が十五歳になると元服といってチョンマゲを結び一人前になる式を挙げていた。しかし中産以下の者はそれを行なわなかった。（鷺浦村）〔『農漁村採訪録Ⅳ』〕

島根県片句浦

エボシヤドリ・エボシオヤ・カナオヤ　男は十九歳になると元服する。その時、有力な人をエボシ親をたのむ。元服をすると昔は前髪を剃って名前替えをした。その時エボシ親から名前を一字もらうことになっていた。これをエボシヤドリといい、エボシヤドリをしたものは、その翌年、すなわち二十歳になる時、一月十四日のヤクニンユズリ〔若者組の項参照〕の御馳走の献立を引き受け、かつその振舞の費用を負担したのである。そうして新しくきまった名前は、十四日のこの夜の席上で頭分から一同に披露した。すると古い名は再び使うことがなかった。

女の子はカナオヤを頼んだ。女の子のカナオヤを頼むのは十三歳の時である。カナオヤには親戚または勢力のある人を頼んだ。ただ頼むだけで別に儀式めいたものはなかったが、こうして親子の縁が結ばれると、盆正月には三年間セイボとて何か適当なものを持って行った。今は一年だけ御鏡二重ねを持って行く。親になった方はエボシ子やカナ子が結婚する時には、エボシ子には紋の入った羽織をやり、カナ子には簞笥や帯をやった。

カナオヤまたはエボシ親は、正月にはゾーニヨバレとて、カナ子、エボシ子およびその一家のものをも招いて御馳走をした。また、エボシ子、カナ子は結婚する前にたとえ二、三日でも仮親の所へ行って寝泊りする風があったが、これをシツボキルといった。

カナオヤ、エボシオヤは実父母同様に大切にしたものである。カナ子、エボシ子の結婚の時には、その式に実父母とともに列席した。結婚後も大切にした。そしてエボシオヤの死んだ時、エボシ子は棺をかついだものである。

かかる風習は最近急激にすたれてきた。大蘆村ではカナオヤだけがわずかに痕跡をとどめているという。〔『出雲八束郡片句浦民俗聞書』〕

奈良県天川村

元服・名付け 広瀬では男の子が十六か七になると、若者組加入の盃をし、元服の祝をした。それまでに名は正式にはきまっておらず、祖父の名など代用し、別に家で使う名があって、それをジャコナといった。スギ、カツ、ハツ、マツなどというようなものであった。それを元服の時、オトナ組の者が研究して名をつけてくれた。雄、照、太郎、次郎などという言葉のついたものが多かった。

坪ノ内でも元服はあった。烏帽子親を頼み幼名をかえて親の名をついだ。また名乗をつけた。

名乗は通名のほかに藤原何某というようなものであった。ただし社家では烏帽子親はなかったらしい。〔『吉野西奥民俗採訪録』〕

兵庫県鴨庄村

元服祝　男の子供は十三歳になると、はじめて褌をつけ、十五歳になると前髪をあげて大人になった。これを元服祝といった。その時株主や親類が集まってお祝をした。但しこの祝をする家は村中にもかぞえるほどしかなかった。上村では吉見本家ぐらいのものであろう。そのほかでは南の永井、奥村の佐山氏ぐらいであろう。〔『村の旧家と村落組織Ⅰ』〕

大阪府滝畑

元　服　昔はタンジューニチ（誕生日：生後一ヵ年の）、十六の元服祝、婚姻の祝等はずいぶんきちんとしたものであった。元服の祝はヨトリ（長男）だけがするのである。この元服祝の止んだのは明治十年頃であった。これは一つはチョンマゲを結わなくなったからである。

泡　取　昔は旧正月七日の日に光瀧寺《こうたきじ》へ十六になるものが皆行き、村の一番年寄に来てもらって座をした。そうして元服祝をするものが何人と言って名をよみあげ、それから皆、大きなレンギを股にはさみアワトリと言って、滝壺へ新しい一升徳利を下げて泡をとりに行った。この水を泡取の水と言い、翌朝それを祝儀した。翌日の元服祝には垣内の者を皆よび、泡取の水を杯についで皆にいただかせるのである。その後が酒盛になる。

レンギ　レンギ（擂粉木《すりこぎ》）はダラの木で四尺五寸もあった。これをケツをまくってはさんで行った。今の者は恥ずかしがってこういうことはようせん。

元服祝の酒盛　酒盛には、四ツ椀をのせた膳を出す。スエカサ、ナカガサ、シルワン、ヤマワンの四つである。まず施主が出て口上を言う。中闔から奥へ行き、扇をおいて挨拶をする。

「この度は伜の元服につきわざわざ御足労を願うてありがたい。しかし何のこしらえもなく盃も薄いが、どうぞゆるりと飲んでいただきたい」といったような意味のことを言う。するとセキ（上座二人すわる）の左の人が、

「こういうめでたい盃を皆うけて下さったら実に嬉しい」と座の人々にとう。すると、

「大変結構なことでいただきたいものである」と右側の人が答える。施主はそこで中闔より下って、

「どなたにも、水臭いもので、全く準備もいたらぬものであるが、十分お控え下さい」と挨拶する。

そうして酌人がセキから向かって右側の座の人々にスエカサへついでまわり、次に向かって左側の人についでまわる。

肴は一品がまず人々に配られる。初献が終わると施主が出てまた挨拶をする。すると席の人が、

「めでたい盃を重ね重ね頂戴してありがたい」と挨拶する。そして二献がナカガサへ酌まれる。肴も

ちがったものが配られる。

三献目に施主が出ると席から、

「もう結構だからとっていただきたい」と言う。施主は、

「どうぞ、そう言わないでもう一さんおさめていただきたい」とたのむ。そこで席から、

「では遠慮なく頂戴します」と言ってシルワンでいただく。

四献目には元服した人が施主につれられて出る。これは酌をするためで、袴の裾を吊っている。盃は大きなのを二つ出す。そうして施主が、

「それにあげましたは薄い盃であるが、もう一さん廻していただきとうございます」と挨拶する。すると席の左側の人が、

「美事な盃をおあげ下されて、まことにありがたい。しかし最前の献間（あい）にも、もう遠慮したいと申したが、またこの盃を貰いまして、その志はありがたい。だがもうそれに及びませぬからとっていただきたい」と答える。そこで主人は
「いや、さようなことを申さんと、とっていただきたい」とたのむ。そこで席の人は右へ相談する。

「このめでたい大きな盃を辞退するのはもったいないから、それではよばれたらどうであろう」すると、
次の人が、

「それではこの美事な盃をあげてもらったのをとやこう言うのは失礼だから、もう一献よばれたらどうだろう。ついては、元服した人の酌でよばれたらどうであろう」と一同に相談する。そうすると座の一人が、

「よばれますが、改めてもらって、残ったのをいただくとしたらどうであろう」と施主にたずねる。施主は、

「それは未だ早すぎます。後にまたいただくことにいたしたい」と謝絶する。そこで座の者が、

「いやこの献にお願いしたい」と返す。そこでさらに施主から強いて見る。このあたり、口上の上手下手があって、上手な者だとなかなか盃をうけないが、言葉に窮すると、

「そうおっしゃればいただきます。ついては残ったのをいただくから、どうぞ改めて下さい」という。施主は、

「御口上に負けました。では元服の奴に改めさせますから」と言って盃をうけることにする。座のものはそこで元服の者に盃を持って行って二献すすめる。なみなみつぐと八合も入る盃だからたいていの者は参ってしまう。さて元服の者がすますと、席の者が、

「このまま頂戴するのはよいが、いかにもあつかましいから、挨拶人（施主）の方へまわしていただきたい」と言う。

「なかなか、それには及びません」と施主は返すが、
「それはそうでない。施主にも一ぺん改めてもらわねばならん」と言ってうけない。そこで、
「では口上に負けまして」と言って、大盃で二献飲む。すると座の横の人が、浜焼の身をとって、挨拶人にそえる。飲みほすちょっと前に、席にすわるかその次にすわる人が、謡をうたう。真ん中の人（席から謡が出ぬ時、座の人（並んでいる人の中の一人）がうたうのである。

その謡は、

「よごやよごや、月住吉の神遊び、御影を遊ぶことなれや、実《げ》にさまざまの……」といったようなものである。それがすむと上へ銚子と盃を持って行き、それがとおると、すずり蓋を九しゅう、一一しゅう組んだものを持って出た。これで千秋楽で、五献目から座がえである。徳利へ酒を入れてカン直しと言って、ムサシノを持って出る。尉と姥をこしらえたのも持って出、高砂の謡をうたった。高砂の謡は春、夏、秋の別があった。六献目には冷し肴が出た。その後二合はいるくらいの銚子を持って行った。台所にいる者は総立であった。そうして野風呂、大間の若衆がつぎに行った。

ムサシノ　大きな盃を下へおくと三盃飲まねばならなかった。ムサシノ（五重または七重の盃）があがるのと、謡の終わるのと一緒であった。それがすむと、御馳走を包んで伊勢音頭で立ってしまう。〔註：一般に、ムサシノ（武蔵野）は大盃のこと。武蔵野の野は広大であるから、野見尽くさず―飲み尽くさず、と洒落て

いった。『鷹筑波』に「むさしのを見て肝つぶすなり、下戸の前へ大盃を出すらん」とある。〕

カカブレマイ　昔はカカ衆の座敷と言うのがあった。女の年寄の人と役員の人とを招いた。だから招く方ではオヤジブレマイとカカブレマイと二つしなければならぬ。

女の座敷にも女の人の謡があり、これをヒラクと言った。この謡は三味にあわぬ。女の盃はずいぶんむずかしくて、ようやらぬと中閾からやり直しをした。そうして嫁さんがことわりを言って上にすわっている人の盃をうけたものである。

酒盛の道具　人の死んだとき使う椀は赤で、平生は黒である。椀はどこの家にもある。二〇人前を一組と言う。ない家は借りてすます。

ツモリ　元服の酒盛の時の謡をツモリと言う。〔俚言集覧に「飲酒の畢りをつもりと云」とある〕

昔の酒盛　ずっと昔の酒盛は五重または七重のムサシノを一番上の小さいのからとって座全体をまわし、これが終わると次の盃をまわした。こうして七重まで行くと実に時間がかかったのである。次に膳を使うようになって椀を使うと初献二献などと言っても酒をつぐだけでうんと手が省ける。そうして五献目にはムサシノを出し、しかもその一番下の大きいのを使って上席から座全体へ通した。大晦日のゴヤの宴の時にはムサシノを使うが通しの盃にせず、上席に一番大きいのを、次にその次の大きいのをというように一つずつ渡して酒をついだ。ムサシノが二組もあれば盃は一四人（または一〇人）にあたるので田舎の酒宴としてはそれで間にあった。もし盃の足らぬ者があれば下座の者は盃を交替してのんだ。年寄の年祝の時には一番しまいに大盃に酒をもり、上席の老人に口をつけてもらい、少しずつ口をつけて次々にまわし、一番末座の者が飲みほした。これは流れ盃と言い、こうすることをお流れを頂戴すると言った。講の酒盛はかわらけの盃を用いる。したがって酒盛の意義によってその器具方法に多少ずつの差があったのである。〔『河内国滝畑左近熊太翁旧事談』〕

京都府当尾村

名替え　十七歳になると大人名になる。これで一人前になるのである。郎、兵衛、衛門などをつけた。たとえば虎吉を市次郎、常吉を久治郎というふうにかえた。また親が死ぬると親の名をつぐ風もあった。柳沢氏の一軒は三代清次が続き、家が藪の中にあったので藪ン中の清次で通っていた。しかしその後明治になって出来た子は変わった名をつけて、清次はそれで止んだ。沖氏の家は無足人であったから、別に名乗というものがあった。沖翁の名乗は時隆であって、これは印行に彫って用いたものである。〔『民族学研究』7巻4号〕

岐阜県石徹白

元　服　子供たちが大人として認定されるのは十七歳の時である。十七歳の七月の四日から二〇日までの間に元服といって前髪をそってまげを結い大人になるのであるが、その時、名前をつけかえる。この行事は本人の家で行ない、正座にヨボシオヤ（名付親）がすわり、次に元服する子がすわる。すると招かれた人々は、「何某の元服でおめでとう」とあいさつして座につく。ヨボシオヤが前髪をそる時に人々は元服のうたいをうたい、その後で新しい名前をヨボシオヤから披露する。元結はコヨリをつかったものである。若い人は赤や紫の元結をつかった。その後でドブ酒を出して人々にふるまった。〔『越前石徹白民俗誌』〕

若者・娘

一人前の完成

一人前の意義　職業は本来個人に属するものであり、一人一人の工夫によって伝承せられた古いものが、さらに発展してゆく場合がきわめて多い。それまでに進むまえに、旧来の技術をまず身につけなければならない。そうすることを「コツをおぼえる」とか「コツをのみこむ」とかいう。コツをのみこめばまず一人前である。コツをのみこむというのは、体験を通じて本質を知ることである。

まず農耕について見てゆくと、田をうちおこして畝《うね》たてができ、肥桶をかつぎ、牛馬をつかうことができるようになれば一人前で、十六、七歳になればその能力を持つ。

漁撈ならば、船の櫓を十分に押すことができ、曳網ならば大曳網をみんなにまじって腰と肩をそろえてひくことができるようになれば一人前である。

女ならば、糸つむぎ・機織ができるようになり、着物が縫えるまでになれば一人前であった。中国地方では、女の子守をするのはたいてい十二、三歳までで、十三歳になるとはじめて機を仕立ててもらって織ることをならったという。その時は隣り近所の女をまねいてかんたんな御馳走をつくり、娘としての門出を祝ったものであるという。そして機織や裁縫の技を身につけたが、十七、八歳になるとひととおりのことはできるようになり、機も二日に一反は織れるまでになった。

一人前の労働量については、寛政年間（一七八九―一八〇一）の白河藩（福島県）のものがあるから、その一部をあげてみると、一日の労働量――すなわち一人前は、

	男	女
畔塗（麦田）	四五間	
同（水田）	六〇間	
田荒起し	六畝	四畝
田ならし	一反	六畝
苗代拵	三斗播（一畝）	
田植代	二反	
田植	二畝	二畝
田草取	六畝	五畝
稲刈	四〇束	三〇束
俵拵	六俵	四俵
縄ない	一五房	一〇房
稲こき（竹歯扱）	三俵	二俵

	男	女
同（鉄歯扱）	五俵	四俵
米つき	二俵	一俵
牛耕荒起し	四反	
同　ちらし	七反	
畑荒起し	五畝	四畝
くれ砕き	二反	一反
麦刈	四五束	三〇束
麦搗	一・五俵	
綿摘	二・五〆	二〆
夜なべ		
菰		四枚
ぞうり		二足

わらじ	三足	さんだわら編	二〇俵
荷なわ	一掛	大豆打	一駄
なわ	一〇〇間	粟打	一駄
馬くつ	五足	糸ひき	一〇匁
稲こき	二駄		

となっている。この標準は隣国の常陸（茨城県）でもほとんどかわっていないし、その他の地方もほぼ相似たものであったが、農具が発達するにつれて、田の草取りや稲こきなどは、いちじるしく能率が上るようになって来た。が、いずれにしても農耕についての男女の一人前としての能力はほぼ右のような有様であり、力のあるものはさらにこれ以上の能率をあげたのである。力持ちについて見るならば、米一俵を負えばだいたい一人前と見たてた。

　農耕における労働量は比較的容易に見ることができるが、漁業では労働量だけでなく技術や知識が重要な意味をもってくる。たとえば魚群の発見・その群の大きさの判定・方向・潮流・暗礁とそれに対する網のかけ方の判断などは、腕力だけではどうにもならないのである。とくに潮流の見方や暗礁の位置を知るには、長い間の訓練と記憶が必要で、海況をすっかりのみこんでしまうには長い月日を要するものである。すぐれた漁師とはそうした海況をすっかり暗記している者であったから、海では単なる力わざだけの労働者と、これを指揮する人とがおのずから分れて来た。

かくて一人前というのは、ある一定の能力をもっているということであって、それ以上の力をもつものは一人前半・二人前なども判定したが、一人前の設定がはじめて共同作業を可能にした。したがって、一人前は個々の能力の判定の材料としてのみ考え出されたものではない。が、村里の教育においては、一人前の完成が一応の目標となったのである。

社会生活にみる一人前　一人前は、以上のような作業能力だけでなく、社会生活の上にも求められた。それは社会人として調和のとれた人になることである。親は子を社会人として一人前にするために、できるだけ子の教育を世人にまかせようとした。子供のけんかに親の出ることを笑ったのもこのためであり、「可愛い子には旅をさせ」と言ったのもこのためである。

親の膝下に育った子供が親の管理の外に立つのは、一般に十五歳になって若者入りをしてからであるが、それまでに土地によっては子供組への参加がある。子供組は若者組ほどに年齢集団的な意味はもたず、行事中心の集団で、正月や盆・祭などのおりの祭礼参加にグループをつくる。この場合、正月行事のグループと秋祭行事のグループは、必ずしも一致していない場合が多い。しかし年長の者が指揮者となり、一般はこれにしたがって行動する。小正月のモグラウチ・トリオイ・サンクロウ・サエノカミマツリ・オンベ、二月のハツウマ、秋のトオカンヤ・ボウジブチ・イノコなどの行事には、とくに子供組の活動が強く見られ、子供なりに集団生活がいとなまれる。

子供組に対して若者組はずっと組織的になり、社会人としての訓練がそこでなされる。若者組をつとめあげた者は、村人としても秩序と礼儀を心得た社会人であることが想像せられる。

若者入りは通常十五歳のころに行なわれるが、制度のととのっている団では、たいてい若者条目のよみきかせを行ない、それを守ることを誓って入団するのが、普通である。若者条目でとりきめられたことはいろいろあるが、各地にほぼ共通したものをあげてみると、

親に孝行すること　神仏をうやまうこと　ばくち打・大酒飲をしないこと
けんかをしないこと　仲間内でわがままをしないこと　火事・盗人の取締をすること

などであって、これをおかした場合には、仲間の者から制裁されることになっていた。その制裁にはいろいろの方法があった。まず罪のかるいものは吟味といって、叱りおく程度、次は罰金過料をとるもの、お叩きといって体罰を加えるもの、いちばん重いのは組はずしにすることで、そういう場合には責任者がついて詫証文をいれてゆるしてもらうことがあった。

かくて若者組は一見、その制度が厳重をきわめたように見えるが、その半面、親のもとをはなれて夜は泊り宿にゆき兄若衆などから娘に対する知識も与えられ、娘の家へあそびにゆくこともゆるされたし、盆踊や祭には、その中心になってはなやかにふるまうこともできた。と同時に、村の治安の維持にもあ

たったのである。

さて、若者条目は東北をのぞいた全国各地にのこっているが、若者組に郷士を含んでいた鹿児島地方をのぞいて、農民のみによってできている若者組の条目の中には、武士に対する服従や忠義を誓った条項がほとんど見あたらぬ。これは農民および農民社会の教育を考える場合、見おとしてはならない重要な事柄である。そこには儒教以前のモラルのあり方を見ることができる。そして、そこで秩序を維持する中心をなしているのは、中部地方の海岸や近畿・中国・四国地方にあっては年齢階級であり、家柄はほとんどみとめられていないことである。しかし九州西岸では、村の網親方などに結びついたものも見うけられるが、これは若者組を生産者が利用したためにそうなったものであろう。こうして、まったく親の監督と管理の外にあって、仲間同士の訓練によって社会人として完成していったことは、共同体としての群の維持に重要な意義をもっている。

さて、十五歳ごろになると、若者組だけでなく親方をとる風習も各地に見られた。実の親以外に男ならば元服親・エボシ親、女ならばカネ親・フデ親などといって、親戚または村の有力者をたのんで親子の盃をし、その家へ出入りして仕事の手伝いなどもし、またその家風も学んだのは、親のもとにのみいたのでは、村人としての調和ある生活ができないからと考えてのことである。

つまり、親は子を他人にまかせることによって村人としての教育を完成しようとした。このような慣

習は山陰・北陸・中部山中などに強くのこっている。〔村の教育『郷土研究講座5』〕

若者組と祭祀

今でも祭礼や盆踊は殆んど若者組が司っているが、年中行事について見ても、若者の参与する場合が多い。正月六日の九州地方のオニビ行事、正月十五日の鳥追い、土竜《もぐら》追い、ホトホト、カユツリ、カセドリ、ナマハゲ、トンド、七月の七夕、盆行事、八月十五日夜の綱曳、十月の神送迎、亥の子などは若者によって行なわれるものである。そしてこれらはだいたい華やかにして興奮を覚えるようなものである。なおこれが女の場合、あるいは年男の場合と異なる点は、一人一人が行事を営むのでなく団体を組んで行なう点である。そうしてその行事の性質からすると、神を送るとか物を祓うとか、勝負事をするとかエネルギッシュなことが多い。これは老人にも女にも出来ないものである。おそらくはこの精力的なるものによって神を喜ばせ、また除厄をなしたものであろう。

若者組はもともとかくの如き祭祀的呪術的な団体であったと思う。そうした想像を起こさせるのは、若者組に入る時期である。今では年齢さえ達すれば、年の改まった時に若者組に編入されるけれども、かならずしも年初に若者組に入るとはきまっていなかった。無論正月が最も多かったのだが、関西から西では盆に加入する例を相当に見かける。

奈良県吉野郡天川村塩野は、徳川時代にはその盆に若者入をした所の一つで、盆の十五日十五歳になったものはお寺に集まって年上の者から月代《さかやき》を剃ってもらい、盆踊をすることによって組に加入出来た。対馬豆酘村は盆踊の盛んな所で、盆踊組合が同時に若者組の意義を持っており、盆踊組合は九歳から十五歳までのものをコドモオドリ、十六歳から二十七歳までの平民および十六歳から二十三歳までの郷士階級の青年を中老、二十八歳から三十七歳までの平民男子、二十四歳から三十歳までの郷士の男子を太夫、太夫を終えた長男のものをオウチョウとよび、踊るのは中老までで、太夫は芝居を演じ、オウチョウは村の支配階級である。そして半夏《はんげ》の前後にスガタミとて九歳になる少年は古参および師匠の所へ挨拶に行く。加入は七月一日から十日までの間に行なわれ、これをオドリカタリといった。

敦賀市白木では、十一歳になった子供たちは七月十五日の揚げ松明の行事をすますと子供仲間の連中入をした。

北九州の海岸や島々では三月四日をハナチラシとよび、この日若い男や女たちは相集まって飲食し、これをドーブレといったが、この日若者組に入ったものである。

秋祭に加入をした所もある。

かくの如く、ある年齢に達しさえすればただちに加入したのではなく、特別の日に加入する例の多いのは、そういう時が若者の集まる時だからとも考えられるが、かかる行事に参加することが若者の資格で、これに加わらねば若者ではなかったのである。若者の「若」も若いという意味だけでなく、神事舞踊に関係ある言葉ではなかったかと思う。ワカと名のつく者はそういうことを行なう仲間に多かった。百合若でも梅若でも、愛護の若でも説経節の主人公である者が多い。そうして若といわれる仲間は神仏に仕えた童髪の徒であった。かくの如き半俗の信仰徒をまた童子ともいったが、ワカも童子も単に青少年の儀ではなく、信仰が一般人よりは深いが真に至れるものではない仲間をいったようである。いわゆる新発意《しんぼち》である。昨冬〔昭和十六年〕高知県寺川で神楽を見た際、いささかのハナを出すと「……若太夫へ下さァる」と披露された。五十すぎの神楽師も一般にはただ太夫さんといっていたが、この人々自身は若太夫といっている。幸若舞の若もかくて同様な若であり、若者若衆の若にもかかる意味が含まれていたように思われる。

かくの如く若者に入るということは特殊なる人になることであった。したがってその入会にあたっては色々の儀式的な酒宴が行なわれている。この酒宴の厳重をきわめたのは静岡県の海岸地方であった。その際掟書を頭分の者がよむが、それ以外は宮座の年寄衆になるのと甚だ相似ており、謡も歌われたのである。ただしこれは静岡県だけでなく、やや厳重に古い若者組制度の残っている所は殆んど同様である。若者組に入ることは同時に若者宿に入ることであった地方と、若者宿の別個になっている地方とあるが、伊豆の海岸地方は宿と組の一致している所で、その宿は多く神社の境内にある。これは宿が単なる寝泊りの場所でなくて、忌屋であった名残りかと思う。

高知県幡多郡地方の宿は、村の中に高い櫓の如きものを組み、梯子でそこへのぼって行って寝泊りするようになっていて、これが特異な風景をなし、タヤとかヤグラとかいっていた。長曾我部氏の遺臣の叛乱の多かった土地で、非常時に備えて見張りをするためともいわれているが、かかる風はずっととんで北の端の津軽北部にもあって、夏季行なわれたという。単なる涼み小屋であったとも考えられるが、両者とも水辺が多かったと聞いたからやはり忌屋の名残りではなかったかと思う。とにかく通常の民家を借らずして独立に宿を持つ若者組は相当に多く、これらはもといずれも忌屋であったと考える。かくの如くにして若者も節日の神事に携わるときは物忌の生活がなされたが、若者組は社会的政治的また経済的にも強力な位置を占め得た故に、これが社会的な団体としても十分に発達し、宿も次第に宗教的な色彩から社会団体的な色彩を帯びて来たものであろう。若者組がもと祭祀団体であったことをや

若者宿（熊本県本渡市、昭和38年3月）

や裏づけ得るのは、内地では宮座の若者の位置にあらわれているのではないかと思う。村座とも名づくべき一村挙って座仲間になっている宮座は通常その内部を組織づけている小さな組が年齢階級的であり、それぞれの組によって祭祀の分担をなし、老人は神主となるのが通常で、神主となり得る年寄仲間を年寄衆とよぶ地が多い。さてこの宮座の形の相当にくずれた所では、年寄衆の階級は残るとして、他の年齢階級はたいていい甚だ崩れている。しかし若者仲間だけは年寄についで重要な役目にあって、祭礼の際神えらぎともいうべき行事は多く引き受けている。これなども若者が祭事については年寄についで大切な位置を占めていた故であろう。

子供も年中行事には関係が多い。これは若者の携っている行事とほぼ同じような行事に携っているのである。そして両者がともに参加することもあるが、若者が行なえば子供は出ないという土地も相当広い。そうしてしかも子供たちが中心になる場合には、村人の儀礼に対する気持はそれほど厳格でなく、やや軽い気持で見ようとしているところがある。これによって考えれば、子供が行事に参加して中心となることは、若者たちが参加するよりは、一段と崩れかけた形ではないかと思う。大人が行なうには馬鹿臭いという気持が先にたつようになったのである。

大人から子供の手へ行事の移って行きつつある形は、歩いてみるとよく分る。そうして年中行事や祭事であったものが、しまいには晴の日から更に零落して童謡や童戯に化しているのを多数に見かける。

しかし、これは便宜的に行事を大人の手から子供へ渡したものでなく、子供にもその資格ありと認めた故であろう。神社の祭礼に幼少の者が参加することは存外多く、その一々の例を細々とあげることは難いが、特に子供が祭礼に多く関係する風のあるのは兵庫県下に見られる頭神事である。頭神事はこの県の瀬戸内海斜面の地方に稠密に分布し、淡路島は特に多い。どうしてかくまでにこの地帯にのみ密集したかは不明である。その組織から見ると宮座に属するものであるが、頭人とよばれる斎主の位置が特に重要であるためこの名称が起ったかとも考える。そしてこの頭人に選ばれる者が子供である場合が非常に多い。これが一種の成年階程式のように見えるのである。ただしは別に子供の心性が神に最も近い故に神に仕えしめた一面もあろう。各種祭礼に見られる稚児の位置も同様の意味からであろう。したがって年中行事に子供の参加することもあながち不自然ではなかった。そうしてその斎主としての意味は若者組のそれと殆んど同様で、同じく組として参加するが、その団体としての機能はどこまでも祭祀中心で、社会的には意義を持ち難かった。その故にであろう、子供たちの忌み籠った小屋は常設的な宿としては発達せず、正月のトンド小屋、鳥小屋も、盆の盆小屋も焼いてしまい、その準備をするための宿は行事のある時だけ別に民家を借りて当てている。

かくの如く行事によって斎主の資格も違い、同時に行事の意味もおのずから異なった。

しかしこれらは最初から別個の意味を持ったものもあっただろうけれど、その大半は祭祀形式の変遷の過程における現象ではなかったかと考える。

ずっと古くは祭るものと祭られるものが一つになった。すなわち斎主が神の依代になるのが古い形式であった。今日民間にもなお多く残っている巫女がこれである。拝む神が自ら来って巫女につく。巫女はその依代になる。すなわち神となって神の言葉を宣《のべ》る。沖縄の祝女《のろ》とよばれる巫女も神がのりうつって宣《のたま》りごとする故にノロといったのではなかろうか。この祝女が神と混同されているのである。かくの如く神を斎《いつ》きまつるものは同時に神の依代になったのであるが、人間が神権を喪失するようになって、斎主はただ祭るだけのものになって来た。神は無言のまま祭る者の前に来、無言のまま去るようになった。祭る者に対してのりうつることが少なくなったのである。しかしわれわれは神の言葉を求めることが深かった。予見は神の力によってのみなされ得るものである。ここに神の姿をまねるものが別に生じて来る。そうして祝言や予言だけ持って来るようになった。またその霊力によってよからざるものを祓うようになった。行事に参加して祝言や予言を持って歩く若者や子供の位置はそういうものであった。これらはもと皆斎主を媒介として神の言葉を聞いた名残りであった。

神に扮して来るものが若者子供ばかりでなく、女であってもよかったことはこれによっても分るのである。

かくの如くにして祭る者を中心にするか訪れ来る者を中心にするかによって行事が変遷して来る。祭る者の方が依然として厳粛なる戒律に従ったのに対して、祭られる者、すなわち神として来訪する者の方は、神の資格に入るに際しての忌屋生活は厳粛だが、家々を訪れる時はむしろ華やかなものになった。これは神を迎えて神えらぎする者と神になるものが同じく若い者たちであったことによるもので、神の来訪と神えらぎの区別がなくなった故と考える。〔斎主『民間暦』〕

鹿児島県屋久島

① 二歳組

二歳組すなわち若者組は屋久島の各地にある。しかしいずれもザッと聞いただけで、若者組が村においていかなる地位をしめているかということまで聞かなかった。したがってほんの外形だけの報告にすぎない。

安房の二歳組　安房では男子は十五歳になると、その二月に二歳になった。二歳になったものはヤドイリをした。この地には元服式というものは別になく、十五歳になると褌をさせるだけで、元服に伴なう名前替もなかったという。宿は部落に二軒あった。したがって部落をも二つの組に分け、その組々によって宿に集まったものであって、宿の外に団体があるのではなく、若者組と若者宿はだいたい一致していた。二十六歳になると二歳を抜けたもので、二十五歳が年長者であり、年長者が皆カシラになった。二歳に入る時には、親がこのカシラに頼みに行く。その時、焼酎一升に肴を持参して、二歳一同に飲んでもらった。もとは二歳に入る時は家でも祝事をしたものである。

ヤドイリをしても毎晩宿へ泊りに行くのではなく、二歳の役目として夜半に火の用心にまわったので、その当番にあたったものが泊る宿であった。しかし集会とかその他には宿の世話になったものである。

ヤドオヤには特別に親としての権威はなかった。したがって青年の素行についての監督もなかった。ただ、青年の方からは宿で野を拓くとか畑の耕作をする時に加勢に行った。すると宿の方でも徳利に焼酎を入れ御馳走を持って行って、野原で振舞った。これは二歳のたのしみなものであったという（新しく畑を拓くことをノウチと言った）。だから野原で焼酎をたもってよい気持になると、帰る時には鍬を持って踊ったものである。この踊りは船行に行なわれているゴチョー踊の真似が多かった。踊りは別に名はついていない。

そのほか二歳の仕事は他村との結婚のあるとき、ナコドと言って嫁または婿の中宿をたてるのであるが、その宿を借りてやることになっていて、その報酬として結婚の後の披露宴には皆つらなったものである。

二歳の制裁についてみると、悪いことをすると、焚き物を三把なら三把伐らせるというような労働を課する制裁が多かった。その罰をきめるには二歳一同が浜に出て、悪いことをしたものを中において吟味して、それから言い渡したものである。これについて親兄弟は一切口を入れなかったし、仕事をすませればそれで許されたもので、仲間はずしのような制裁は行なわなかった。

女が悪いことをした時も二歳が制裁した。女の方の罰は男よりさらに軽くて、砂三荷を道路へ運べとか木を伐れというようなものであった。

二歳を抜けるときは、二歳仲間が宿で御馳走を作って振舞った。

二歳を抜けて三十五歳までをデンバンと言って村の役人（雑用方）になった。そうして村の色々のしまい役をしたものである。三十五をすぎると年齢的な団体はなかった。以上のほかに面白く思われたのはずっと昔、柳田翁の若い頃は男も十七になるとオハグロをつけたということである。この習俗を覚えていたのは柳田翁一人であったと記憶する。翁は歯をキビシク（丈夫に）するためだといっていた。

麦生の二歳組　二歳宿は普通の民家を借りていた。十四歳になると入るのである。年越の晩に親がフンドシをしめてくれる。これで二歳の資格ができる。

正月二日の晩にマワリゴの頭である十九歳のものが寄って、十四歳のものに色々の用事を言いつける。また、マワリゴの掟について言いきかせる。これで正式に二歳組に入ったことになる。十九歳までのものは村のフレ一切を引き受けてやっている。

二歳は三十歳までであった。また二歳頭には三十歳のものがなったのである。

二歳宿は二歳頭の家を使うことが多かった。これはトマリ宿ではなく、集会宿で、二歳の中の気の合ったもの二、三人で、適当な家へ行って「とまんやどをとましてくれ（泊り宿をとらしてくれ）」と頼み、その家へ泊りに行ったこともある。これがすなわちトマリ宿であるが、二歳のすべてがトマリ宿をとったわけではなく、ほんの少数であった。

トマリ宿をとっているものは一年中に一日寄って宿の畑おこしに行ったものである。ただしトマリ宿は麦生にはきわめてまれで、原や尾之間などに多く見かけられたようである。

二歳組は、組の費用をつくるために、村の鰹船を借りて、村の休みの日など沖へ釣に出たものである。二歳になるとヨバナシ（ヨバイ）に行ってもよかったので、ナジミができるまでは転々と娘の所を歩きまわって、これぞと思うナジミを作った。

二歳の制裁はきびしかったという。二歳のきまりを破ったもののうち、罪の重いものは、ニセバナシにした。すなわち仲間はずしをしたのである。その次にひどい制裁はワリキゼメと言って、ワリキを坐ったふくらはぎのところへ挾み、膝に石をのせた。

この地でも女が十六歳になると二歳が取締りをしたもので、女が品行を乱すとハナシたのである。女が品行を乱すとは他村のものとなじむことであって、いきおい村内婚が多くなった。だからもし村の二歳に知れぬようになじんで、抜差しならぬようになると、ハナされる前に逃げて男の所へ行ったのである。そうするとずいぶんやかましかったが、本人がいないので、そのますんでしまうものであった。こういう例はきわめて少なかったので、多くは村内というより、血族結婚になってしまった。かかる風も、今日はほとんど消えてしまっている。これは明治中頃までのことである。

小瀬田の二歳組　この地では二歳組に入るのは一月三日である。この日一年中の勘定をなし、予算などを組む。もとは初総会と言っていた。

新しく入るものには踊らせ、歌をうたわせた。そのとき前年入ったものが音頭をとった。そのときオセ組も歌をうたった。そういう騒ぎがすむと、新しく入ったものに、オセの組が二歳になったら子供ではないとて訓示をよみきかせた。

宮之浦の二歳組　この地では十五歳で二歳に入って二十五歳でぬけた。二十歳までをハシタテットメと言って一切の雑用をさせられた。二歳組は村の祭祀のあらゆるものに関係していた。

組のもので悪いことをすれば、夜半浜に連れ出して責めたものである。悪いことといわれるもののうち一番やかましく言ったのは親への不孝で、親の言うことをきかず親の手でどうにもならぬというとき、親の方から二歳頭に頼みに来る。するとセメ〔制裁〕をするのである。

人の物に手をかけるのも重い罪であった。盗みの場合には、まず投票によって誰が盗んだものであるか、または衆人がその盗んだ者に一様に目をつけているかどうかをしらべて、次に浜へ出て当人をしらべる。

罪の中で比較的軽いものは使いを怠けたものである。

罪状がはっきりすると、それぞれ協議によって罰をきめる。

一番重いのはムラガエである。他村へ追い放すのである。青年が村はずれまで行って、そこから追放して村の方へは帰らせない。これは親類一味の恥であるから、村の顔役など頼んで、「し申さぬ」という詫びを入れる。すると二歳では相談して許してやった。

次に重いのは川へ投げ込む。はい上って来るとまた投げ込む。これを気絶するまでやる。

次に重いのはソネギに坐らせる。丸太棒をならべた上に坐らされるのである。これは痛さが身にしみる。

次にドーウチというのがあった。手足をもって地搗きのようにドシンドシンと浜へどしつけるのである。

一番軽いのはカボク（課木）ということで、長さ五尺の薪を、罪の重いものは二〇把、軽いものは一〇把ぐらい伐って来させるのである。

親に不孝をして親が頼みに来たというようなときには、川へ投げ込むのやソネギに坐らせるのが多かった。

女に対する制裁も男が行なった。女の方は風儀を乱すというのが一番多く、風儀を乱すとは他村の男になじむことであった。すると多くはカボクを申しつけた。時には体罰もあって荒田翁の記憶では旅人となじんだ娘を真っ裸にして川へ投げ込んだことがたった一度あるという。またそのほかには罰金をとったものである。この制度は二歳の方にもあった。

かかる制裁をやめたのは役人から止められたことによる。止んでからでも相当久しい。ただし体罰を加えない小さな罰則は今でも行なわれている。しかし今は二歳がダライものになって来た。そして村も二歳に物をまかさなくなってしまった。そのためかどうか今の若いものには気力のあるものが少なく、気力の多少あるものは抜駈けの功名ばかりねらうようになってよくない。昔はそういう点はまことに固いもので、村も風紀や祭のことは安心して若いものに任しておけたのである。

一湊の二歳組　この地でも二歳は十五歳から二十五歳までであったが、最近子供の学校の関係で高等科を出た十六歳から入ることになっている。

もとは正月二日に二歳入りをした。そして十一日か十五日かに儀礼をした。その年に入会したものが肴を切って刺身にしたのを丼に入れ、これを持ち寄って皆のいる所へ行ってニセイリの祝だと言って食べてもらった。酒は二歳組から出したものである。この祝をニセイワイと言った。

十五歳から二十歳までのものをコニセ、二十歳から上のものをオオニセと言った。

この地では二月一日と六月十五日の八幡様の祭に二歳が通夜をするが、その時コニセは通夜堂へ行くまでの道を修繕し、また漁祭の時は青年が角力をとるが、その土俵作りをもした。二十歳から上のものにはそういう仕事は別になかった。

二歳全体としては遭難救助をした。

頭は二十五歳のものから札入で選んだ。二歳頭と言った。二十歳のものの中からも同様に小二歳頭を選んだ。

組織は軍隊式で、年一つ違っても絶対に服従しなければならないものであり、そうしないと年上のものが許さず、制裁した。多くは薪の割ったものをフクラに挾まして膝の上に石をのせた。

娘組の監督を二歳が行なったこと、他部落と同様で、女が風紀を乱したり、団体の秩序を乱したりすると、道路の悪い所へ砂持ちをさせたものである。〔『屋久島民俗誌』〕

② 娘組

娘仲間は二歳組ほどはっきりしたものではなく、ドシを組むことがすなわち娘組だったわけで、すべて二歳組に監督せられていた。

安房の娘組　娘は十六歳になると、バッキー（おばァさん）に正月に筆をこしらえてもらっておく。そうしてその翌年の十月十七日のお講（女の講）の時、同年輩のものが一所に集まって、バッキーから貰った筆でオハグロをつけ合った。その宿は一定していなかった。これがドシを組むことになった。オハグロをつけると一同はお寺へ参ってお講につらなる。

ドシを組むと、ドシ仲間がよく一緒に寝たが、宿はきまっていないで、それぞれ順番に泊り歩いた。

麦生の娘組　この地の娘組も安房と同じく年齢の上限もなければ、その支配者にあたるものもなく、二歳の監督をうけているだけで、安房と違うところは二、三人でドシを組んだものが適当な宿を借りてそこへ泊りに行った。だから村の中には娘宿がいくつもあって、ダライ家へはダライ娘が泊りに行き、名のある人（たとえば庄屋をしたり大番役をしたりする人）の娘は丈夫な家へ泊りに行った。ダライといっても今の青年よりはしまっていたとのことである。娘たちの宿に対する奉仕は正月の焚き物を宿仲間で稼ぎに行った。

小瀬田の娘組

この地では女は十七歳のカネツケから二十四歳までの嫁に行っていないものはウキミと言って一つの団体を組んでいた。その時代は女は風紀を乱してはいけないものとされていて、青年がとりしまりしていた。

ところが一年に一度だけ青年の監督から離れる日があって、それが一月十四日である。もとヨメジョバナシとも言ったというが、普通にはヨメジョサガシと言っている。

十四日の晩ウキミ連中は御馳走を作って、青年の探しあてないようなところへあそびに行った。みんなで固まって行き、どういうところへかくれるものか、巧みに山の中にかくれて、そこで一晩中団らんする。正月十四日といえば未だ寒い時であり、しかも夜のことであるから、相当身にこたえるであろうが、大きく火を焚くと二歳に見つかるからそれもできない。たいてい青年も探し当て得ないものであり、探し当てられると不吉だと言われている。女はそのかくれたところについては一切言わない。

十五日の朝、庄屋が貝（法螺貝）を吹くと帰ってくる。

雨の時は家の中へかくれる。

二歳と娘の仲間の間は親密で、たいていの作業は一緒にする。若いもののきまった作業としては、朔日、十五日に氏神の掃除がある。これは古くからやっている。そのとき娘がアカフジョウであるか、またはは家にクロフジョウがあったりすると遠慮して行かなかった。

ウキミ連中のほかに、ドシを組む風はあった。気のあった同年輩のものが三、四人で組んだのである。

宮之浦の娘組　娘は十六歳になるとカネをつけるばかりでなく、髪の結い方、帯の結び方がちがった。十六歳になるまでは髪は普通（背通というのはどういう髪であるか聞き落とした）に結い、帯は後にしめていた。十六歳になると帯は前で結び、髪は頭の上でクルクルとまいてかんざしを一本さしておいた。今の琉球の方の風とそっくりであった。

仕度がかわるとドシを組んでそれから二歳の監督を受け、二歳がヨバナシにくればもてなさなければならなかった。

頭髪の結い方の昔風が止んだのは明治十年以後であった。その頃男の方はカッパチ（短髪）になったのである。そしてカネツケだけはその後まで続いた。いまはカネをつける人は少ない。

一湊の娘組　この地も十七歳で娘仲間に入った。娘仲間に入る前に歯を染めたもので、他と同じくカネツケと言った。女にとっては結婚とともに二つの大きな行事であったという。

カネツケをする前に、鉄などもらってきてこれを焼いて、まずカネツケ（鉄漿）を準備する。そうして日をきめてどこかに適当な家を頼んでそこに集まり、娘同士で染めあうのである。その時は一番よい着物を着て行く、カネをつけるとカネツケ祝をした。その費用も皆が出しあって作るのだが、特に鰹船からは一尾ずつ鰹をくれ、若い男のツレが祝儀を持って行った。それがまた一晩のうちに持って行くというようなことなく、だれは今日、だれは明日というように一人ずつが別々に持って行くのである。すると女の家では御馳走したもので、女はたのしみにして祝儀を待ったものであるという。祝儀を持ってきた男はその女のところへあそびにくる。この風は明治二十四、五年頃に止んだ。

娘仲間は嫁に行くまでで、仲間全体として仕事をすることは少なく、ドシを組んで、ドシが仲よくしあうぐらいのものであった。〔『屋久島民俗誌』〕

鹿児島県佐多村

ニサイ（ニセともいう）　この地方はだいたいに子供のよく育つ所であり、したがってニサイ（若者）の多い所であった。多い時には一五〇人もいたことがある。その頃は家も少なかったので、ほとんど一軒に一人はいたことになる。今は五〇人ほどしかいない。これは出村者の多くなった関係である。

ニサイたちはニサイヤドへ泊りに行った。ニサイヤドはおばアさんのいる家を多くは頼んだものである。そしてヤド仲間は気のよく合ったヨカドシ（同年輩）で組んだ。

昔は風紀が乱れていて、ヨバイが多く、娘の家へ出かけて行った。ヤドに入るのは十六歳で、酒三合と豆腐一箱を持って頼みに行く。三十歳まではニサイ仲間であった。娘たちにも娘宿があって、たいてい四、五人でとまっていた。〔『大隅半島民俗採訪録』〕

長崎県小値賀町《おじかちょう》六島《むしま》

若者・宿老　島を統率する者を親方と呼び、その下に、五人頭二人、若者頭一人、サクバエ一人、宿老一人がいて、島を運営していく。若者頭は中年から下の者を統率し、島の共同作業の部署定めなどをする。サクバエは部落の海岸へ藻の寄るのを見てまわり、寄ったときには島民に知らせて、いっせいに出てとるように指図する。また島として接待しなければならない客のあるとき、島民を交代で呼んできて接待させる。宿老は親方の相談役をする。

親方はいま総代と呼ばれている。選挙によってきめる。そのほか筆取も選挙する。五人頭は宿老と総代の推薦によってきめる。宿老というのはコイデをしない年寄仲間で、コイデというのは本島との往来のために船を出すが、これは三人ずつで交代して出ていく。このコイデに出なくなった者で、コイデに出るのは四十歳くらいまでであり、それから上が年寄として待遇される。そういう者が島には一〇人ほどいる。昔は、若い連中には発言権が少なかったが、現在は若者頭は尊重され、その意見は村でも十分生かされるようになっている。しかしそれは島の方針をきめるような場合で、ふだんの小さいとりきめは総代と宿老が集まって相談している。

娘組・樽頭　また女たちも仲間をつくり、その頭になる者を樽頭といった。女たちは村寄合いに男の代理として出ていくことはあっても、独立して出席することは少なく、樽頭はむしろ一種の伝達機関として利用せられた。そして寄合いのとき樽頭だけは出席してみんなの話を聞き、風紀の改善のこと、娘組や娘宿についてのとりきめのあるときは、それを聞いて各戸の女たちに伝えた。

昔の寄合いは、総寄合いのほかに朝寄りが毎日行なわれた。総代の宅へ宿老が寄り集まって、その日のいろいろの仕事のとりきめをする。するとそれを五人頭がふれる。村のうち三ヵ所で、大きい声で叫ぶのである。今日のラウドスピーカーのような役割をはたしている。いま宿老は評議員とも呼ばれ、この集まりはずっとつづけて行なわれている。

若者宿・娘宿　男と女との待遇には区別があった。たとえば若者宿と娘宿の場合、若者たちは表の戸口から入っていくのが普通であったが、女は裏口から入ったものである。若者たちは表から入って、宿の主人が飯を食べているようなときには、キチンと坐って待っていたという。娘たちの場合は裏から入ってイロリとカマドの間の板張りに坐って待っていた。若者宿、娘宿は民家を借りていて、村の中にいくつかあり、男女別のものもあれば男女いっしょになっているものもあった。

海難救助　若者宿を必要としたのは、海難救助のためであったという。海の事故は夜間に多かったものので、そういうとき若者たちがすぐとびだしていくことになっていた。それがバラバラに各戸に寝ていたのでは、機敏に行動することができないからである。若者宿はまた若者たちのしつけの場所でもあった。若者たちは宿へ行ってもイロリの下のところに坐っていて、ゆるしがなければ座敷にあがることはなかった。あいさつをすませるとそれから娘の家や娘宿などへあそびに行ったものである。そして夜半宿にかえって寝るのである。

若者寄り　明治の中ごろまでは、若者たちの間には若者寄りがおこなわれた。若者間の秩序をみだしたり、男女関係のもつれをおこしたときはその者をそうした席で制裁したものである。しかし電灯のつくまでは、若い男女の夜の行動は他の人に迷惑をかけぬ限りにおいては自由であった。電灯がつくとそういうことが目立つようになるからといって、電灯のつくことを反対した者もあったというが、昭和二十三年、一一万円かけて自家発電によって点灯した。夜間だけの、それも夜十時までの点灯であるが、島はそれでたいへん便利になったばかりでなく、男女の風儀もずっとよくなったという。

祭　礼　若者たちは海難救動のほかにいろいろの作業をひきうけていた。まず島の氏神、神島神社の祭礼が一、五、九月の十七日に行なわれるが、祭の準備は若者がする。また秋の大祭のときには神楽を行なうために、本島から神官が四人もやってくるが、その送迎をする。また本島との間のコイデをこぐのも若者が中心になる。

虫追い・村船の管理　虫追いも若者の重要な行事になる。春追いともいって、春行なわれる。藁で船をつくって七色の紙でかざり、神酒御供をのせ、注連でかざって、笛太鼓をならしつつ、船をかついで島全体をまわり、村の海岸へ持ち出して、神官が祈願し、若者たちが村船でそれを沖へひいていって流す。このとき海岸へ一〇〇〇メートルをこえる長い注連をはり、追い出した虫がふたたび入ってこないようにする。

さて、村には村船が二艘あるが、その管理も若者たちで、日ごろは、浜に高くひきあげておく。

カドモチ・葬儀の役割　このように若者の仕事は多い。しかし島の戸数はわずかであり、また出稼ぎに出る者が多いので、いわゆる若者の数は少ない。そこで、この島では若者についての年齢のきびしい制限はなかった。小学校を出ると若者の仲間に入り、結婚しても若者としてとりあつかわれ、四十歳くらいになると若者からぬけた。そして、若者のうち戸主になっている者をカドモチと呼び、二男以下の若者と区別した。二男以下の若者は死人のあったとき墓掘りをすることになっているが、カドモチは五人ずつが組んでいて順番に死人の家へ薪を持っていくことになっている。また中年の者（四十歳から六十歳くらいまでの者）は坊さんを迎えにいったり、葬式のときの旗持ちをする。隠居している者は葬式の道具をつくる。このようにして葬式は島民全体が管理し、その役割が年齢に応じてきまっている。

結婚もまた島内が総出で手伝ったものである。これは男がほとんど島内の娘を嫁にもらうことにも原因している。この島では昔からどういうものか女の出産のほうが多く、したがって娘の数が若者の数より多く、本島から嫁をもらう者は少なかった。一方、島であまった娘は本島のほうへ嫁に行くものは少なく、ミヤコへ出ていった。ここでミヤコというのは佐世保、博多など都会地のことで、そういうところで結婚している者が二〇人もいる。今では公民館ができているので、公民館結婚にきりかえられている。〔六島共和国『世界の旅』25〕

大分県姫島

参宮同行 姫島では、一緒に伊勢参宮をした仲間は、戻ってきてからも参宮同行《さんぐうどうぎょう》といって、とくに親しく兄弟以上につきあったものである。

兄弟盃 私らの子供の頃には、同じような年頃のもので、気のあったもの同士が兄弟盃ということをした。お宮にお籠もりをする事もあったし、友達の家を廻りじゅんに集まってやることもあった。別に難しいきまりはなかった。

若いもん宿 昔は十七歳で元服をした。元服すると宿をきめて、宿入りをした。正月の初よりの時に親が頼みに行って宿に入った。結婚すると宿を出ることになっていた。宿はもののわかった年寄の家を頼んだ。宿親は実の親以上に権力を持っていた。宿親は結婚についで一番権力を持っていたものである。結婚には必ずたちあう。宿に入る場合は、宿に必ず挨拶に行き、泊るものは泊り、帰るものは帰った。

盆、正月には宿に集まって、素麺を炊いて食べて話しあうことになっていた。一つの組に二〇人位は泊っていた。ハマヤヤドといった。

夕飯をすまして宿親のところへ行くと、その日のことを報告する。

宿に人手の多く要る時には手伝ったが、普段に宿親の家の仕事はしなかった。

結婚してから後も宿親を奉っていた。親の入っていた宿に子もまた入るということもあった。兄と弟は別の宿をとることは少なかった。

ムスメヤド　男の方の宿ほどきまりはなかった。親類に宿を頼み二〜三人くらいで泊りに行っていた。昔の若い者は律儀なものであった。

若者宿の室内（大分県姫島、昭和41年8月）

ヨバイと結婚　もとはヨバイは相当に多かった。もとは、関係が出来ると大てい夫婦になった。宿親が仲人をする。親が決める前に宿のオヤジが決めたもので、親同士の話で結婚を決める事は少ない。〔『農漁村採訪録XVIII』〕

長崎県対馬

曲のワカモノヤド　止んで四〇年ぐらいになる。ワカモノヤドは一軒あった。村中の若い者が行った。十五歳から上の独身者。ワカモノヤドの家は決まっていない。正月にワカモノに入る。十五歳になるとハツヨリに入れてもらう。酒を買う。一人五合出す。もとはイイナヅケが多かった。（厳原町曲）〔『農漁村採訪録VI』〕

恵古の若者組　十六歳になると盆に若者組になる。集まる場所は決まっていない。踊りをするとき、オドリヤドが一軒一軒まわってゆく。三十三歳までが仲間で踊りの他に狂言をする。三十三歳をボウガシラという。頭領になる。三十四歳から中年。十六、六十歳の人はオナジアイナカという。（佐須奈村恵古）〔『農漁村採訪録VII』〕

鴨居瀬の若者組　十六から三十二歳まで。イワシヒキ、その他の共同事業をする。イワシヒキは個人事業でやれぬときは若い者が網を借りて引く。網の方はほんの少しの謝礼をもらうだけ。あとの金は若者組の資金にする。神さまの修繕などに用いる。死人のあるとき埋葬のカブセ石を運ぶことになっている。盆踊は十六歳（今は十七歳）から一八人でやる。踊り組の年老の家を借りる。寺で踊る。（船越村鴨居瀬）〔『農漁村採訪録XI』〕

福岡県脇山村

若者組　若者の仲間は十六歳で入る。入会は春四月半ば頃で、ハルワスレという親睦会があり、そのときにする。ハルワスレは若者宿で行なう。若者宿は部落の内の子供などのない家を借りている。しかし一つの家を長く借りることはなくて、二年毎に変わって行く。入会の時には親につれられて酒一升を持って行く。その時年長者から青年会にかたって（入って）からの心得をきかされる。

青年の仲間には年齢によって段階がある。仲間にかたってから二十一歳までをシンパイカタという。シンパイカタは宿の座敷で御飯を食べることなく、台所で食べていたものである。今は一緒に食べている。シンパイカタは通常その年長者、即ち二十一歳になったものがミカジメ（取締）をしている。

二十一歳から二十二歳までをニサイドコという。シンパイカタにしくじりなどがあると、ニサイドコにいう。するとニサイドコが注意する。そのほかシンパイカタのミカジメもしている。ニサイドコはニサイドコの仲間のミカジメはしない。

シンパイカタは紺のヒョウヒョウを着た。ヒョウヒョウというのは筒袖で襟の立っているものである。これが会服であった。シンパイカタが羽織を着ると制裁をうけた。羽織はニサイドコにならぬと着られぬ。二十三歳から二十五歳までの者を年長者とよび、青年全体のミカジメをする。今は三十歳までを年長者としている。

年長者が親睦会をする時はあいさつをするだけである。年長者のぬける親睦会は二月二日である。四月の親睦会は日がきまっていない。田植の後にツクリアガリというのを行なう。大てい六月の二十五日頃である。また九月二日、即ち二一〇日の翌日お祝をする。

親睦会の時にはシンパイカタが若者の仲間の家から米や野菜を集めてきて食べる。宿では集まって雑談するくらいのものである。昔は若い娘のところへよく遊びに行った。そして好きな娘ができ、親のゆるしのむずかしい時はかつぐことがあった（うばってくること）。

若い者と若い娘がゆるしあえば、男は必ず仲人をたて、娘をもらいに行く。しかし相手の親がゆるさないと、若者たちにたのんでかついでもらう。すると結婚することができた。かついでくると相手の親の気づかぬような家にかくし、そして交渉にかかる。村内でかつぐことは少なく隣村の娘をもらう場合にそういうことが多かった。その時あらかじめその村の若者に諒解を得ておくのである。

このようにして娘が他村の男のところへ嫁に行く場合には自村の若者に酒を出すことになっていた。

男の方も自分の村の若いものに洒を出す。これをムコザケといった。すると若い者は女に手を出すことはなかった。

この風習は明治の中頃からすたれた。

青年会には別に大した財産はない。費用は会費を集めている。一人宛五〇銭くらいのものである。ただし親睦会の金は別である。

資金をつくるために山の下草刈りをやったり、土木事業をやったこともあったが二、三年でやめた。村の会としては植林を五町歩ほど行なっている。

そのほか青年共同の仕事としては、夜集まって適当な家を借りて夜なべの藁仕事をするくらいのものである。明治・大正時代には夜学校をおこして、それに通ったこともある。しかし概して若い者は活躍していない。

男女共に奉公に出て行くことは少ないのであるが団の結束のつよくない理由が分らぬ。

若者の行なう行事としては七月十五日・十六日の綱曳がある。十四日に藁を持ち寄り、縄をつくる。その綱の一方は若者、他の一方は中年会の者が抱いて攻めあう。いずれも素裸であり、それを応援する娘たちも腰まき一つであった。娘は青年に水をぶっかけたり、ひっぱったりして邪魔をする。せりあうのに二時間近くもかかる。先頭に立っている人は力一杯押す。人々はその人の背中をたたいて元気をつける。この時若い者は皆出ている。二しきりくらい押しあう。このツナオシは各部落で行なう。学校の近くの部落は学校の校庭で行ない、学校のないところは家の前などを使用する。ツナヒキは夕方七時頃から行なう。二勝負くらい行なってやめる。審判は老人が行なう。これが終わるとナオライがある。他部落から加勢にくることがある。そういう部落は別の日に綱曳を行なっているのである。

女の子は別に宿がないから国民学校（小学校）で支度して応援する。

綱曳のほかに一年に一回、小屋掛けをして田舎芝居をまねいては人にみせた。春か秋の取入れがすんでから行なったものである。この時隣部落の青年たちは団体を組んで見にくる。こちらからもまたそのような時には見に行ったものである。

この地には盆踊は行なわれていないし、また祭に神輿も出ないので、青年の行事はきわめて少ない。

〔『村の旧家と村落組織Ⅰ』〕

愛媛県二神島

若者宿　若者宿はもとは四つか五つあった。部落は小さく分けて五つある。ワキノハマ、ムカイ、コドマリ、ホンウラとなっている。二神氏のあたりが本浦といい、それから東へ分かれて出た。本浦には四〇戸ほどある。各浦に若者宿があり、大きい家であった。若者に入るのは十五、六ぐらいである。入って

いるのは嫁をとるまで。酒一升を持って入った。ヨバイに行くのが楽しみであった。〔『農漁村採訪録Ⅴ』〕

山口県祝島

ワカイモノグミ　十五歳から嫁をもらうまで。今四組あり、宿もある。カシラは選挙による。入るのは盆が決まりであった。シマヤへ集まったが、ワカイシを宿が取り合いをするので、ワカイシ仲間が御馳走をした。その宿へ泊りに行く。もとは宿はずっと決まっていたが、今はよく変わる。ヤドオヤが夫婦にさせるのに世話をする。別に勢力のあるわけではないが、ワカイモノのオヤとしていた。ワカイモノが抜けるときは別にこれという式もない。ワカイモノは宿で寝泊りするだけであった。木を伐るときは手伝いに行った。盆踊の準備、祭のだんじりを引く。今、盆の十五日に網船を借りてイワシを引き、女はイリコを製造して金を作っている。

ナザケ　昔は酒を飲みたいときには名を変えたという。ナザケといい、一人で五つも六つも名があった。〔『農漁村採訪録XIV』〕

山口県見島

若者組と若者宿　多田宮司の話によると、見島では浦方の方が信仰心も厚く、また部落民の結束も固いという。そしてそれは昔からのことであるという。

村の結束を固からしめたのには、それを支えたいくつかの組織や結合が見られた。その一つに若者組がある。

若者組には十五歳で入る。二十五歳までが仲間で、二十四、五歳の者が頭をつとめる。組は東西二つあり、一組に二人の頭がいるから合計四人である。任期は二年であった。

若者たちは部落の祭礼関係の行事の世話をした。

まず盆踊が大きな行事であった。踊る場所は在郷が二ヵ所、浦は三ヵ所もあり、まずクジ引で踊る場所と日をきめる。十四、十五、十六日に踊る場所を割当てる。踊は十三日からで、この日は若者組が主宰する。十四日から在と浦の踊場をまわって踊る。割りあてられた日は動かさない事を原則にしているので、仮に十五日があたっているとして、その日に雨がふると、十五日のものは十六日に踊りたがるが十六日にあたっている者がそれをゆるさない。それでよくけんかになったものである。十七日にはもう沖へ出るものだから十六日の夜は徹夜で踊ったものである。

盆踊に際してはまず櫓を組む。音頭とりと太鼓がここに上って歌いまた太鼓を打つ、また村の親方を若者組の集会所へまねいて酒を出し寄付をたのむ。踊場はもとは新盆の家のうち、家の前に広場を持っているところに作った。

盆と共に大きな行事は祭である。七月二十七、二十八日が祭日、芝居をしたり、押し船をしたりする。押し船は東西の二組でそれぞれ船を出し、競争するもので昔は神主が個人の船を二艘えらび、これをクジ引で東西に割当てたが、今は漁協が船の世話をしている。一艘の船に七人乗る。十八歳から二十五歳までの若者の中から腕節の強い者がえらばれる。五挺櫓で、太鼓を打つ者と踊り子が一人ずつ乗る。これが沖合から港まで漕いで来る。勝負は一回きり、勝つとその組は縁起がよいという。押し船をする前に神輿を船に積んで生簀のあるところまでいって祭典を行ない、その前で押し船を行なう。

夜は芝居が行なわれるが若者組が勧進元になる。このあたりへは広島の芝居の一座がやって来る。田植の終わったあと村々をまわるのである。そして今もつづいている。

この芝居を浦で興行するときは木戸銭をとらず、ハナでまかなう。しかしハナだけでは芝居の経費は足らないので、梅雨時期に漁師が沖へ出ない日にトリアゲと言って若者たちのみ出て魚をとり、それを漁協に売って金をつくる。たいてい七～八万円の金ができる。芝居の経費に一〇万円ほどかかるので、不足分をハナで補うわけである。

このほか在郷の若者組と一緒になって運動会をすることもある。若者組の集会所はもとは広い民家を借りていたが住吉神社に集会所がつくられてから、それを利用している。

若者組は祭や盆の行事の世話をするだけで修養的な要素が少ないからとて、大正の中頃に三浦虎松、横田吉之助、浜村友吉、福永新五郎、東野亀吉の五人で青年会をつくった。寺の坊さんに会長になってもらったが、一年たって小学校の校長先生に会長になってもらった。全くの修養団体で、時化で沖に出られぬときに集まって話をきいたり字をならったりした。この仲間は間もなく三〇人にふくれ上り、会場に困るようになった。一年後には若者組の者が全員加盟して、修養だけでなく難破船の救助などにもあたることにした。いまこの青年会仲間は海友会というのをつくって海難などにあたっているが、会員は六〇名にのぼっている。

若者たちはまた若者宿をもつ。若者は普通ワカイシとよび、ワカイシ宿は有力者の比較的広い家の一部屋を借り、そこに四～五人が組をつくっていて、夜はそこに集まって話しあいをし、そこに泊っていく者もあった。そういう宿が浦には一〇もあった。大正時代までの事である。宿へは十五歳になると行くことができた。十五歳になれば大人とみとめられる。と同時に物心がついて来ると狭い自分の家に寝泊りできなかった。大きな子供たちと一緒の部屋に寝たのでは両親も十分に夫婦の営みができないからである。大ていの家が二間《ま》はあるので、娘たちは隣室に寝させることができる。

家の間数の多い家の息子は宿であそんでから家へ帰って寝ることもあった。

宿へ新たに入ろうとするものはどの宿でもよく、なるべく家に近い宿へたのみにいって、宿の主人が承諾すれば泊りに行く事ができた。そのときお酒一升を持っていく。泊る者は布団をもっていく。宿の主人を宿親とよび、泊りにいく青年たちを宿子といった。宿子の中の年長者を宿子長とよび、それが宿子の世話をしたが、宿親が絶対の権利を持っていて監督した。宿親は若者たちの日常生活の指図をし、また村人としてのいろいろの作法を教えた。

とくに長男には他家の水を飲ませねばいけないとして宿子に出したものである。

しかし近頃民家を宿に借りることはなくなってしまって、漁協の二階を宿にしているが泊りにいっているのは四～五人程度にすぎない。

娘の方には宿はなかった。そこで男の宿へあそびにいくことは多かった。この島では娘は島にのこるよりも萩方面へ女中奉公にいくものが多かった。そして盆と正月に戻って来た。

在方には娘が多く、それが浦の方へ夜遊びに来ることが多かったのである。

以上見られるように若者組は祭礼行事を中心にした団体であり、若者宿は社交を兼ねた修養団体であったわけで、こうしたグループ活動によって村人として成長していったのである。

もとは兄弟分の契をする者が多かった。同年輩の気のよくあったものが、青年になると兄弟分になったのである。そして生涯親類同様につきあう。

なお宿親が結婚のとき仲人をつとめたものである。

若者宿は結局若者たちの寝屋であり、そこに寝泊りすることによって村人としての訓練をうけ一人前

になっていった。〔『見島総合学術調査報告』〕

山口県高根村向峠

若連中　昔から若連中というものはあった。十八歳になるとその仲間に入ったもので、嫁をもらうと抜けた。若連中は仲間としてはこれということもせず、至ってわがままなもので、祭の時などは結束してよく喧嘩をした。時にはわざわざ隣村まで祭を見に行って争ったものである。村人もこのわがままは見逃していた。

それが村で神楽をやるようになって、若者が主としてこれに携わることになった。ついで、夜まわりをするようになり、また道の雪のけなどするに至った。若連中という名も青年団と改められた。

若連中時代にはこれという頭もいなかった。年上の者が幅をきかせたのである。

トロヘエ　正月十五日の夜、若者達は藁草履を作り、また藁で馬を作り、あるいは竹で茶柄杓などを作って手拭で顔をかくし、家に投げ込んで歩いた。するとその家では餅をくれた。そういうとき、「若い衆が来た時にはかもうてやれ」といい水をかけたり、餅を貰うために家の中へ手をさし入れるとかくれていてその手をつかみ、顔を見ようとしたりした。ずるいのになると馬や草履に繩をつけて投げ込んでおいて、かえる時にはまたひいてかえるものもあった。

また、しみったれた家や村で人気の悪い家へは報復した。たとえばちょうど入口のところへ肥をタゴに汲んでおいたなどという話が残っている。村をひとまわりすると適当な家へ集まって焼いて食べた。若連中ばかりでなく、ごく貧乏なものは袋をさげて昼やって来た。入口でトロトロというと家のものは餅を一つずつやった。貧しいというほどでなくても老人仲間も夜草履など持って歩いた。老人はたいてい草履を二足出した。

若連中がトロヘエをやめたのは明治二十七、八年頃であり、貧しい仲間は明治三十四、五年までやっていた。貧しいものは村内の者だけでなく、隣村からも随分来たもので、深須村のある女の如きは大正年代までやって来たという。

柱松 旧二月十五日の夜、若連中は柱松とて、松の柱の梢に藁をしばりつけてそれに火を投げあげて藁を焼く行事をした。昼の中に山から松を伐って来て、家々から藁を集め、田の中程にこれを立てて、若連中が集まり、

ボンボラボント　ネハント　アキヤゲノボント

と言って藁松明を投げあげ、火が松の藁にもえつくと松を倒して、その火を藁につけて盛んにもやした。

〔『中国山地民俗採訪録』〕

山口県家室西方

若衆組時代　人十五歳になれば元服する。しかし私は元服についてはくわしいことをしらない。ただ前髪をおとして、若衆組に入ることだけを祖父からきいた。今は元服の式はない。

若衆になると若衆宿というのへ毎夜泊りにいくのである。そこで性教育が施されたらしい。宵のうちは、それぞれに夜業《よなべ》をして、夜業がすむと娘の家へ出かけていく。夜這いといって、ひそかに女の家の戸をこじあけて入っていくのだそうである。

この道にはいまだ経験がないので、なかなか思い切って聞く勇気もなし、また聞いてもニヤニヤ笑って教えてくれないありさまなのでくわしいことは分からないが、おそらくは長塚節によって書かれた、『土』に出てくるようなことが演じられたのであろう。この夜這いの風習は、私の故郷である家室西方村大字西方一帯では、すでになくなっている。これには原因がある。

ある二、三の青年が村の某寺へ夜這いに入ったのである。その寺の下女がちょっと好色らしいところがあり、そのうえ百姓とちがって、下女とはいっても、村の貴族である寺にいるのであるから、村としてはあく抜けもしていたわけである。で、大胆な連中が、雄々しくもこの寺へ入り込んで電燈線まで切断し、いと用心深く、目的を達せんとしたらしい。ところが僧侶の発見するところとなり、捕えられてひどく、訓戒を加えられたのであった。この事件が青年間に大きく反響して、こういう家をねらう若者が少なくなった。

しかしなかには勇敢なものもいて、村の一流の名家である、某の家へ入ったのである。この家の主人は四国路のある中等学校の校長をしていて留守であり、その家には、その主人の母堂と令弟と令妹が留守居がてらに家を守っていたのである。この令妹というのが稀にみる美貌で、田舎にはちょっとないような、しとやかな、上品なところがあった。ところが惜しいことに丙午《ひのえうま》である。で、なかなか縁談がなかったのである。これをねらって若い無鉄砲連中が、夜襲をしたのである。ところが病気でずっと静養している校長氏の令弟につかまってしまった。その結果が告訴され、忍び込んだ二人の男は罰金刑に処せられた。

この事件は、かれこれ七、八年前〔大正末か昭和初め〕であったろう。これを機にバッタリ夜這いは止んだのである。この二つの事件があるまでは、ずいぶん盛んだったようである。ことに、明治初期頃までは、女の寝宿というのもあって、男たちはそこに出入し、情痴の限りをつくしたと、ある老女からきいた。

それればかりではない、村界を越えて、隣村へ深草の少将をきめ込んだ連中もなかなか多く、むしろ村内における関係よりも、他村の女との関係の方が多かったようである。この遺風は現在もなお存している。そのために隣村の青年と出入があったりしたことも度々であった。

一体島の東部は西部に比して性的に露骨であると、その道の通が教えてくれた。だが、どうしたことか私の生まれた部落だけは東部でありながら、それほどでない、とのことである。どこかに気取ったところがあり、気位の高いところがある、とその通人が話していた。

面白いのは平郡島で、この島へ他から一時的に来た者は決して女の家へ夜行ってはならない由である。行けば必ずそれが青年に知れ、青年から大変な目にあうとのことである。だが有難いことに、女の方から来てくれるそうである。これは問題にならない由である。

綿密に調査したのでなく、島の養蚕教師に行った男の話だからくわしいことは知らない。

この島は周防灘のただなかにあって、交通の便きわめて悪く、いまだ多くの伝説と昔の習俗を持っている島である。

若衆組の連中は、一方また村のいろいろの行事を牛耳ったもので、この風は現在の青年団にまで持ちこされている。すなわち盆踊、秋祭などは青年の手によって行なわれるのである。

盆踊の音頭は青年によって唄われ、踊りは娘によって踊られた。秋祭の神輿は青年によって、かつがれ、道普請もまた青年の手によってなされた。道普請や、秋祭の地芝居には、また女が来て手伝い、こうした重要な年中行事は男女の交際場としても意義を持っていた。

男女の意気投合も実はこうした行事がきっかけになったものが多かったであろう。

若衆組が青年団と変わった現在でも、こうした行事だけが依然として旧態を保っている所以のものは、そこに深い男女の関係が横たわっているからではあるまいか。

夜這いがなくなっても、その形態だけは依然として残っている。昔は夜ふけて女のもとを訪れたのだが、今は宵の口に訪れるのである。娘の親のいる前で、娘と何時間か話して帰る。これが現在のありさまである。それからダンダン深まっていく者もある。だが夫婦までいくものは少ない。夜這い時代にはたいてい恋愛結婚であった。私の知っているかぎりでもほとんど全部である。だが今でははなはだ少ないようである。

以上は主として若衆組および若衆組遺風について書いたのであるが、次に少し現在の青年団についても書いてみたい。

大島郡三町九ヵ村の青年団は、その団の支配に小学校が大きな手をのばしてから著しく官僚的に規則立ってきた。男女の間は縁遠いものになり、内容は修養的になってきた。

ところが、東部諸村の中には、名は青年団といいつつ依然として、旧態を存しているものがある。しかして小学校長などからほとんど干渉をうけていないのである。この風は家室西方村においてことにはなはだしい。現在、家室西方村には、六つの青年団支部があるが、それぞれに特色がある。

地家室支部などでは、毎旧正月、地狂言を行なっている。これがなかなか板についているのである。

なおまた青年の誰かが出稼ぎに出るときには、村の青年男女が全部、浜へ出て見送ってやる。

この村は男女の交際がきわめて自由で、他で見ても羨ましいほどであり、そのうえ性道徳がよく守られていて、夜這いが絶対にない。

最近では、地狂言のほかに男女青年団合併の運動会が年一回催されている。

会誌なども相当なものを出していて、皆からうらやまれることははなはだしい。小学校の先生も近頃は、その会合へ出席するようになった由であるが、出席した某先生の話によると、会合は男女合併で、女がどんどん男の説を反駁して勇敢に男の卑怯さを指摘しているあたりなどは、まことに日本の女性とは思われぬくらいであった、とのことである。

同じ家室西方村小積《おつみ》支部でも、小学校の先生は関係していない。月々月例会をひらいているがこれも男女合併で、女の気焔あたるべからず、昨年の盆の墓地の掃除などは、女子の提議であって（この部落には寺がない）、男子が引きずられた形であり、新しい年中行事とするに至った。青年会館を建てるについても、男女共同である。

同村西方支部もまた男女共に相集い、道普請、春の旅行（見学と参拝とをかねて、宮島、伊予、三田尻、岩国、広島、呉方面へ毎年一回青年男女全部が旅行する）、盆踊、秋祭（今、地狂言をしない代わりに青年が田舎芝居を請けてきて興行さす）、正月の地狂言など、ほとんど男女合同で行ない、月例会も月に二回ないし三回くらい、男女合併で開かれている。

こうしたものが、私は次の時代の風を作っていくものであると思っている。だがいまだ多くの古いものを持っている。表面は右のごとく整っても、裏面は決して表面ほどではない。が、形だけでも、次の時代のものが生まれている。この型や制度は必ず、よりよい結果を生んでいくものと思われる。

他の村の青年団は多くは官僚的青年団で、男女の区別ははなはだしいらしい。天下り的なものと、古い型から生まれたものと、いずれが是であるかは今後の問題である。

なお若衆宿がすたれ、新しい青年団が生まれ始めたのは、山口県においては世界大戦の終わり〔大正七年〕から大正十三年、四年へかけてであった。〔『旅と伝説』6巻1号〕

山口県安下庄町三ッ松

若者宿　大島郡安下庄町三ッ松は瀬戸内海でも屈指の漁港で、鰯網およびゴチ網の本場である。この地には古くから娘宿があった。娘たちが村の中の適当な家に集まって木綿をひいたり麻を績《う》んだりしていた。五、六人くらいの仲間で、夜はそこへ泊ってくる。
一方若い者たちもそこへ遊びに行き、その家が気に入れば宿親を頼んで男の方もそこへ泊まるのである。ただし若者たちは沖へ出ている方が多いので、毎日その家へ泊りにいくわけではなく、海から帰っている時だけである。ゴチ網の一漁期は一〇日くらいだから一月に二度出ていって、家にいるのは一〇日ほどである。

男に好きな女ができると、宿親に頼んでその女に関係している男と手をきってもらう。女が承知しなければしかたがないが、女が相手の男と手をきってくれれば二人は結婚することができる。宿における男女の関係はいたってルーズであったが、いったん約束ができると女は他の男と手をきった。この時、女は手をきる男たちにタビを贈る。「このタビ限り」という意味だとのことだが、少しきれいな娘だと一五、六足もの足袋を男に贈ったことがあるという。したがっていざとなると、なかなか話のつきにくいことがある。そういう時は村の若衆一〇〇人に浜へ集まってもらって男女間のことを聞いてもらう。男でも女でも理にあわぬことをしていれば叩かれるが、理に合うていれば許される。これを「一〇〇人にきく」という。

ただし娘が他の村の者と関係することは絶対に許されなかった。もしそういうことがあれば、女は仲間をはずされて海につけられるのである。だから他所の男には手をつけなかった。もしそうしたことのあった場合には、男に頼んで謝罪してもらう。時には酒を買うこともあった。仲間をはずされると娘は宿へ行けなかった。女にとってこれが一番の恥とされていた。

盆の十四日には若衆が浜へ集まり、娘たちに他村の者と関係してはならぬときびしくいいきかせる風があった。

若者宿へは盆正月に贈り物を持っていった。若衆宿のことをワカイシヤといった。なお若衆宿のほかに若衆組があった。若衆組に入るのは十五歳の盆である。二十五歳でぬける。カシラは六人いた。入札によってきめた。セワ人がその下に六人いた。これが次のカシラになる。その他提灯や太鼓などにもいちいち係があり、入札できめた。入会にはカケ銭を持ってゆく。別にむずかしいきまりはない。

若衆組に入るとすきなワカイシヤを選ぶことができ、女のなかに寝てもよかった。

このような制度は青年会制度にきりかえられてから止んだ。三〇年も前の話である。〔「近畿民俗」新二号〕

広島県佐木島向田野浦

トマリ宿 向田野浦にはトマリ宿が三軒あり（中本亀三郎、中尾平五郎、西岡作次郎の家）。十五歳になると若連中に入り、秋祭に櫓《やぐら》をまわし、盆には踊る。毎年正月二十三日、十一月十五日夜をオゴリといい、その晩、娘は打連れてその席で給仕をした。また旧二月二日、八月二日をキウスエといい、灸をすえたあとで幹部が酒盛りをする。そのときも娘が出て給仕した。娘は糸つむぎをすることが多かった。娘連中がオゴリに給仕に出るのは四、五年くらい前に止んだ。青年会館が明治四十年に出来てトマリ宿

も止んだ。（鷺浦村）〔『農漁村採訪録Ⅳ』〕

島根県片句浦

若者組　若連中には十三歳で入った。入るときには別に決まりも何もない。正月五日のトンドの竹迎えの時初めてその仲間に加わって、佐太《さだ》の方へ竹を買いに行く。そうして十八歳まではエビス宿といわれる方にいた。

十九歳になるとナカイとて親方どりをする（元服）。そうして宮宿の方に入る。この時トンドの宿の振舞一切を引き受ける。いわば正式の入団である。家内をもらうと退会した。

頭分は四人いる。年々交代する。その選挙は一月十四日で、宮宿で行なわれる（ヤクニンユズリ）。

若連中になると、自分の家へは寝ないで若者宿へ寝に行った。宿は村に何軒もあった。たいていは若夫婦で年寄のいないというような心安い家をたのんだ。また人の家の納屋とか別座敷を借りたりした。したがって宿入りなどという難しいきまった式もなかった。少し広い家になると一〇人ばかりも泊りに行ったもので、蒲団は各自の家から持参した。

宿親に対しては盆正月に綿・反物（絣・縞）など持って行った。すると宿親の方は盆正月に宿子を集めて御馳走したものである。

かかる宿のことを明治に入ってからは友団と名付けていた。宿の兄分はなかなかきかしたもので、いうことを聞かぬ者に対しては宿へ来ることを止めた。すると、その者は人をたのんで酒一升買うて持って行って詫びた。

こういうことに対して宿を貸している者は一切干渉しなかった。

娘　宿　片句には娘宿というものはなかったが、簸川郡《ひかわぐん》の海岸の北浜村や八束郡千酌《ちくみ》村あたりにもあって、そこで寝泊りしたという。

ヤクニンユズリ　一月十四日、若連中の重要な仕事の一つであるトンドの行事が終わる。この夜、若連中はエビス宿、宮宿に集まって酒盛りをする。最後にヤクニンユズリをする。年長者は役から退き、新しく四人の頭が選ばれる。役員ができると、それを宮宿からエビス宿へ報告に行く。

この日の御馳走の献立一切は二十歳になるものが請けてやる例になっている。

エボシヤドリ　この地方では十九歳になると元服する。日は定まっていない。その時有力な人を親にたのむ。これをエボシ親という。そして十九歳の者をエボシ子といった。元服をすると昔は前髪を剃って名前替えをした。その時エボシ親から名前を一字もらうことになっていた。これをエボシヤドリといい、エボシヤドリをしたものは、その翌年、すなわち二十歳になる時、ヤクニンユズリの御馳走の献立を引き受け、かつその振舞の費用を負担したのである。

名前披露　そうして新しくきまった名前は、十四日のこの夜の席上で頭分から一同に披露した。すると古い名は再び使うことがなかった。〔『出雲八束郡片句浦民俗聞書』〕

奈良県吉野西奥

① 天川村

若者入り　中越《なかごし》では十七歳で仲間入りをした。入る日はきまらなかったが、だいたい正月の若者組の総会の時であった。カオツナギといって、酒一樽か、または一升くらい持って行けばよかった。

坪ノ内では十六歳で仲間入りをした。やはり一升ほど持って行った。

塩野ではもと若者組に入る年齢はきまっていなかったという。身体も大きく、力もあれば仲間に入れたので、仲間に入ると一人前に見られたのである。入会は盆の十八日で、お寺で元服して、酒を出して仲間に入った。〔年中行事の七月十八日（旧暦）の項に「塩野ではこの日新しく仲間に入る者が、お寺に集まって来た。そうして酒、お金を仲間に出すと、年上の者が、それを受けて、前〔前髪〕を細前髪に剃って、髪を結び直してくれた。元服する者は必ず裃でやってきた。これが終わると、元服する者は座中に挨拶して若者になった。今はただ若者入りだけをこの日行なう。元服が終わると一杯のみ、引き続いて盆踊になった。娘も来て一緒に踊ったものである」とある。〕

退　会　中越では退会は三十歳であったが、二十五歳をすぎれば自由にやめてよかった。坪ノ内では二十五歳にきまっていた。

若者組の仕事　中越では若連中は神社中心の団体で、朋友社とよび、宮の祭の手伝いなどをした。塩野では若衆宿というものはなかったが娘の家などへはよく遊びに行った。また神社の前や寺の広場などに集まって力持ちなどして遊んだ。こうした仲間へよその若い者はいっさい入れなかった。

②　大塔村

若者入りと元服　若者組は若連中といった。十八歳から縁組するまでの者で、およそ五〇人くらいいる。十八歳になると、一月二十五日の祭の日に宮役へ酒一升を持って、青年にしてくれと頼んでおく。そうして旧七月十四日にゲンプクとて十八歳の者は裃を着、刀を一本差して寺へ行く。すると正座へ坐らせて、区の者が祝ってやった。ずっと昔はこの席で名前替があった。今は祝事があるだけである。

このゲンプクがあると、翌十五日の晩から月の終りまで毎晩盆踊を行なった。

ナガワリ米　ゲンプクして若連中になると、二十八歳になるまで毎年米一升六合ずつナガワリ米（名替り米）とて宮役へおさめた。これは旧正月のツモゴリ（晦日）に出した。多い年には一石もあったというが、これを売って区の費用にした。

役割・特権　若連中の頭を、今は会長といっている。入札で決める。次が副会長、次が会計である。

若者になって一、二年をコワカイシという。

若連中になると戸主の代理としてどこへでも出られた。夜遊びも許された。夜遊びには、忍びはヤクザとされて、みな提灯をつけて行ったものである。たいてい五、六人も連れ立って行ったのであるが、そのうち一人の女と好き合うようになれば他の者はそこへはあまり行かなくなった。

青年のいうことは時に無理があっても通った。そこで盆や祭には横車を押してこまった。

若連中の仕事　旧六月一日が篠原祭で、二日がソーニンソク（総人足）であった。この日村中が出て村から他の村へ通ずる道路の刈りあけをしたのである。

この村から隣村へ出るには、惣谷への道、高野辻、川瀬峠、下辻峠の四つがあるが、一番遠い部分をコワカイシ、次を若衆、一番近い所を戸主が分担した。川瀬峠などは昔からの仕来りで、村の境である峠の上までを刈るのではなく、天川村栃尾のはずれまでを刈らねばならなかった。そして戸主は峠から手前、峠の向こう側は青年、栃尾に近い所は小若衆が刈った。

春祭（稲荷）、秋祭（山の神）の世話も青年が行なった。これには宿が要るが、宿は希望者の申込みをうけた。申し込むのは家によくないことがあったので、少し運が開けるようにとか、よいことがあったので祝にとかいうような者が多くて、最初に申し込んだ家へ宿をたのんだ。宿ではアモ（餅）をつく。その材料は粟、稗などで、ゴクシネとて村の家々から集めて来る。そうしてゴクマキをする。また酒を二斗も三斗も買って来て、余興を行なった。宿で行なうのである。篠原踊やその他色々の芸をした。すると近所からみな見に来た。

氏神祭の時には区長が酒一升を持って宮役の所へ来て青年に余興をしてくれと頼んだ。すると青年は芝居などやって賑わした。

ここでは青年はきわめて重要な位置を占めていたのである。

③ 十津川村

若衆組入会　玉置川《たまいがわ》では若衆組は十五歳から三十歳のもので組織されていた。そうして入会する時は酒一升くらい買って入った。すると年長者が規約を読んできかせた。

新しく入った者は、上から何かいわれると、一々それをせねばならなかった。

会の組織　玉置川では若衆組の頭には年長の者がなり、盆正月には規約をよみきかせたという。

規約には色々のことが書いてあったが、宇宮原《うぐはら》あたりではよその者が村の娘に関係したら制裁するとか、娘は若者の支配に属するというようなことまできめてあったという。

篠原踊（奈良県吉野郡大塔村、昭和43年10月）

また玉置川では若衆の中で悪いことをするとハネられた。あやまりを一札書いて仲人を入れて詫びた。仲人には戸主でしっかりした者を頼まねばならなかった。

悪いことというのは他家の戸をあけて入ったりすることであった。ただし娘の家へ宵のうちにあそびに行くのはかまわなかった。若衆は娘のうちへ行くと多くは米麦を搗いたり粉をひいたりするような手伝いをしたものである。それから宿へ戻って寝た。若衆の中にはヒマゴヤの娘の所へあそびに行くものもあった。

若衆宿　玉置川では若衆宿には人の寄り易いような家を頼んだ。そこへ行くと、若衆が夜遊びに行っている行先はみな分ったものである。若衆は宿の家の忙しい時は手伝いに行った。宿親は結婚式の時はまねいた。来てくれねば御馳走一人分を贈った。その他麦まき、田植には宿子は仕事を手伝った。宿親の死んだ時も宿子はみな手伝ったものである。

共同事業　玉置川では若衆組の費用をつくるために、大勢でしなければならぬような大字の仕事や山の草刈あるいは下木刈などを引き受けて金を儲けた。従ってこの労働に出ない青年は一人分だけの金を会へ納めなければならなかった。

もう一つ青年の大きな仕事に剣道がある。この地は十津川郷士の村であるから、堂に集まってみな剣道の稽古をした。これは昔から今までずっと続いているようである。

冬三〇日間は寒稽占をした。具足はみな持っていて競争でやったものである。剣道は青年だけでなく大人も加わった。

青年の費用はこんなことにつかわれたが、ずっと大きな出費は村が出してくれた。〔『吉野西奥民俗採訪録』〕

兵庫県室津村

トモダチ　同じ町内の十五、十六、十七歳くらいの者が固まって組を結ぶ。昭和組、桜組、雷《いかづち》組などそれぞれ名を付けていて、それらをトモダチという。宿があって集まる。四月十五日、旧七月末の祭には集まって獅子舞などする。四十歳くらいになると解散するが、葬式のときにはトモダチが役一切の世話をする。〔『農漁村採訪録XVI』〕

兵庫県淡路島

ワカイシグミ　十五歳になると前髪を落とす。それからワカイシになり、四十歳になると宿老になる。ワカイシヤドは広い家を宿にたのむ。同じヤドに泊る仲間をネヤグミという。そこへムスメが泊りに行ったものである。明治、大正まで見られた。

ネヤグミは今もあるが、ムスメが泊りに行くことはなくなった。関係の出来ている女が泊りに行くので、その頃は喧嘩が多かった。娘宿と決まったものはなかった。ムスメが泊りに行くのを巡査が止めたことがある。家が狭いからムスメたちは自ずから他へ泊りに行くようになった。宿は決まったものではなかった。ひとつの組にネヤグミはいくつもあり、兄弟のように仲良くしていたものである。正式に結婚するとネヤグミを出る。ヤドオヤは実の親同様に大切にした。（岩屋町）

若者組　富島は西中東と三つに分かれて、それぞれにだんじりを持っている。祭のときは若い者が引き出す。ワカイシのクミも三つに分かれている。十五～二十五歳まで。正月の初寄合をしている。生まれると入るところもある。なかには十五歳になって入ることもあり。酒一升をヤドに持ってゆく。そして四十二歳まで仲間であった。タイコノオーヤドといっていた。青年団はのちに起こったものである。十人組というのがあり、十人のなかでカシラになった。カシラのことをチョーともいう。

大宿老―四十一歳である。大宿老を一年すると抜ける。中宿老―三十五歳以上。

祭にサカテを集めて酒を飲むが、宿老はタイコに触らぬ。宿老の下に十人組があり、これがタイコの世話をする。若い者を督励する。マエボー、ヨコボー、マエヒキ、サキビキ、カジトリなど、若い者で役割する。（富島町）

若者宿　若者宿は大宿とは別に寝宿があり、家内の少ない家に集まって寝ている。多くても五～六人ぐらいであった。おない年の者が多い。もと、波止《はと》がないので荒れると船がやられることが多かった。風の吹いたときに、宿に寝ていてすぐ起きられるようにしておいた。盆、正月には寝宿に歳暮する。するとヤドコを御馳走した。セイボガエシという。家内をもらうとヤドを抜ける（富島町）

若者組　十五歳以上三十五歳まで。学校を出ると、タイコを出すとタイコの費用としてワカイシワリをとる。それは三十五歳までとる。（室津村）〔『農漁村採訪録Ⅲ』〕

兵庫県淡路沼島

フナサイバン　淡路沼島は漁の盛んな所であり、藩政の頃には阿波侯の茶屋があった。出入の船も多い港でもあった。

ここにはフナサイバンとよばれる若衆組がある。フナサイバンは二十歳から三十四、五歳までの青年で、妻子のある者もあった。沖の荒れる時には若衆たちと船をあげたり、難破船を助けに行ったりする。二十歳になるまでの青年たちをチャワンカリといい、祭や踊の時には走りつかいをさせられた。チャワンカリは十五歳からである。

二十歳になるとミコシカキに行く。これで一人前として待遇せられる。ミコシカキは一つの町から三人ずつで十五人がかいた。人数に制限があったからクジによった。但し十八歳でも力があってミコシをかつぐ元気があればクジをとりに行く事が出来た。

フナサイバンにならぬ者もミコシをかくと若衆組をつくった。フナサイバンは一つの町に六人おり、大体帳元から指名された。フナサイバンの六名は一組をなして宿を借りた。

若衆組も一組一宿、チャワンカリも一宿を借りていた。一つの町に三つは宿のあったものである。宿は商売もせず、夫婦暮しの様な家をたのんだ。その家の名を宿のよび名にした。若衆たちは昼夜なくその家に集まっていた。いつ事故がおこるかわからないからである。

宿へはお礼のために炭、焚き物を持ってゆく。その家に婆さんがいれば寺詣りのサイセンまでやった。また宿の畳が古くなると取替えた。そして暇があれば宿に集まっていた。

難破船を助けに行く船をシセンと言った。シセンに行く位でないと、出る所へ出ても物が言えなかった。かくてここの宿は海荒に対する備えのために発達したのであった。〔「近畿民俗」新二号〕

一人前　一人前の資格は、ミコシカキのクジトリに出てからである。クジトリは三十歳くらいまでである。その中にはフナサイバンが一人は加わっていた。

チョーモト（帳元）　チョーモトは町の費用を区長と帳割り（一年の入費の計算）をする。町に六人いた。

ワカイシヤド　フナサイバンにならぬ者はワカイモノグミをこしらえた。寄る家があって、ワカイシヤドといった。商売もせず夫婦暮らしのような家を借りたものである。一つの町に三組くらい借りた。

チャワンカリが一組、その上のワカイモノグミが一組、フナサイバンが一組である。夜でも宿に寄ってないと頼むのに困るので、大抵寄っていた。泊っている家の名を取って何々組と呼んだ。宿へはお礼のために、炭、焚き物、酒などを持っていった。婆さんがいれば、寺参りの賽銭をやったものである。畳など古くなると仕替えた。三十歳を過ぎても宿へ集まることはあった。よく相撲などを取った。宿ですべて寝泊りした。〔『農漁村採訪録XII』〕

兵庫県鴨庄村

若者組　神池には若者組と名のつくものはあった。十五歳から二十七、八歳までであったが、盆踊をおどったぐらいのもので、別に強力な組織はなかった。

塚原でも若者の組というほどのものはなかった。

戸平では若者組には十五歳で入り、嫁をもらうまで入っていた。中には三十歳くらいまで仲間にしてもらっている者もあった。そしてそういう人が大将になった。

若連中は他所に嫁をもらうと祝って行き、また外からずいぶん悪口をいったものである。祝って行くとき、藁細工で松竹梅をつくり、また尉姥なども持って行った。そして代表者たちはうたいをうたった。その時、嫁の親が一封つつんで出し、また隣家を借りて酒を出した。

若連中は別にこれという共同作業をするようなこともなかった。

南では若者組の仲間は十五歳から嫁をもらうまでの間であり、嫁をもらわねば二十五歳で退いた。若衆宿というものはあった。多くは青年のうちのどこかに集まったものである。

若衆への仲間入は旧八月二日であった。旧八月一日はハッサクと言い、この日、知乃社でヒトボシをした。ヒャクトウロウとも言って、カワラケに油をさして五〇も七〇も火をともして神前に供えた。この時、若い者たちは知乃さんの前や八幡の神さんの前にヒトツヒをあげた。この日、他村の青年たちが沢山やってきておどったものである。この踊は盆踊と同じものである。

その翌日が若衆の一年中の総決算の日であり、チョウヤブリと言った。若者たちは一年中の総決算をしてそのツケを持って総代のところへ行く。すると村からその費用が出る。その時一緒に酒ももらってきて飲んだ。

十五歳になったものはその時酒一升を持って行って仲間入した。別にむずかしい儀式はない。最近では二十五歳から上の者でも青年の仲間に入っている者がある。昔は若衆の頭はきまっていなかったが、今は選挙できめている。

もと若連中にはこれという仕事もなかった。またきまった宿もなかったので、若い者は夜遊びに行くことが多かった。吉見村では女中をやとっている家が多く、そういう家へ行って女中とあそんだ。

若者たちが一緒に集まって行なうものといえば、盆踊が第一であろう。踊場には踊台はつくらないが、笹をたて提灯をとぼした。

十三日から盆であったが、踊は十五日の端村の薬師堂が最初で、村々から若い者が集まり、福知山踊、祭文踊などをおどった。十六日は西明寺の寺のカドで踊る。青年がろうそくを買って、寺の入口に提灯をつけ、また、カドに赤い提灯をたくさんとぼして、華やかにした。若い者たちはその日夕食を寺でたべた。その時、若い者はセイボと言って、素麺などたくさん持って寺へ行った。寺ではそれを茹でて若い者にふるまったのである。それから踊るのである。他部落の若い者は踊るだけで、御馳走にはならない。十七日は北奥の正法寺で踊る。十八日、牧の薬師堂。十九日、岩戸寺。二十日、喜多村の庵で踊る。二十一日、南部落でのお大師さんの踊。この踊は小多利、梶原の人々も集まり、なかなか盛んで、時には竹田あたりの人まで踊りにきたことがある。月末に春日部の愛宕の火とぼしがあり、そこで踊る。八月一日、知乃社の火とぼしで踊り、これで踊はおしまいになる。

若い娘たちの仲間というのはない。しかしもとは男女共に決して風儀はよくなかった。風儀のよくなってきたのは明治四十年ごろからであった。

丹波よいとこ女のよばい
男後生楽寝てまちゃる

という歌がある。そのうたの如く、女の方からよく男のところへ泊りに行ったものである。村に女を世話する老女があって、その人にたのんでおくと、女を世話してくれ、その女が泊りにきた。これをナジミと言った。

また若い娘にそのツレをナジミに世話をしてもらうこともあった。

男も女も、夜の十二時、一時ごろまではうろうろと村の中をあるいていたものである。

結婚して仲間を退く時には、青年たちは祝物を持って行き、これに対して酒一升と豆腐をつけておかえしをした。

青年たちの持ってゆく祝物というのは藁で作った。松の木、鶴亀、尉と姥などであるがなかなかよくできていた。それをスズリブタにのせて持ってゆくのである。スズリブタには、マンジュウ、センベイなどを菓子屋で作ってもらって入れて行った。これも鶴や亀の押し菓子が多かった。後にはミカンやリンゴなどを菓子で作って持ってゆくようになった。〔『村の旧家と村落組織Ⅰ』〕

大阪府滝畑

ワカイシュイリ　年の九月の二十日の晩に、祭をしまった勘定と言って集まり、その時、その年元服をした者がワカイシュイリをする。その時、出祝儀といって二〇銭出す。すると席を作って酒を出し皆飲む。そうして帳簿に名を書き込む。

若い衆をひく者もこの日集まって来る。この方は引祝儀と言って出祝儀の半額を出した。二十五歳の者で、結婚のいかんにかかわらず、この時退いたのである。

若者と女の関係

若い衆宿というものはなかった。しかし若者組に入ると、どこへ行って泊まってもよかった。そのために若い女がよく妊娠した。父なくして妊娠した子は村の年寄をトリアゲ婆さんにたのんで生んだ。子ができても必ず結婚するとは限らなかったから昔はナイショ子が多かった。

ヨバイに行って女の方に意志がないとき、なお無理に泊まろうとすると女は親を起してよかった。そうして火をともした。なお無理をしたらチョーチャクということをした。これは若者組に言うて行くと若者組でその者を制裁するのである。

問題は本人同志の意志いかんであった。

若い衆はまた後家さんの家へよく行った。後家さんはたいてい銭をとったものである。またカカヌスミということもした。やはり本人同志の意志の問題で、意志に反すれば村の問題になったが、そうでない時は公然の秘密として黙認せられた。

紀州の川筋では、思う女があると男がその女の袂に何かの折、金を入れてやる。女はその時決して金を返さないが、意志のないときは若い者の世話をしている婆さんの所へ返しにいく。もし行かぬと男がこれこれだとお婆さんの所へ言うて行く。するとお婆さんの世話で女がやって来る。

紀州よいとこ女の夜這い……という歌がある。

若者組の仕事　若い衆の仕事は正月のナエオシ、盆踊、秋の祭と雨喜びの燈明上げくらいであった。盆踊の時には銭を村から寄せて踊ったのである。〔ナエオシというのは正月三日の宮座で袴をはいたまま押し合いをすること。〕

秋祭のとき、お宮へ提灯を持って行く時には祇園囃で行った。お宮の前へたてる高張は三六本で、一方に一八本ずつたてた。

昔は参った人に取粉をつけたニギリママを配ったものである。

ヨバイ　ヨバイはこの谷七垣内どこへ行ってもよかった。だから横谷、瀧の尻などへまで出かけた。ヨバイに行くには家内に知れぬように行き、知れぬように出てこなければならなかった。物固い親があって、男を近付けまいとして戸でもしめて入れんようにでもしておこうものなら、若者はあばれに行ったものである。だからどの家でも障子で寝たものである。

これが止まったのは交番ができてからであった。巡査がやかましく言うようになったからである。それから皆、戸もたてるようになった。あれは明治三十五、六年頃のことであっただろう。

今の若者　今の若い衆は娘の家へ行く者はおらぬ。たいていは店屋へ行ってあそぶ。でなかったら飲み屋へ行って仲居にてんごうして遊ぶようになった。青年訓練所のある晩はそれへ行く。店屋へ出入りするところから借金が殖えるばかりである。家の仕事だけしていたのではその借が払えぬ。それで木出しに行くようになった。

若者の作法　昔は若い者の作法ということがやかましかった。村の若い者でオンボの娘と一緒になったのがあった。オンボには年いくらのシュドー（給料）がついていたが、もらって食うのだからと言って皆ヒヤメシとよんでいた。そのために二人は村にいることを許されなくてよそへ出て行った。その他、番太の娘などと好きおうたのもあったが、そういう者も村へおかなかった。

ツボ酒　杣などでよそからこの村へ来た若い者が、そのまま村へ落着くことがあった。そういう時は村の若者組の仲間へ入れてやったもので、そのさい仲間入として一杯買うた。この酒をツボ酒と言った。

ヘイモン　よそから来た者がこの谷で女をこしらえると、セッチツボ（雪隠壺）に入れてかきまわした。そして女の方へは若連中が行って絶交した。これをヘイモンといった。そうすると酒を出してあやまったものである。

太子の会式　太子とは上の太子のことで、磯長村《しながむら》である。ここに旧四月二十二日に会式があった。この夜は男女誰と寝てもよかったので、この近辺の人は太子の一夜ボボと言ってずいぶん多くの人が出かけた。寺の前に高い灯籠をたて、参詣した人たちは堂の前に集うて音頭をとり石搗きみたいなことを

した。〔注：上の太子＝磯長山叡福寺、叡福寺北古墳は聖徳太子の墓と伝えられている〕

出せ出せや酒を　酒を出さねばヨーホーホイ

というような音頭であった。そのぞめきの中で男は女を、女は男を求めた。この晩には、美しい女がたくさん来ていた。そうして夜が更けると、そのあたりの山の中へそれぞれに人々は分け入った。これはよい子ダネをもらうためだと言われ、その夜一夜に限られたことであった。ずっと昔は良家の娘も多かったが、次第に女の柄が悪くなった。この行事は近頃止んだ。このとき妊娠した子は父なしでも、大事に育てたものである。

ワカオヤジ　若者組をひいてからの三十から四十までの者で祭の世話をするものをこういう。〔『河内国滝畑左近熊太翁旧事談』〕

大阪府西能勢

ワカイシュイリ　イデセキの時する。年は十五歳である。イデセキは五月に行なう。用水路の修繕である。ワカイシュに入る者は白米一斗を出す事は前述した〔☞三二二頁・村との関係の項参照〕。これから一人前として、道路修繕、法会、寺屋根葺などの日役に出る事が出来た。

タチザケ　今日では徴兵検査、入営も年齢階級通過式の重要な意味を持つ。この村では入営の時タチザケとて家の前に大きな鍋をかけて関東煮《かんとだき》を炊き、酒を人々に飲ませ、宮に行き式をあげて出発する。

〔『上方』九六号〕

京都府当尾村

若者組　若連中と言った。おぼこいものでもませたものでも十五歳で入らねばならん。十七になるまでをハンガカリと言った。十五の正月に年を越えると、隣近所から「若いもんやなァ」とよく言われたものである。十七になると元服して一人前の若い衆と組を組んだ。

若いものには別に定宿というものはなかったが、亭主の留守の家とか後家の家とかいったような遊びやすい家へよく集まったものである。娘の家などへも若いものが遊びに行くことは多かった。

若いものは女房を貰うまでは若いものとしてのつきあいをなし、女房を貰うと退いた。別に役員というものはきめてなかったが、年頭《としがしら》になると、たとい間に合わぬ男でもきけたものであった。同い年のものが何人もいると、そういう時は譲り合いをして、その時々に誰か一人が代表になった。

若いものの役目は盆踊の管理、花相撲、芝居の興行をした。また隣村に花相撲や芝居があるとすると、それの引立てのために隣村から呼び使いが来たものであるが、その時は年頭が仲間に触れ、ハナは少々包んでも村中の若いもの、一〇人いれば一〇人で弁当を持って見に行った。またこちらにそういうことがあれば向こうからもやって来た。
若連中をひく時は何の音沙汰もなしにだまって退いた。酒一升も出すようなことはなかった。
娘組というものは全然なかった。〔『民族学研究』七巻四号〕

岐阜県石徹白

若者宿 元服すると男は若者頭にたのんで若者仲間に入れてもらう。その時あたらしく入る者を若者宿に集めて、餅二つと酒一献を出してお祝といって新入者に年上のものがふるまった。この儀式はたいてい正月の七日に行なわれたものである。

こうして若い者としての生活がはじまるのであるが、若い者になると宿へ泊りに行く。宿は昔からやっている家と、家族の少ない家をたのんでいたが、今、別にクラブをたてている。クラブと宿との差は、クラブでは尊像室があるくらいのものであろうか。そこで本をよんだりあそんだり、冬は焚物をもって来てたいてあたる。

若者宿では泊ることが多く、ヨバイとて女の所へ忍んでゆくこともあった。宿へは若者仲間であればいつ行って泊ってもよく、一年に三、四回、宿の仕事を手伝うことにしていた。

年上の者が若い者頭になるが、結婚すれば組からぬける。いつまでも結婚しないで仲間としてのこっているのをイモリといった。

頭の仕事は人足を出す時、年一回寺の坊さんに説教してもらった時のふるまい、若い者の死んだ時、本願寺の年忌をする時などの世話を中心になってやり、またその費用として若い者をつかって米や金を集めたりする。

カネツケ　女の子も十七の時にカネツケをした。その時、伯叔母か心安い家の女をカネツケオヤにたのみ、その家でカネツケをして祝ごとをする。その時、招かれた近親のものは、じゅばんの袖であるとか襟などを贈る。そのかえしはしない。〔『越前石徹白民俗誌』〕

新潟県中俣村中継

若者組　若者組には十五歳から入った。宿を定めておいて、風祭や盆などにはそこに集まって酒を飲んだものである。頭はだいたい村内の名望家の子息がなった。別に若者組で共同作業をするというようなものではなく相集まって飲食するのを主たる目的にしていた。ことに秋の大師講はたのしみなものの一つであった。ちょうど百姓のニワ（収穫調整）ができあがった時で、各白米・味噌を宿に持って集まって煮炊きして食べた。

娘仲間　娘仲間も宿をきめて秋の大師講には一緒に集まって飲食した。かかる組合による飲食はいずれも明治十年頃に止んだもので、存外早く失われていったものである。したがってくわしい伝承はほとんど残っていない。〔『高志路』76〜81号〕

新潟県黒川村

若者組　村の祭や統制的な行事を司っているのは若者組であった。若者組には十六歳で入る。三月二十四日に地蔵祭があり、その時若い者が地蔵様にあつまり、酒と肴を持って行って酒盛をする。その席で十六歳の者を仲間に入れた。

すると十六歳の者の家では若者たちをまねいて御馳走する。この時年長の者が、規約を言ってきかせるのである。

仲間からぬけるのは二十五歳で、ぬける時にはお酒を買う。やはり三月二十四日の酒盛で退いたのである。

頭は年頭の中から一人選んだ。

若者宿は村の下級の家にたのんだ。気楽な家であることを欲したからである。安兵衛・甚四郎・六左衛門の家のどれかが一軒、宿になることになっており、その主人はいずれも酒好きであった。ヤドは土間へヌカ（籾がら）をしき、藁をおき、蓆をしいて、土間ゴタツをつくり、薪に火をつけ、それにヌカをかぶせておき、そのそばでゴロネをした。若い者たちはたいていヨバイに行った。娘の家ではこれを黙認していた。ヨバイは二五、六年前に止んだ。それが止んでから若い者たちは町の料理屋へあそびに行くようになった。

若者組に入って三年間はフレツギと言って小使役をした。そして若者としての一人前になるのだが、一人前になるには力もつよくなければならず、米俵一俵をかつげば一人前とされたのである。米俵はずっと古くは四斗三升で一俵、ついで五斗で一俵、四斗俵の一俵になったのは大正六年からであるという。昔は米ができると、黒川のフチに米置小屋というのがあり、そこへ米を持ってゆく。するとそこの衆が、札をつけて帳面につけた。そこへ商人がやって来て米を買い、船につんで新潟へ持って行った。その米を負うて家から米置小屋へゆくようになれば一人前と見られた。〔『村の旧家と村落組織Ⅱ』〕

千葉県主基村《すきむら》

若者組　若者組は古くからあった。神社を中心にして結合していた。しかし明治の末から大正の末まで中止になっていた。産業組合が極端に勤倹をすすめたためである。十八歳（もと十五歳）で入り、三十歳までである。

泊り宿は明治の末まであり、一般の家を借りていた。また倉の庇（シコロという）を借りてそこに囲いをして泊まれるようにし五、六人位で泊まっていたこともある。そうした宿がいくつもある。若者たちは蜜柑をとったり、アマンブシ（柿）をとったりして、よいことはしなかった。宿へ泊りにゆくのは二十五歳位までであった。

お祭の時に中心になるほかに、大正時代に修養会というのをつくり二十歳までの者が集まって雄弁会を催したり、雑誌を出したりしたことがあった。

神祭の時、神輿の宿は村にはない。房州の出祭《しゅっさい》と言って一〇ヵ村位の神輿が、館山の鶴谷八幡《つるがやはちまん》に集まった。国司まつりとも言っている。遠い所は四里位はなれた所からもやってゆく。するとそこには神輿の宿がある。徳川時代の中頃からあったものらしい。ずっときまっていて、神輿をカリヤへ納めると若者たちは宿で二日位のみくいする。神輿には高張提灯をつけてかざる。しかしこの村の神輿は館山までゆかなかった。

祭の日には吉尾川のほとりまで行って、そこでミソギして戻ってくる。

若い者の仲間に入るのはもとは正月であったが、今四月になっている。若い者になるには酒一升を持って、近所の若い者につれられて神社へゆく。そこで酒盛があり、入りたてのものは炊事をする。仲間をはずれる時の行事はない。

若者組と青年団とは全く別個のものである。青年団は明治三十一年四月二十五日に創立し、十五歳から二十五歳までの男子で組織せられ、村全体で一つである。全く修養の団体である。

女子青年団は大正十年九月処女会として出発し小学校長が会長となった。昭和三年女子青年団と改称し、修養団体として講習会、敬老会、展覧会など行なっている。〔『村の旧家と村落組織Ⅱ』〕

秋田県浅舞町

若者組　町および村落の内部には他の地方と同様にいくつかの生活または信仰の結合組織が見られたが、それらの力は甚だ弱いものになっている。そして生産的結合への発展が見られつつある。旧来の結合組織について見てゆくと、まず若者組がある。これは村よりも町方の方がはっきりしている。十五歳位で仲間に入る。藩政後期は半強制的にこれに加入せしめた。若者のない家は年寄が若者のつきあいをした。

若者の仕事は火消しと祭典と盆踊であった。火消しには夜警が伴う。そのために義務として各戸がこれに参加したのである。

若者宿としては集会所があった。若者が仲間としてそこに集まるのは、妻帯するまでであった。頭はオヤガタと称し、町の中産階級の年配者をあてていて、数人を依頼し、年番であった。そしてカクネンとも言っていた。

これに対して娘の方には組織的なものはなく、ただ裁縫をならっている者が師匠を中心にして針子仲間を作っていた。〔『村の旧家と村落組織Ⅱ』〕

岩手県不動村白沢

若者組　この地方にも若者組が見られる。若者組の年齢は十六歳から二十五歳までである。今日若者組でやっている仕事は採種圃、苗床などの経営で温床苗代なども古くから行なっている。若者組は一部落に三反位の水田を持っている。そして朝仕事に耕作し、娘もこれに参加している。

今、宿は作業場の二階など借りてそこに集まり各部落の部落長などの世話で、村の有志を招いて座談会をひらくようなことをしているが、もともと若者組は舞踊を中心にして起こったもので、たいていは踊りの世話をする太夫の家がそれにあたっていた。太夫の家には道具も揃っており、そこへ集まり易い。若い者で暇のあるものは年中そこへいっていて、サンサ踊、田植踊、剣舞などならい、祭日に踊ったものである。　太夫の家は中産階級で、若者に対する一切の指図は太夫がしていた。〔『村の旧家と村落組織Ⅱ』〕

青森県下北半島

①　東通村砂子又

ワカゼ仲間　村では女の子は十四歳になると娘とみられたし、男は十五歳でワカゼの仲間へ入った。するとワカゼは娘のとこへヨバイにいってよかったし、娘はまた家の中でも縁側のようなところへ寝させられたという。

若者たちは夜毎娘のところへしのんで来た。娘たちは村の若者たちのほとんどの肌を知っただろうし、若者たちもまた娘たちの肌を知ったであろう。だがそうした中にあっても規律はあった。まず娘たちは他村の若者に肌をゆるしてはならなかったし、また村の若者に対しても旅からかえって来た者には七五日間肌をゆるしてはならなかった。旅をした者は旅先の女に接していることが多い。そうしたときわるい病をもらっていることが少なくない。それを娘にうつしてはたいへんである。娘を通して他の若者につたわっていく。性の遊びはゆるされていたにしても、それが周囲が迷惑するようなことはゆるされなかった。他村の若者との性交をゆるさなかったのもそのためであった。

それにしても時に性病の村に入りこむことがあった。それを拡大伝染させないために、時には青年男女全員の身体検査をすることがあった。若者頭が屏風をはりめぐらした中に一人一人呼び入れて性器の

検査をし、病気のあるものには性交を禁じた。そして治療をさせた。〔下北記「日本発見」No.4〕
砂子又の奥には鶴の湯という小さな温泉がある。温泉といってもぬるま湯ほどのものであるが、病気を持った若者たちはそこへこもって湯治してくる。そしてひと通り治ったとみられると、女のところへ行くことも許された。そのようにして女を守り、また種を保存しようとした。だからここでは性病を持つ者は悪徳者のように思われていた。〔『私の日本地図3 下北半島』〕

② 東通村尻屋

三余会 十五歳から四十二歳までの者で組織されており、いわば村の青年団であり、この部落の生産原動力になっている。三余というのは、一年のあまりが冬、一日のあまりが夜、晴天のあまりが雨天で、この三つの余りを利用して活動するという意味で三余会と名づけ、村の協同的な事業はほとんど三余会で管理した。正月に行なわれる能舞、ワカメ、コンブ、フノリなどの口あけの管理、海岸の見回りなどをやっている。しかし最近、石灰採掘がはじまって、その方へ出て行く者が増え、その人たちは村の作業

三余会館（青森県東通村尻屋、昭和39年4月）

に出ないから、三余会員が全員出て働くことはなくなった。〔『私の日本地図3　下北半島』〕

③　佐井村磯谷

敬神会と若者組

明治の中頃には一〇〇人近い若者がいたのであるが、今日では、津軽からの若者がいなくなって急にひっそりしてきた。それでも中学を卒業して村にふみとどまり、三十五歳の働き盛りまでの間の者が三〇人あまりもいる。これが敬神会をつくって祭礼の世話に当たっている。

この敬神会とは別に若者組があった。これは十六歳から三十歳までが仲間で、年長の者が頭になった。若者たちは村の共同作業、海難救助などに参加し、その結束は固いものであった。若者組に入ると、二〜三人で組んで家の前の納屋の二階で寝泊りする。いわゆる若者宿である。若者宿は下北の海岸には点々と見られた。宿の生活が始まると、若い娘のところへ遊びに行ってもよかった。この若者組や若者宿には津軽から来た者も入ることができた。

若者組は村のいろいろの祭に参加し、また芸事を習って遊ぶことが多く、遊べば酒を飲む。そこでそのような費用をつくるために、山へ木出しの仕事をしに行ったり、海へエゴ〔イゴグサともいう〕をとりに行って、それを売って金にした。このような共同作業だけでも年に三〇日は行なっている。そういうことが若者たちに親近感と連帯感を植え付けていった。女の方には若い者の集まりはない。〔『私の日本地図3　下北半島』〕

年齢、世代集団

（若者組以外）

長崎県対馬

年　老　四十一から五十八歳までの者が部落の会議をしていたが、その五十八歳のものを年老という。この集会を年季集会といった。男だけで集まる。

村ゲン　四十歳でやる。四十歳になった者が二人あれば年齢の上の者がやる。毎年交替でやることになっている。仕事は海草の元締め、神さまの祭の場合は御神酒、肴などを出す。経費は村が負担することもあるが、個人が負担することもある。葬式には行かない。もと中老組の代表者である。（船越村鴨居瀬）〔『農漁村採訪録XI』〕

福岡県脇山村

中年会・大中年・同行　中年会は二十五歳から五十歳までの者である。もとは四十歳まででであった。人数からいうと青年会と中年会は同じくらいの数である。

中年会も一年に二、三度親睦会を行なう。親睦会は会員の家を順番にまわって行なっている。御飯を炊き、ありあわせのものを食べる。

中年会を終わると大中年といい、一年に一回親陸会を行なっている。

大中年を終わると同行《どうぎょう》といってお寺へ参るくらいのものである。なお子供には仲間はないといったが、巳《み》の年の生まれの者だけは組をつくっている。どういう理由からそうしているかは村の人もよく知っていない。〔『村の旧家と村落組織Ｉ』〕

大阪府滝畑

ワカオヤジ　若者組をひいてからの三十から四十までの者で祭の世話をするものをこういう。〔『河内国滝畑左近熊太翁旧事談』〕

青森県下北半島

バサマ会　女たちが年齢に応じてグループを作り、グループごとに集会所を持っている。まず、五十六、七歳くらいから上のものがバサマ会館というのを持っている。晌楽荘《くらくそう》ともいっている。仲間は一〇人ほどである。次は四十二、三歳から五十五歳くらいまでの仲間〔カカ仲間〕の会館があり、共栄住宅といっている。次は三十すぎから四十二、三歳までの者の会館で、ふつうヨメの小

バサマ会館（青森県下北郡畑、昭和38年8月）

屋といっている。これは二つある。ずっと若い嫁はまだ会館を持っていないが、二十歳台でもヨメの小屋の仲間になっている者もあり、年齢的にはそれほど厳しい制限はない。年齢の近い気のあった人たちが、暇なとき小屋に集まって一緒に料理を作って食べたり、三味線を弾いて手踊りなどして楽しむこともある。どの会館も中は畳が敷かれており、炊事場もついていて食器も揃っている。ここが女の人たちにとってどれほど楽しいところであろうか。同じような年齢の人は同じような悩みを持つ。それをここで話し合う。ただ話し合うだけではなく、唄ったり踊ったりもする。それを非難する者もなければ、割り込んでくる男もいない。

どの会館にもたくさんのたきぎが用意されていた。それが冬になってどんなに度々集まりが持たれているかを物語ってくれる。いろりの火を囲んでの談笑は楽しい。家の方は嫁の出て行く日は年寄が残り、年寄が出て行く日は嫁が残る。そしてお互いに心の中に不平のたまることがないから、嫁姑の争いもほとんどない。（川内町畑）

ヨメの小屋（青森県下北郡畑、昭和38年8月）

ババ仲間　ババといっても、その家の年長者の女のことで、年寄のいない家はたとえ若い嫁であってもこの仲間に入る。そして一軒から一人は参加することになっているのであるが、それが毎月六日、十八日、二十四日に寺へ集まる。寺は墓地の中にある。二四坪ほどの建物で、六〇人は会合ができる。この建物は女たちの力によって建てたもので、畑の女たちの会館によく似ているけれども、集まりが宗教的である。すなわち十八日は地蔵様の命日、六日は別の理由から集まっている。六日に集まるようになったのは、いつ頃のことであったか、このあたりの女は畑仕事を一手に引き受けていて、昼間はみな畑に出て働いていたものである。

そんな生活の中のある日、バアちゃんが畑に働きに行っているのを慕って孫が訪ねていった。

「バアちゃん、バアちゃん」

と泣きながら坂道を歩いているとバアちゃんが来て、その子を山の方へ連れて行った。実はそれは本当のバアちゃんではなくてキツネであった。バアちゃんが山から戻ってみると孫がいない。孫はバアちゃんを探して山の方へ歩いていたという者があるので、引き返して山の方を探してみたが見当たらない。そこで村中大騒動になって子どもを探すことにした。それでも探し当てるのに一週間もかかったが、幸い山奥の木の下にうずくまって生きていた。そこで、村を留守にしてみんな働きに出ることはできるだけやめることにし、とくに六日の日にはバアさんたちは寺へ集まって念仏を唱え、また孫の守をすることにしたという。

寺の集まりは楽しいものであった。弁当を重箱に入れて、孫のある者は孫の手を引いて寺へ行き、詠歌や和讃を唱え、また百万遍の数珠を回して念仏を唱える。そして昼飯を食べて、そのあとはいろいろと話し合って、午後二時か三時頃になると帰ってくる。このほかに春夏秋の三回、村に流行病の入らないための百万遍の数珠くりをする。村はずれで行なうこともあり、そこへ注連縄をはっておく。道の両側の木立にはり渡すのが昔からのならわしであったが、通行の邪魔になることがあるので、一方側の木立に吊り下げておくものが多くなった。気をつけて見ると、どこの村はずれにもこの縄がぶら下がっているる。このようにして、まず村の中の平和と繁栄を祈って人びとは生きてきた。（佐井村磯谷）〔『私の日本地図3　下北半島』〕

〔ひとこと　年齢階梯制という言葉が一般的に使われる。これは年齢によって階梯がすすみ、成員はそれぞれの階梯に於ける権利と義務にしたがうというのであるが、年齢だけではなく世代によって構成員の資格が規定される場合が少なくない。たとえば女性の場合には、子供仲間、娘組、嫁仲間、主婦（カカ）仲間、婆仲間というように、大まかには年齢に従うが、それ以上に世代による集団が意味をもっている。男の場合も若者組も結婚によって抜けるし、既婚であっても戸主か否かによって集団を異にし資格も異にするのである。少し視点をかえると世代階梯制といっていい様なものがありそうである。〕

結婚

婚姻と若者組

嫁入の華やかな式の様を見にゆく風は各地にある。私たちも少年の頃よく見に行ったものである。今夜は某家に嫁入があるという事になると、隣近所申しあわせたように時刻を見計らって出かけてゆくのである。嫁入のある家では戸障子をあけて誰にでも見えるようにしておく。そうしないと障子に孔をあけて中をのぞき、また石などを投げ込む。そこで、そういう被害をうけないように戸をあけておくのである。嫁入は正月に多く行なわれる。寒風が身をきる様な夜である事も少なくない。しかし、やはり、あけはなした表の間で行なうのである。見ている方は何とない興奮を覚える。そうして口々に作り声しながら花嫁をひやかすのである。平生はおとなしい人でもその時は不思議なほど興奮して弥次るのである。

いったい、このような風習はいつ頃から起こったのであろうか。嫁入の行事が華やかになり、かつその華美を誇るようになったのはさほど昔のことではあるまい。中部地方の山中や吉野の山中などには、僅かばかりの着物など風呂敷に包んで、仲人に連れられ婿の家に行き、炉ばたで形ばかりの式をするような嫁入もあった。「山や坂ばかりの所を長持一つ持って行くのでも容易ではない」と吉野大塔村の老人は語ったが、なるほどもっともな事でもある。そういう所では、嫁の一行の姿を見かけてから隣近所の者をよびに行ってその席に侍《はべ》ってもらったという。しかし、もうそのような嫁入は、今日何程も残ってはいないであろう。

嫁入を華やかにした一つの理由は、通婚地域の拡張に伴うと思われる。婚域拡張は上流階級にあっては、既に相常古くからの事であったようだが、村落社会においては、多くは村の中でのやりとりであった。和泉、河内、大和のような平野の村においてさえ、そうした傾向は強くて、未だ部落内通婚を主としている村が少なくない。そうして、しかもそういう村は、その成立の古いものに多いのである。特に真宗信者の村においては、他宗の者の所へ嫁がせるのを嫌う風がつよい。

元来、婚姻は一種家と家との結合であったけれども、その管理はむしろ若者組がしていたのである。人それぞれその家に属して父母のもとに成長するけれども、元服後は多く若者組に入り、団体的生活がはじまる。しかしてこの団体生活から分離する事によって婚姻生活がはじまる。従って婚姻には若者組と関連を持つ行事がきわめて多いのである。しかしながら、村内婚

奈良県大塔村の集落（昭和40年4月）

の場合は若者組からの分離ではあっても村落生活からの分離ではない。従ってその分離を意味するような儀礼はない。けれども遠方婚になると、まずその分離的な儀礼がはじまる。道切とよばれる行事はそうして発生したものと思われる。道に妨害物をおいて行列の通行をはばみ、場合によっては物をもらう行事がそれである。かかる行事は嫁入の時に多く行なわれるのであるが、婿入の時にもまた行なわれている。『寺川郷談』という土佐山中の民俗を書いた書物に「婿入の時は九族集る。樽を負いわつぱに稗飯を入、すぼにアメゴを入れる。婿は鉄砲を担ぎ道すがらいくつも打つ。悪魔祓という。若者共〝婿殿々々。見事見事。鉄砲が能《よく》なつて能なつて、さきのめろべがうれしかろ、鼻が高い、はとへこけてさらかぶを打たしやるな、さらかぶも婿入道具ぞ、だんぢにせよ〟とはやす。（中略）婿かへる時は右の若者ども大難所のまはり道もならぬ所へ竹の節を抜き小砂を入れ、二重三重に竹垣をして結ふさぎ、ここに婿来ればば婿わきざしをぬき垣を切り破り通る。若者山の上にて見る……」とある。この書物の筆者は山番役人で、高知の城下から伊予境のさびしい山中に派遣され、そこの物めずらしい風物を書きとめたのであるが、かかる婿入の行事もまた奇異に思われたのであろう。しかしながら、かかる道切は同じ寺川部落の中での婚姻には通常見られぬ所で、多くは隣の越裏門《えりもん》との通婚の時に行なわれたという。

かくの如き行事はむしろ嫁入の場合に多く行なわれた。日向西米良村でヨメオシミというのは、よくこの気持をあらわしているものである。すなわち「西米良村では、若者達が他村へ嫁に出る行列に對しては水をかけ、或は木を路に横たへて妨碍した。嫁の家から焼酎など贈って和解を求めた。」(山村手帖『婚姻習俗語彙』)という。神奈川県津久井地方では「昔は嫁なり婿なりの通る道筋の村々の若者へは必ず酒を買ったものだそうである。今は嫁や婿を貰ふ方からその部落の若者へ若干の酒代をおく。そうすると若者の代表者がお禮の挨拶に出て、荷物の運搬を手傳ふ」(「旅と伝説」六巻一号)という。これもその模様から察するに遠方婚のようである。伊与喜多郡のミチツクリも文章の前後から察すると村外婚のようであるが、「嫁入の夜若者等は通行の道路へ、大木を横たへ大石を並べ甚しきは田の泥を溜め、通行の際、花嫁が衣裳をよごすのを見て喜ぶ風があった」(「旅と伝説」六巻一号)。阿波山中にもまたかかる風習が見られた。薩摩坊津附近では「他部落から嫁を娶る場合には必ず水掛銭の沙汰がある。(中略)婚礼の行列の中には必ず酒樽をかついだ者が交って居るが、これが女の村方の若者で、この地方の所謂ニセ衆である。酒樽背負ひのニセ衆にはニセ頭または小頭が附いて二三人ゆくのが例で、その者が水掛銭を受取って帰るのである。受取った水掛銭は一旦組頭年寄に出す。水掛銭は婿方に苦情があって離婚の場合は返す義務はないが、女方の身勝手でこわれ話の時は元通り調へて返すのが作法となっている。」(「旅と伝説」六巻一号)ここではすでに水掛けの作法はなくなっているけれども、その名称からして本来の行事が察せられる。しかして以上の諸例に類するものはきわめて多く、『婚姻習俗語彙』にも、なお多数を見かける。かつ、これが村内婚にも行なわれている場合もある。しかしてまた、鶴岡市地方では子供がこれを行なっている。「嫁入の際、行列をその途中で十名ばかりの子供が、道に繩を張って通行の邪魔をする。多い時は十数回もこの難に遭ふ。その時は一銭銅貨（古くは一厘銭）を仲人が左右にばら撒き、子供達がそれを拾ふ間に行列をすゝめる。これが多い程エンギヨシと言って喜ぶ。」（「旅と伝説」六巻一号）

かかる例は道切の習俗の一つの退化であろうと思われる。すなわち道切は村の若者たちとその団体から離れる者との一種の惜別の儀礼であったと考えられるからである。

前述の如く村内婚の場合にも道切に類する習俗は見られるが、村内婚にあっては、むしろ団体内より結婚する者を逐出す、または送り出す形式の行事が多いように思われる。嫁いじめ、婿いじめといわれるものがそれであるが、その最も多く行なわれているのは水祝または泥打ちである。水掛けの行なわれるのはだいたい九州、北陸地方に多いのであるが、東北一帯にはこれが雪投げになっている。しかしながら、これが元来単に嫁婿をいじめるだけを目的としたものではなかったらしい事は、秋田鹿角地方で「里帰りに来た新夫婦が婚家に戻るのを往来で見ていた近所の老婆が二人許り足許から拳大の石を拾って婿の方に投げ手を合せて拝む風をした。」（「旅と伝説」六巻一号）という報告によって察せられる。和歌山県田辺市に接する新庄村では「婚礼の式場へ村の若者達が藁の苞の中に粘土を入れたのを投げ込む慣わしがあり、これをツトウツと言っており、縁を固めるためだ」（「旅と伝説」六巻一号）と言われているが、同県日置川上流の富里村地方では明治末年まで婚礼の夜、若者が米俵へ石を詰めて婚家へ祝品として持込む慣わしのあったのと関連するもので、すなわち、本来は米の入った苞を投げ込んだ名残ではないかと思う。しかしてこれは食物の入った苞を持って神を送る風習と本来一つの行事ではなかったかと思うのである。

ツトウチは淡路地方でも見かけるのであるが、その地域的分布は大して広くないように見受ける。しかし、これは若者たちと婚者との縁を切る一つの古い儀礼のように思われる。それが石打ちとなり泥かけとなって行ったのは、若者の団体加入に際して行なわれる試練とも関係があろう。元来若者組入の際、新加入者に對して息の根のとまるような苦痛を与え、それに堪える事によって若者としての承認をする例は多い（『若者制度の研究』参照）。

なお、また水掛祝の呪術的な意味については早く出口米吉氏の「水掛祝の起源」（東京人類学会雑誌）という論考もある。が要するに、これを行なう者が多く若者であり、または娘仲間である事から一種の団体脱退の儀礼であると考えられるのである。しかして泥打ちの儀礼は田植の際もこれを見る事が出来た。伊豆北部から駿東へかけては田植日に諸人新夫婦を目がけて泥をそそぎかけて祝意を表し、菅江真澄の『伊那の中路』には花嫁が田植に泥をかけられて泣いた情景が叙述してある。中国地方での泥打ちは田植の日はむしろ娘どもが若者に仕掛ける行事であって、道を通りあわせた若い武士に泥かけをして斬られたという哀れな話も徳山附近に残っている。

かくて若者の団体からの脱退は同時に婚舎生活への第一歩であって、婚舎入の祝儀としての婚礼を見る時、この行事にもまた、若者組の参加のあるのは当然である。嫁見の行事も恐らくその一つであろうが、むしろその行事の中心をなすのは若者の祝言訪問であろう。すなわち、祝言の夜若者共が作り物をなし婚礼の座を訪れて、祝の言葉をのべる行事がこれである。大和北山地方では、この儀式が座を晴やかに明るくしている。陸中海岸地方では「旦那衆がお開きになると、入り代って若者のお振舞となる。此時には婿殿も盛装して嫁殿と共に座敷に出て接待をする。嫁は一まわりお酌をする。この座敷も前同様に、小謡御祝のあと無礼講という順序であるが、若衆頭が潮時を見計らい、新郎新婦を部屋に引取らせてお盃事をさせる」という。石見邑智郡地方では若者共は附近の堂から石地蔵をかついで来て花婿花嫁の前で祝言をのべる。

しかし、かくの如く華やかなる祝言の前に無言の予祝があった。すなわち、タルコロバシ、ツルベサシとよばれる行事で、若者たちが婚礼の席へ、樽、釣瓶などを無言で差し出して酒肴をもらう風である。一種の物乞のようであるけれども、これは正月十四日のカサドリとか、トヒトヒなどとよぶ訪問者の行事と同一系のもので、本来は予祝を目的とする神の訪問の堕落した姿であった。婚姻も本来は正月行事の如く、その将来を予祝すべきものだったのである。しかしてかくの如き静かなるつつましい行事も、言挙げするようになって一段と華やかさを増した。周防大島では樽入れは婚礼の翌日行なわれ、若者の大半が婚家に至って、新夫婦の酌によって賑やかな酒宴を行なっている。しかし、これは明らかに若者たちの婚姻管理から一歩退却を意味するものと思う。本来若者は婚礼の席に何等かの形で顔を出し関与すべきものであった。しかし若者の祝儀をその席から分離する事によって家と家とのみの婚礼を行なう事が出来るようになった。その時一般人はただ観衆として婚儀を見るようになったが、そこにも昔婚姻が村の公のものである意義は失っていない。しかし、やがて出合い婚の展開によって完全に若者組は婚姻の儀礼から排除され、その華やかさは席につらなるものか、途中の行列か、または噂によってのみ知るを得るにすぎなくなった。華やかな嫁見風景も婚姻変遷史の一駒であった。〔「民間伝承」十一巻三号〕

鹿児島県屋久島

ヨバナシ　麦生では二歳組に入るとどこへでもヨバナシに行けた。（附記：ヨバナシは夜話の意にもとれるが夜放し、すなわち夜の解放の意味にもとれる。島の人たちは夜話だろうと言っていた。内地各地に見られるようなヨバイではない。）

夕飯がすむとそれぞれ思い思いに女の家へ出かけて行く。すると娘はたいてい家でヨシゴトをしている。そうでなければ宿に集まって何かしているものである。家にいる娘は麦をついたり着物を縫うたりしている。すると男はその手伝いのできるものであればかならず手伝ってやる。そうしてたいてい寝る頃には帰ってくる。そのうちに情が深まってくれば泊ってくるようになるが、そういうことには急になるものではない。それまでは男はあの娘この娘と、娘の家をどこということなしに歩きまわる。やがてナジミができると、もう他へは通わなくなる。ナジミになればたいてい結婚したもので、かならず結婚すると契約してナジミになるのである。だからもし女が変心して契約を破ったというような時には、男は女のビンタ（髪）をきった。これは女の恥とせられていた。しかし男の変心した時には、そういうきまりはなかった。本当のナジミになって女も深く思いを寄せている時には女の方から男の宿へ通うたものである。ナジミになるまではこれは許されないことであった。

二歳の方で、ナジミがあるのに他にまた女をこしらえるというような時には、二歳バナシをした。すなわち仲間はずしを行なったのである。したがって変心は認められたが、同時に二人の女に手をかけることは許されなかったので、この点は厳重であった。こういうヨバナシの風は早く止んだものらしい。島の若い人たちでは知らないものが多い。

指　輪　今から一〇〇年も前の話である。ナジミになって夫婦の約束をすると、その証拠に女から男へ指輪をやったという。指輪は銀でくませたもので、今の指輪とは形がちがって、今この指輪を見ないし、近頃かかる風もない。

昔の若い女はみんな持っていた。中には男から贈ることもあったという。宮之浦に職人がいて、それに作らせたものである。

指輪を持たないものは、ビンタの櫛まげをする櫛を男にやった。かかる風も今はすたれている。今の若いものにも何らかのカタメのしるしはあるだろうが、若いものからほとんど話を聞かなかったので、その点不明である。なお次のような民謡がある。

　奥の八重嶽約束はしたが　親が許そかそこは知らぬ

これは男の方から女に対する歌

　親がくりやろがお前がととは　嫁にとりやろかそこは知らぬ

これは女の方から男に言ったもので、若いものが色々の酒の席でよくうたったたという。

安房の婚姻　ナコドは二人であった。別にナカダチとかナコドオヤとかいうようなむずかしいものではなく、それまでに若いもの同士の間で話がついているし、多くは親戚関係なので、たいてい話は分かっている。したがって話がきまるとナコドをたのんで酒肴を持って行って飲んできてもらう。するとそれから何日か日をおいて、バッキ（老女）二人で娘をつれ、これにドシがみんな盛装してついて行った。嫁入りの席には男は出ないもので、婿はその日家にはいなかった。見物人は多くて、男も女もみんな出かけて行った。そうして銘々重箱を出した。これに物を入れてかえさぬと嫁はとれぬと言われた。

嫁はそのまま婿の家にとどまり、婿入りというきまった儀式はなく、いつとはなしに嫁の親のところへ行ったもので、平生行くのと何の変わりもなかった。

今はよほど変わっている。

麦生の婚姻　麦生でも話は簡単であったが、どうも相手がむずかしいという時は叔父かだれか身近いものを頼んでもらいに行った。モライは相手が承諾するまでは何日でもかよう。むずかしい家でも三、四日で話がつく。どうしても親のくれぬ時は女が男の家へかけこむ。すると女の家へ、その親類などが出て行ってたいていは話がついた。また女が妊娠していればたいてい嫁にもらえたものだが、どうしても話がつかずにできた子を男に渡して手をきった例もある。

いよいよもらえるとなると、丼へ漬物を入れ、焼酎を持って行って盃をする。そのとき嫁は席にはいない。ナコドと女の親との盃である。これを嫁をもらった祝と言っている。嫁をもらった祝をすると、婿が嫁の家へ行く。

するとその晩、嫁がその家のバッキにつれられて婿の家へ行く。そのとき男はついて行かない。嫁の仕度は平生着のままであって、何ら晴れがましいことはない。婿の方では素麺を煮て焼酎を用意して待っているぐらいで、別に変わったことはしない。婿はその夜はどこかへ行っているが、婿の家の親戚はみな集まっている。酒盛りに盃のきまりもない。ただいろり端で差しあって素麺を食べて別れるのである。ただし若いものが重箱を竿の先につけて飯をもらいにくる。頬かぶりしてだまって出すのだが、出されるとかならず一杯入れてかえした。

箪笥など持って行くものはなく、着物は後から持って行った。

都合によって嫁をもらった翌晩か、または三、四日して婿が嫁の家へ行った。

嫁をもらっても三十歳までは二歳の仕事をしたものである。

離婚も相当に多かった。それは多く嫁が姑の仕打に対して耐えきれぬ時であった。つまり姑が嫁をきらっている場合である。帰されるとき嫁は別に損害を要求しない。たいていはサッサと帰ったものである。これは嫁に何も持たしてやらないためでもあろう。

一湊の婚姻　男と女とがナジミ初めて、どうしても夫婦になりたいと約束すると、まず親にうちあける。親は内輪に相手がくれるかどうかをきいてみる。そうして、くれることが分かるとナカダチを頼んで、嫁をもらいに行ってもらう。ナカダチは酒一升持って行って飲んでくる。手っ取り早いのになると、その晩もうつれてくるのがある。昔はそういうのが多かった。少していねいなのでその翌日からくるものもあった。最近は日どりをきめて結婚する風を生じている。話がついて、二、三日たったよい日にナカダチの家内のものが嫁を連れて行く。ナカダチは男であるが、つれてくるのはその妻である。女はフダンギのままで行く。行っても別に式はなく、途中で水をかけることもなければ、重箱を出すこともない。つれて行ったナカダチの家内が「よろしくたのみます」と言っておいてくればよいのである。これをアシイレと言った。そのとき婿方の親戚はたいてい集まっている。

結婚式はその後にすることが多い。たいてい女が妊娠しているからである。これをヒロウと言って、このとき親戚一同をまねいて酒盛りをする。そのとき夫婦の祝儀をする。祝儀をすますと夫はどこかへ遊びに行った。

さて、アシイレがすむと、その翌日婿が舅のところへ菓子などを持って、挨拶に行った。昔は菓子がなかったから砂糖を持って行った。

ずっと以前、今から六〇年も前頃までは、結婚した翌年の正月元日には、妻はかならず夫を馬にのせて、妻が口綱をひいて部落の真ん中を貫く本道路を行く習慣があった。女はこれを非常に恥かしがったものであるが、これは女が出入りの少ないようにとの意味があったといい、出入り(離婚して再婚する)のあるたびにこれをやらねばならぬ。部落の青年たちは道で待っていて鞭を持ってこれをスギル(馬に鞭をあてる)。すると馬が走るので女は困惑したものであった。

なお昔は結納というものはほとんどなかった。家によると夫の方から引出物と言って反物、帯などをやることもあったが、これはまれであった。

宮之浦の婚姻　最初嫁をもらおうと思うとき、知っている人をナコウドに頼んで女の口をきいてもらう。そのとき、女にどこかの家に来てもらって、何某のところへ嫁に来てくれぬかと聞き、「行く」と返事をすれば、娘の親に直接に当る。たいてい三回行って、くれぬものならくれぬと決めるし、くれるものならそれで話がつく。

すると仲人が酒肴を持って娘の家へ行き、娘方の親類にきてもらって簡単な祝をする。それがすんだころ、男の方から準備ができたからと使いがくる。すると娘とその親類のものが出かける。そのとき小さい女の子が一人はついて行く。

座席を見ると正座に新夫婦が坐り、女の方へ仲人の妻が坐り、夫の方へ仲人が坐る。その両側へ、嫁の方からつれてきた女の子、婿の方の女の子が共に坐り、その下は向かって右側に婿方の親類、向かって左側に嫁方の親類が坐る。

次に夫婦の盃の取りかわしがあるが、これは女の子が酌をする。

次に男側から親族代表の挨拶があり、女側から同様の挨拶がある。

次にお茶が出る。菓子は鶴亀のムシコ。

次に料理が出る。この料理は食べないで持って帰る。トリサカナも持って帰る。男側の方から紙を出してくれるので、それに包んで帰るのである。

次に酒宴になる。仲人の妻が嫁を連れて、男側の親族に酌をしてまわる。

次に仲人が婿をつれて嫁側の親族に酌をしてまわる。

それから賑やかに飲んで食べて帰るのである。

子供や同年輩のものが盃をする様を見に行く風があるが、別にいたずらはしない。

ムコイリのサバクリとて嫁入りの翌日または翌々日ごろに夫婦が行く。すると嫁方では御馳走を作って大いに振舞った。

嫁はもと櫃《ひつ》を持って行ったものだが、近ごろは箪笥を持って行くようになった。南種子地方では、婚礼の夜見物に行ったものが門柱を抜いたり、宴半ばにテゴを竿の先にくくって差し出し、物をもらうという。また同地では結婚する時にはかならず色草紙を持たしてやる風があった。だからどこの家にもこれがあったという。

村内婚　もとは結婚はほとんど部落内で成立した。これは二歳組が娘たちを監督している風が各地にあり、他所者との関係をきらったためである。そのために部落部落で一定の形の顔ができ上がって、顔を見ると部落が分かったものである。また言葉も部落部落で違ったところがいろいろあって、言葉を聞いてもどこのものだということは分かった。と言って、部落同士はきわめて仲のよいものであって、ただ結婚だけが行なわれなかったのである。また南海岸では族内婚が多く、いとこ同士の結婚というものは少なくなかったという。

しかし、北海岸の宮之浦ではいとこ同士の結婚は嫌った。また兄のところへ姉が行き、弟のところへ妹が行くというような結婚も喜ばなかったが、宮之浦の楠川にはそういう例があるという。〔『屋久島民俗誌』〕

鹿児島県宝島

結婚の範囲　小さい島である上に他の島との交通が不便だから、他島の者と結婚するということはほとんどなかった。したがってほとんど島内婚であったが、島内においても結婚すべき階級というようなものがあった。

島の支配者である郡司の家、通称トンチの平田氏について見ると、平田氏の娘は普通平田家の親戚にやることにきめていた。女たちは人民の二歳を下に見る風があり、適当な嫁入先がないと嫁に行かぬ女もあった。また嫁をもらうにもどこどこからでないといけぬというようなことをいっていた。だいたい前田、敷根、松下の諸家と結婚した。

右の如く、近親婚は行なわれたが、従兄弟姉妹以上に近い者が結婚するというようなことはなかった。坂元一統もその一族で結婚しあった。そして明治になるまでは他家と交渉を持つことは少なかった。前記平田氏は氏神として平苗神社を祭った。古くは平家堂といわれたものである。坂元家は諏訪様を内神とした。両家をその両端として、他はだいたい相共に通婚したようである。

結婚年齢　もと結婚は非常に早かったようである。笹森儀助の『十島状況録』には、男は十五歳から二十歳まで、女は十三歳から二十歳まで、普通男は十七、八歳、女は十五、六歳というところだとある。すなわち男は元服、女は髪結をすれば結婚適齢期に入ったのである。だいたい男の方が女より年上ということになっているが、女の年上も相当多くて、全婚姻の三割ぐらいに及んではいないだろうかと思われる。甚しいものでは女の方が十歳以上の年長であるものも二、三ある。夫婦間の年齢差はだいたい一五年以内で、四、五年というのが多かろう。同年者も相当に多い。また女にして夫を失なった場合には多く再婚するようで、その際は女の年長であるのを普通としている。そして後家の再婚の場合は、その家の財産の半分を持って嫁いでいる例が二、三ある。興ある問題だが、その過去における多くの例をつきとめる余裕を持なかった。

最近結婚年齢はかなり高くなったようで、男女共に二十歳を越えて結婚するに至った。だいたい二十四、五歳が多い。これは徴兵検査、青年学校の関係などによる。

ナカダチ（仲人） だいたい当事者の隣の家の爺さんか婆さんを仲人にたのみ、その人たちが橋掛りをする。

仲人は二人たてる。女の方も隣の人をたのむのである。親戚でなくてもよい。話は男の方の親が、女の母親に持ち込むことによって始まる。すると女の母親は女に気持をきいて見る。本人に異存がなければ話をすすめることになる。その時、前記の二人のナカダチ以外に今一人のたしかな男をナカダチに頼んで正式にもらいにかかる。直接向こうの親に言うのである。この第一〔ママ、第二の誤植であろうか？〕のナカダチがたてば話はたいていついたものである。しかしときには女の方が合点しないこともあった。話がきまると、女の方から盃をナカダチの人に出す。盃が出ねばきまったとはいえない。その翌日ナカダチは「お前の嫁を相談して来申した」と男の親に告げる。

ヨメムカエ 話がきまるとよい日を調べる。日がきまると婿になる男とナカダチ（相談したナカダチ）

が行く。焼酎、オシオケを別に一人の人に持たせて行く。ヨメムカエは夜行くのである。ナカダチは玄関から入って行く。そうして盃のとりかわしをする。男の方からも女の方からも盃が出て、そこで祝う。その席にはナカダチ、男、娘、娘の親が坐る。盃は男の方からまず出す。これを娘の親がうける。

お膳は沖縄盆の四つ組を用いた。真っ赤に塗ってあるものである。ナカダチの持って行ったオシオケをその膳の上にのせる。オシオケは重箱二組（四個）に入れて持って行く。それは米一重ね、塩一重ね、焼豆腐、餅一重ね、団子一重ねである。婿の家で作ったものである。塩と米はまつると言って、女の家の床にかざる。

盃がすむとナカダチはすぐかえる。婿はその前に逃げて来たものであるという。今はそうでない。

大飯《おおめし》　次に嫁がその夜のうちに婿の家へ行くことになるのだが、そのとき二人のナカダチが嫁について行く。

娘が家を出るとき、両親と別れの盃をするとか、親類を招いて盃をするとかいうようなことは一切ない。親類へは今度娘を嫁にやることにしたと知らせるだけである。だからその日は親戚からも祝って来るようなことはない。

次に二人のナカダチだが、これは男でも女でもよい。ただ女を婿の家まで連れて行くだけのことで、酒盛りには列席もしない。

嫁は普通に出入りする戸口から入る。すなわち婿の家の下の戸口から入るのである。それから大飯の式になる。

婆さん（婆さんといっても年寄を意味しない、小母さんというような意味にも解されるし、年上の女の意味にもとれる）二人をたのんで飯を食べるのである。婆さんは通常婿の母親と、親戚の老母などである。ウチの間で行なう。嫁を中において三人並んで膳に坐る。膳の上には大飯が盛ってある。親ゴキと親ゴキと合して、飯を固く盛ったもので、この飯を嫁も婆さんも食べる。

まず「すまず戻らず出ず入らず」といって膳の端に少し祝って（三、四粒膳の隅にとっておく）、それから食べる。嫁がよく据るようにという意味だとのこと。

そのとき誰も見ているものはない。また嫁入りだとて見に来るものもない。御飯がすんでも後盃事もない。嫁は大飯を食べてそこにそのままいる。

一方嫁を連れてきた二人のナカダチは、男ならその夜の祝の席に坐ることもあるが、女であればそのまま帰ってしまう。

新夫婦の盃もない。婿はだいたい何処かへ逃げ出していて、自分の家に人のいる間は入って来ない。

大飯がすむと親類の婆さんはかえる。嫁には、その妹か誰かが一人ついて来ている。これが残って嫁の世話をする。その晩そこに泊まってもよければ、また帰ってもよかった。

ヨメイリの祝　大飯の同じ時刻に、その家ではその親類ブラ、嫁方の親類ブラ（嫁の叔父叔母ぐらいまで）をまねいて盃をする。嫁どりの相談をしたナカダチもこの席に連なる。この酒盛りはオモテの間で行なう。座席は年上から順にすわる。このときの膳は四つ組で、他の祝のときと同じ。

しかしこの祝には区長や校長を招くことはない。いわば小宴の方である。

水かけ　昔は、嫁をもらうと男に水をかける風があった。すると婿は逃げ歩いたものである。かける人はドシであった。

婿は二歳仲間に焼酎など振舞うというようなこともなかった。

里帰り　嫁はその翌日にでも自分の家へ帰った。しかし別に酒盛りなどもなかった。夫婦で行くともきまっていなかった。

親類つきあい　嫁入りがすむと、婿の方の両親が改めて嫁の家へ行って、「よい娘をいただいてありがたい」という挨拶をした。するとその家ではウチの間で、嫁のケナイだけがそこに集まって、お茶を出す。ときには酒を出すこともある。それもいたって簡単で、四つ組膳は出さぬ。なます一つぐらいのものである。

さてその他の親類についても挨拶はいたって簡単で、婿方の親が嫁方の親類ブラに道ででも出あったとき、「何某の親父に相談して、某の子をもらいました」と話しておけばそれでよかった。

夫婦生活　新夫婦はどの間に寝てもよかったが、たいてい奥の間に寝た。親たちはそれから多くは釜屋へ行くのである。釜屋はいわば一種の隠居でもある。

嫁は来た当座は家の都合で、昼は自分の家へ帰って仕事をすることが多い。無論これは婿の家との話し合いである。たいてい一年か半年ぐらいそういうことをする。これは嫁の家の方からの注文で、自分の家は手がまわらぬから、四、五ヵ月でも使わしてくれぬかと婿の方に頼むのである。

また嫁入りして新夫婦が嫁の家の仕事をすることもある。

式がすんで嫁が里へ帰っているようなときには、婿は嫁の家へ夜々通う。嫁入前に婿が嫁の家へ行くなどということはなかった。

ただし、人目を偲んで女に会うものはあった。これはまたおのずから別の問題になる。

嫁入道具　嫁が持って行くものは夜具、布団、蚊帳、オンケバラ（オンケジョーキともいう）くらいのものである。いたって簡単なものであった。布団は兄弟ブラなどから贈る。

離　婚　離婚は相当にあった。その理由となるものは、合点ならぬものを是非是非と押し付けて夫婦にしたもの、姑が辛くあたるというようなことであった。ただし姑が辛くあたるということは近頃少ない。

離婚のとき、婿の方から戻すのであれば、金、衣裳をつけて戻す。嫁の方が勝手に帰るときは何ももらわなかった。

夫婦別れして戻った女は、家にいることは少なくて、また他家へすぐ嫁いだ。

二、三男分家　二、三男は結婚してから分家する。まず親の家で結婚する。すると親が家をたててくれる。それまでは親兄弟と一緒にいるが、夜寝るときは表の間か次の間に寝た。分家して主人となればオクの間を夫婦の寝所にした。

附記：笹森翁の『十島状況録』にはだいたい次のようなことが書いてある。まず女子の母に結婚を申し込み、女家がこれを承諾すれば、三合瓶一対、餅または団子を持ち、仲人が行く。そして三日後に迎える。迎えるものは男子の姉または従姉。すると新婦は婿の家へ来る。婿の家では伯叔母または従姉二名がこれを迎え、新婦と共に表座敷の正面に嫁を中にして、三人が下向に坐り、盛り飯の式をする。飯、汁、ヒラ、ほかに皿一個を供えた膳を三人それぞれの前に備えて、両側に坐った二人が夫々嫁と献酬をする。その後で祝宴になる。今のものとかなり相違がある。〔『宝島民俗誌』〕

鹿児島県佐多村大泊

婚　姻　昔はこの村から女が他所へ嫁に行くと、青年はイザケ代といって金をとったものである。どんな嫁入りの時でも、若い者たちは花嫁に水をかける風習があった。

嫁入りの式のはじまっている時、若者は祝うといって焼酎を甕に入れてかついで持っていった。するとその家では金を祝儀に出した。かついで行くのは二人で、一人は男の支度、一人は女の支度をしていった。

嫁を迎えにゆく時は、男二人女二人、そのほかに男のドシ（同年輩の友）がついてゆく。すると女の方でも、女のドシをはじめ、その他、同じ人数の者が婿の家へ行く。

婿入りというのは昔からなかった。

嫁は婿の家の表から入った。

嫁は嫁入り着物として別に作らない。さっぱりしたものを着て行く程度である。

嫁入りの席には婿は坐らないでどこかへ行っている。まことに簡単な嫁入りである。〔『大隅半島民俗採訪録』〕

鹿児島県内之浦町大浦

婚姻　女が嫁に来る時には、その前に花婿どんの茶といって、婿が餅を持って嫁の家にゆく。その晩に嫁が婿の家へゆく。支度は自分の気に入った着物を着て行くだけで、むずかしいきまりはない。

嫁が行くと、オモテに嫁と婿が坐って三三九度の盃ごとを行なう。その時、婿の側にはソバニセ、嫁の側にはソバヨメがついていて、式の三献を汲む役をする。

嫁は部落の外からももらったが、多くは村内婚であった。嫁に来ても子供ができなければ死ぬまで内縁関係である。そのために戸籍は全くでたらめで、籍に入れるにも困ることが多い。

もとは子供ができても私生児として届け出る有様であった。〔『大隅半島民俗採訪録』〕

大分県姫島

婚姻圏　姫島以外から嫁を貰うと、土地で嫁を貰う事も出来ないと軽蔑されたものである。また娘を外に嫁に出すと、所ではけぬと見えると他人に言われた。金《かね》は金、大海《おおみ》は大海の中で結婚していたし、本村は本村で結婚した。

婿入り　嫁を貰う時、婿が嫁の家に行く事はない。嫁を引き取り、里帰りの時、婿が一緒に行く。

祝言・結婚式　嫁の親族を祝言の日に婿の家に招く。すると結婚式の晩は、嫁の家族だけで、婿の方はその座には出ぬ。村人を招くのは別の家を借りて行なう。婿方の親戚と嫁の親戚の顔合わせをする。

ミツメ　ミツ目をその翌日行なう。婿の親戚を嫁方に招く。

夫婦杯　屏風の中で夫婦の盃をする。次に屏風の中から婿は去り、嫁と婿の親兄弟との盃をする。嫁方と婿との盃はなく、宴会の席になって両方の人々が盃のやりとりをする。〔『農漁村採訪録XVIII』〕

大分県佐賀関町

二、三男の結婚　二、三男が嫁をもらうとき、おじおばが所帯道具を贈ることになっている。二、三男の多くは自力で船を持つ。〔『農漁村採訪録XIII』〕

愛媛県忽那諸島

コメトリ　ヨバイに行くのを親も歓迎する。気心が合うと結婚の話になる。それをコメトリという。女の方からお盆に米を入れて出し、それを仲人が嚙むと話がついたことになり、そのあと酒が出る。

ミチアケ　コメトリがすむと、公然と男が女の家へ通うことになる。晩に行って朝帰る。子供の出来るまで通う。なかには子が生まれてから嫁に行く（結婚式をする）こともある。結婚式は派手に行う。コメトリがあって男の通うことをミチアケという。結婚式の日が定まると婿が嫁の家に行き、嫁は仲人に連れられてくる。（忽那島大浦）

津和地では男が女のところへ三年ぐらい通うている。子供の出来た後に男の方へ引き取るという。（津和地島）

イトコ婚　結婚のうちイトコ婚一割。親戚でないものはごく僅かである。

コメカミ　話が決まると世話人が行って米を噛んでくる。それから仲人が決まる。そして男が女のところへ通う者もあるが、結婚式をして女をすぐ引き取ることになっている。（二神島）〔『農漁村採訪録Ⅴ』〕

山口県祝島

キメザケ　キメザケは仲人が持って行く。酒一升を持って行く。式の日を決める。

ムコイリ　婿、おじおば、いとこくらいまでついて行く。一杯飲んで、嫁を連れて戻って、ヨメイリになる。三三九度をして、親子、親類の盃をする。〔『農漁村採訪録XIV』〕

山口県見島

結　婚　宿親が結婚のとき仲人をつとめた。若者になじみの女ができて、宿親にもその娘が若者にふさわしい女であると見ると、娘の家へ宿親がもらいにいく。そのまえ宿親の妻女があらかじめ下交渉をしておく。そしてだいたい承諾を得ておいて宿親がお酒一升持って相手の家にいって話をきめて、一升をその場で飲んでかえる。キメ酒という。

それがすむと、日をえらんで、宿親夫婦と若者の親族の者も二、三人ついて相手方へ娘をもらいにいく。そして嫁を連れてかえって、若者の家でお祝いの披露をする。それで夫婦になったことになる。

さて結婚した二人は自分の家がせまいと宿でほかの若者たちと別れ、一部屋をもうけてもらってそこへ泊りに行く。女は婿の家で昼間は暮らし、夕飯の片付けがすむと宿へいき、夫とそこで夜をすごす。そして子供のできるまでそこにいる。

子供ができると、親が小さいところへ入って隠居し、若夫婦が本家へ入るのが普通であるが、中には若い者が小さい家に入って親は六十歳まで本家におり、世帯をゆずらない例もある。とくに最近はこの傾向がつよい。

古く、親が隠居していた時代に娘や二男たちは親が連れて出ることが多かった。

そうした場合にも分家というような気持は少なく、寝室をとりかえるだけというような気持がつよかった。つまり浦の人びとにとっては家は寝屋としての意味がつよかった。〔『見島総合学術調査報告』〕

山口県久賀町

婚　姻　昔は娘たちは木綿をひいたり、カセを繰ったりするのに三人五人で集まって仕事をした。宿になる家は一定している事もあるが、仲間の家をまわり番にする事もあった。これをワカイシヤと言った。そこへ男があそびに来る事もあった。そういう事がもとで結婚しあう事もあったが、早くそうした風習はこわれたようで、結婚は親の意志による事が多かった。これは結婚年齢が低かったからで、女はまだ男をえらぶだけの意志もなかった。明治時代には十五、六歳から嫁にゆき、おそいもので二十歳位だった。

格式のある家は見合をしたけれど、一般にその事はなかった。

婚姻には神主、僧侶、士族、庄屋その他素封家などの婚姻圏があり、その下に一般大衆の婚姻圏があり、更に漁師仲間の婚姻圏が見られたが、階級的な色彩は乏しく、かつ早く村外婚が著しく発達していた。

嫁をもらう場合には仲人はどちらかの知人をたのんだ。女が最初行って一通りの事をきいて、見込あれば主人がゆく。その時茶が出たら相手が承諾した事になる。

するとタモト酒とて一升と肴を持って行って飲んで来る。もし娘をやるまいと思えば相手の持って来た酒をのまないで、自分の方から酒を出す。

一通り話がきまるとよい日をしらべてユイノウの申し込みをする。現在はユイノウを祝儀の日に持ってゆく事が少ない。

ユイノウは昔は酒屋の角樽を持って行った。樽二つに肴をつけ、扇子、米、小豆、友白髪、帯代をそえて……、今は金を包んでゆく。

今はユイノウは仲人と親戚の者が持って相手の家へゆくと、ユイノウビラキとてすぐ嫁方の親戚の者をまねいて、すぐその場で御馳走し、それが終わって嫁をつれてかえるのである。

もとはユイノウの日は別にあり、婚礼の日の昼婿入があった。親、親戚、仲人、婿同道で嫁の家へ行って親子の盃をする。その晩嫁が来る。

嫁が家を出る時デタチのオミキとてお膳をして、向こうでの席順をきめて出てゆく。表から出る。昔はカドビを焚いたが七〇年ほど前に止んだ。今その名残として石キリやマッチを擦《す》る家もある。

昔は白ムクの着物を着、綿帽子をかぶった。つれてゆく人はウチカケを着ていた。

婚家の遠い場合は中宿があり、そこで休んでお茶が出、仕度をかえて婚家に行った。

婚家へは表からあがる。座につくと茶と菓子が出る。菓子は通常食べないでおく。次にオチツキノモチと吸物が出る。次に親子の盃が行なわれ、それがすんで別の部屋で三三九度の盃がある。それがすむと綿帽子をとる。衣装もかえて出る。最初は白い着物にうちかけを着ているのだが、次は赤い系統の着物になる。

吸物膳にかわって会席膳の出る事もあり、猫脚膳の出る事もある。猫脚膳の出た場合、嫁はヒラの蓋をとればよい。それでお膳をさげ、次に嫁は給仕に出てもよい。会席膳の場合ならばそのまますわっている。そして次の膳(猫脚膳)の出るまでの間にまた衣装をかえる。今度は黒い着物である。とにかく猫脚膳が出て、嫁がヒラの蓋をとりさえすれば、その家の者としての資格を生ずるのである。だから何度も嫁入したものを、「あの女は何度ヒラの蓋をとった」などという。

久賀では嫁入の場へ地蔵様をもちこむことはあまりない。

酒盛の終わりに御土産の披露とて大きな盃をさし、更に宴がはてて庭口でシリカラゲとて酒を出した。これは一升徳利でカンをしたものである。この時刻には昔は夜が明けていたものである。

嫁入の翌日婿の友達はタルイレとて婿にまねかれる。その時招かれたものは一升樽に七合半の酒を入れて持ってゆく。


このような結婚形式が出会結婚になったのは二二、三年前からであるが、未だ一般化していない。そして嫁入は他所からもらった時にはでになる。

嫁入の三日目をミツメ、ヒザナオシなどという。嫁の里へかえる日である。婿と嫁、親仲人が嫁の家へ行く。嫁の家では会席膳が出る。その日婿の方からは婿の土産とて餅を持って行って嫁方の親戚へくばる。また土産をもらってかえる。


これだけの事がすむと仲人はもうその結婚の責任は持たない。仲人はどこまでも両者をつなぐ役目をするだけで、仲人親の意味はなくなっている。これは早く村外婚が多くなって来ているためと思う。試みに明治七年の戸籍によって村外より入ったもの、村外へ出たものを表にしてみると次のようになる。

転入			転出		
郡内	郡外	県外	郡内	郡外	県外

浦	三六	二一	九	八	一五	一
地方	二三一	六八	二〇	三〇	一一	五

即ち他地方から嫁ぎ来ったものがきわめて多く、特に地方《じかた》の転入二三一人のうち七三人は西隣の椋野村から来ている。これについで多いのは東隣の日前村《ひくまむら》で三三人にのぼっている。それについで多いのは更にそれに隣する東西三蒲村《みがまむら》の二九、東西安下庄村の二三、土居村の一五人であり、他は目立って多いものはなく、全郡各村から二〜一〇人来ている。郡外では玖珂郡《くがぐん》から四三人来ている。県外では愛媛県の八人、広島県の七人のほか福岡、熊本、栃木というのがある。

浦の方は郡内は椋野六、東西三蒲六を最多とし、郡内各地から来ているが、小松、志佐、日見、横見からは来ていない。郡外は玖珂の一三人を最多とし、熊毛《くまげ》五人、吉敷《よしき》二、佐波《さば》一にすぎない。県外は広島の六、愛媛、京都、東京各一人となっている。

これによって見れば久賀を中心にして遠ざかるに従って少なくなり、特に隣村との交渉が最も深い事を知る。

かくて町外より嫁をもらっているもの三八五人にのぼっている。

これに対して出ているものは七一人にすぎない、がその結果地元の娘で嫁に行けないかまたは婚期におくれるものが出て来る筈であるが、それがどのように処理せられたか明らかでない。

とにかく婚域は相当に広かった事を知り、町内配偶者総数の二割五分は村外婚だったのである。

これが昭和の現在になると婚域は更にひろがる。昭和二十五年婚姻受付簿によれば、一三二件（二六二人）の婚姻中、他より入るもの三七、他へ出るもの四五、計八二人は町外の人と結ばれている。これを地域別に見れば、

	郡内	郡外	県外
入	一〇	一〇	一七
出	一四	一五	一六

となり、明治初年近隣の村との婚姻密度の高かったのがずっと分散的になって来ており、県外では、広島、岡山、島根、鳥取、大阪、奈良、愛知、東京、山形、徳島、香川、愛媛、福岡、大分、佐賀、熊本、長崎、鹿児島に及んでいる。但しこれらの婚姻の中には他出している先で結婚したものが少なからずあり、必ずしも転入者がこの地に住んでいる訳ではない。しかもこのような現象が結婚の形式を著しく変えた事も否めない。そして結婚年齢も漸次高くなって来る。そして結婚が家と家との結合を目的としたものであったものが漸次個人本位に変わって来つつある。しかしこれは他出者に多く見られるところで、農家を中心にしては未だ、家を中心とした結婚が見られている。そしてそういう結婚は依然として華美をきわめるが、離村者の結婚は多くは都会風なものになっていてつつましい。〔『久賀町誌』〕

山口県高根村向峠

ヨバイ　若い者はたいてい娘の家へ泊りに行く風があった。ヨナベをすますと出て行くのである。どの家でも戸締まりをすることはなく、ヨバイはあたりまえのこととされ、子供が出来ると結婚した。結婚の出来ないものは、子は娘の親の家で育てた。これをシンガイゴと言った。そういう例もまた少なくなかった。

タマグサ　道草を四本集めてゆるやかにその端々をしばって四角にし、向き合っている二本を持って引っ張って見る。その時四つの結び目がうまく締って固くなればうまく行くものとし、二所が結べなくてはなればなれになれば片思いとてあきらめた。これをタマグサと言った。

また松の夫婦葉をとって襟にはさんでおくと思う女に通じるとも考えていた。

結　婚　一番簡単な結婚は式のようなものはない。両方が心安くしていて、サシワタシでやろうもらおうという時には仲人も何もたてない。

次に仲人をたてる場合には、もらいたい相手のことを仲人に頼む。仲人は相手の家へ行って話をまとめにかかり、うまく行かねばそれきりになる。相手が娘に相談して見ようと声色をつければ、次に酒を持って行ってどうであろうということになる。そのとき飲んでくれると正式にきまったわけである。次にタノメの酒を持って行く。このとき酒だけでなく肴も持って行って連れ寄せることがある。婿は行かないで仲人とオヤブンが行き、相手方の親と酒を飲んで女を連れて来るのである。

最もていねいなのは輿入れの式をするものである。タノメの酒をユイノオの酒とよび、その時に日を定めて来る。当日は親分、仲人、婿が嫁の家へ迎えに行く。これがムコイレである。すると嫁の方から親類などが連れだって来る。また嫁のソデヒキとて娘が一人ついて来る。嫁の一行は中宿をとってそこへおちついて婿の家へ行く。そういう時には箪笥長持も出る。また婿方から坂迎えが来る。嫁は婿の家の縁から上る。そうして上の間に入って仲人、親分などと一緒に坐っていると、婿方から座敷に案内する。そこで夫婦盃をする。

通婚区域　一般には結婚はほとんど村内で行なった。しかし、庄屋は庄屋同士で結婚したもので、村内には親戚をほとんど持たなかった。

しかし現今ではかかる風は余程うすらいで、通婚区域も広くなって来た。〔『中国山地民俗採訪録』〕

広島県佐木島向田野浦

婚　姻　婚姻は大抵皆村内か区内で行なっていた。年四回行なわれる青年の宴会に娘連中が出て酌をすることがちょっと見合いのようなものになっていた。親同士よりも本人同士の方が話が先にできて親に依頼する自由結婚式だった。話がまとまると祝の酒が交わされる。それ以後は公然と嫁の家へ出入りできた。結婚式はそれからあと一年以上経ってから行なわれるものが多かった。現在もその習慣がやはり残っている。明治十年以前は結納として帯地もしくは反物、御樽一荷、肴一折を添えて人足に持たせ、媒酌人夫婦は婿の親族若干人を連れて行き、盃の交換は古風にならって行ない、そして儀式を終え、三日または五日あるいは七日目には婿入りと称して媒酌人は酒肴を持ち、婿夫婦と親と親族の人を連れ親許へ行く。親許では親族打揃い酒宴を開き、媒酌人はまた同家の人、その親族の人びと、同行の人とともに婿の家に帰る。そして婿の家ではまた酒宴を開く。これで婚礼の儀式は終了していた。

明治十年以後は結納として帯料、酒肴料の包みを添えて人足に持たせ、媒酌人夫婦は婿の親、親族を連行きて、盃の交換を省略して儀式を終え、嫁と親、親族、同行の人と婿の家に帰る。その際、嫁方は袴料と酒肴料の包みを人足に持たせ、また盃の交換は省略して儀式を終える。婿入りに至っては、日に限りなく都合のいいときに酒肴を持ちて自ら行くというように変わっていた。

明治十六年の大干と十七年の大暴風雨の二度の大天災に遭い、村中悲惨な生活が約一〇年続き、その間は無論結婚しても結婚式など挙げるものはなかった。

古来やや早婚の風があった。女子十四、五歳にして分娩せるものも少なくなかったが、近年次第に婚期も遅れ、また村外との結婚数も漸次その数を増した。（鷺浦村）〔『農漁村採訪録Ⅳ』〕

島根県田所村鱒淵

恋愛・結婚　性的にはこの地方はもと非常に自由なところであったという。それが一通り厳重になったのは、やはり教育の力が大きかった。しかし過去においては、この地では童貞であり処女であることを恥としたもので、必ずしも性的不道徳のためではなかった。だから結婚すれば身は固まったのである。そして妻は貞淑であったという。

ネゴヤ　この地方では、もと若者は皆ネゴヤへ泊りに行ったものであるが、いま全然その風を見なくなった。

ネゴヤは家の納屋の二階を人の寝るようにしたものであるとか、田圃の中にある灰小屋を借りて当てるとかしたが、中には殊更に造ったものもあった。納屋の二階は普通にアマダと言ってスノコで葺いてあるものだが、ネゴヤにする時には板を敷いた。そしてもしその家に若い者がいるとすれば、自分がそこへ同年輩の若い者を誘って来て寝た。若い者は自分の家には寝ない風があった。しかも、どのネゴヤへは誰が寝るとはきまっていなくて、どこへ行って寝てもよく、人によれば寺の御堂等へ行ったものもある。

若者には若者頭というのがあったが、ただそれは名のみで、年頭の者をそう呼んでいた。したがって頭には特別の権利もなければまた頭を選挙で選ぶということもなかった。無論若者入りのきまりも盃事もない。ただネゴヤへ泊りに行くようになると娘の家へ遊びに行けた。宵の口から行って大話をして帰り、改めてヨバイに行った。たいてい寝る頃に行ったもので、娘が小便に出るのを待っていて、戸をあけると庭へ入る。そうして親には知られないようにした。

オセニナル　娘は発情の頃になると母親が適当な男の人にたのんでオセにしてもらったものである。オセになっていないと嫁に行けないとされていた。

ただし、気のきいた娘は母親が世話するまでもなく、勝手に男を見つけてオセになったという。女の発情はたいてい十四、五歳で、今日よりは早かった。かかる風習も今日では全然見られなくなっている。

なおオセになる時の祝というようなものはなかった。（註：オセは大人もしくは成人の義である。）

タマズサ　小学校へ行って字を習うようになって早速それを利用したのは恋文であったという。男の子が書いて女の子の机の中にしのばせたものである。これをタマズサと言ったが、元来タマズサというのは下図のようなもので、男が女の袂へ、紙二枚を紐の如くに折ったのを結びを二つ作ってそっ

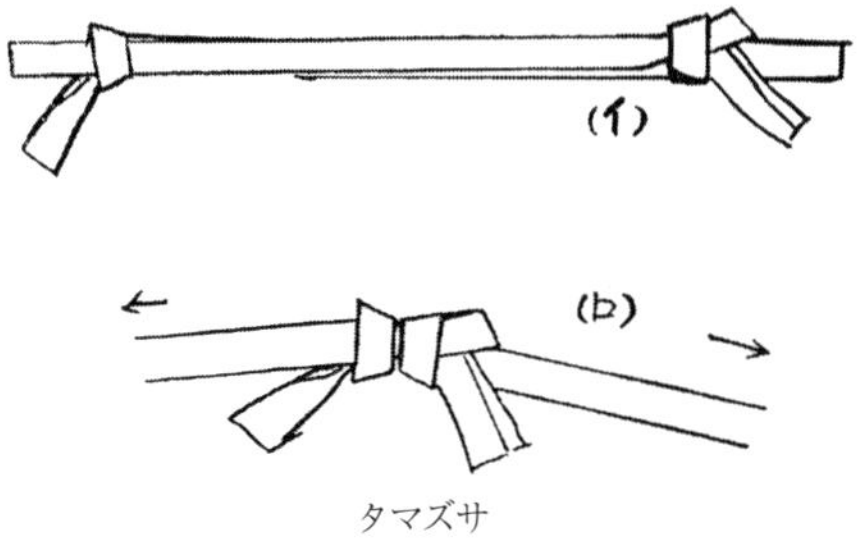

タマズサ

と入れるのである。女の方にその男に対して好意があれば、紙の両端をひいて、二つの結び目を一所に寄せて、また男に戻すのである。そうすると、男は女のところへ通い初める。時には紙ばかりでなく草の葉などでもした。

ところが、文字を解するに至ってこの古い形のタマズサが消えた。近頃は昔ほどタマズサの交換はないらしい。一つには若い者が他地方へ出はじめた関係もある。

ホリタゴ　私生児をホリタゴという。結婚以前の性生活のために、ホリタゴの出来ることは少なくなかった。男の方では十七歳から二十歳までの間にホリタゴを多く作った。これはその間には結婚の能力がないから、子供が出来ても結婚するということが出来なかったのである。そういう時のホリタゴの処置はいろいろあった。

ホリタゴを男の方が容易に受けるという時は別に文句は起らぬ。しかしその引き渡し方に、タライカギリとて、生まれるとすぐ引きとらせる方法があった。また一、二年娘の方に世話をしてもらって引きとるというものもある。これは両方の話しあいによる。

一人の女が二、三人の男に関係しているというような時にはよく物言いがつく。そういう時は女の方から相手の男は誰だと名指しする。女はたいていのがさない。その時は必ず間に世話をする者が入る。男が女を嫁にもらわぬとすれば、男に名をつけさせる。それで誰の子だということははっきりする。

男が引きとらなくて私生児になったものもある。

ホリタゴは嫡子のある時は後をとらせない。結婚してからホリタゴを作ることは少なかった。

ヨメドリ　結婚はもとはだいたい村内で行なった。そうでない場合も、出羽《いずは》、高原あたりの近在からもらう場合が多い。またそのあたりへも嫁に行く。だから秋祭の頃には、田所の祭のときは高原あたりから女が子供を連れて、沢山やって来、またその方に祭のある時はぞろぞろ行くのを見かける。

さて、嫁をもらわねばならぬ家で、あの娘が嫁にほしいと目星をつけると、親威か心安いものを仲人にたのんで話をしてもらう。目当のない場合は、商いをする者や、博労がよい相手を探してやろうなどといって来る。またそういうことの好きな人がおる。仲人がきまると村外のものをもらう場合は、第一番に血統をしらべる。癩病はないかを見る。また肺病筋もきらう。第二に身代、第三家の資格、第四に犬神筋か否かを見る。犬神筋はやかましく言う。次に娘の教育などについてきく。これらはたいてい娘の家の近所で聞きあわせる。

見合いは昔はなかったが近頃あるようになった。

子供の出来る頃まで籍を入れないことが多い。〔『中国山地民俗採訪録』〕

島根県匹見上村三葛

村内婚　三葛も臼木谷《うすきだに》も村内婚で、イトコ同士の結婚は特に多く、イトコは結婚しなければならないものと思っていた。だいたい年さえあえば、全部と言ってよいくらい一緒になった。従って家の殖えると言うことも少なかった。ただし特に一つのハラの中での結婚が多かった。〔註：ハラは組、部落などの近隣集団。〕

ヨバイ　もとこのあたりはヨバイがあたりまえの所であり、若い者の普通の生活で、そういうことに対して道義的にとやかく言うものはなかった。極く自然なことであった。一つは家と家との間が血の上から言っても近かったためであろう。したがってどの家も夏冬ともに戸をしめて寝るようなことはなかった。こういう村では若者宿も娘宿も必要ない。好きな娘の所へ行くのである。一人とはきまっていないで二人も三人もの所へ行った。そうして子供のできることもあるが、できても結婚しないことは多かった。そういう子をホリタゴといい、女の方がこれを育てた。ヨバイは個人婚であり、結婚は家と家の婚姻であるといえよう。

タノミ　狭い村の中だし、たいていどの家の娘がどの男の所へ行くだろうということは、子供の時から分かっている。しかし形式的にタノミをする。仲人には村の名望家をたのむ。酒を持って行って、その場で相手が受けてくれれば話はついたことになり、のまねば駄目ということになる。しかしたいていは話がつく。日中でも提灯をともして行き、話がすむまで火を消さない。

カナオヤ　結婚のときもっとも大事な役目を持つのはカナオヤである。カナオヤは子供が生まれたとき名をつけた人である。すなわちここでは名付親がカナオヤを兼ねている。息子または娘の方からは、毎年盆正月に餅一重ね、米一升ずつをカナオヤの家へ持って行く。すると親の方からは足袋などをくれる。息子は十五歳になるその暮からカナオヤの家へ泊りに行く。ただし正月の三、四日の間だけのことである。そして二、三年間これを行なう。この十五歳になった時カナオヤは褌、筆、墨を息子にやる。

女の子は十四歳に腰巻、白粉、末広、紅、熨斗をもらう。

結婚の時、カナオヤは息子にムスコノハナムケとて袴、末広に縞の反物一反くらいをそえてやる。娘の方へは、櫛、笄、鏡台、白粉、紅、針箱などを贈る。したがってカナオヤはじつに大切なものなのである。この風は臼木谷に強い。以下臼木谷を中心にして書く。三葛も大差がない。

婿　入　婚礼の晩に婿は仲人と十四、五歳のコシモトと一緒に嫁の家へ出かける。庭口から入る。御馳走を受けると婿はコシモトと一緒にかえる。これをムコノシリニゲという。

嫁について行く人々　仲人は後に残って嫁を連れて行くことになるのだが、そのとき嫁について行く人々は、まずカナオヤ夫婦、その家の身近いものが実親の代りに行く。叔父か叔母が一人。姉妹分――

これは本当の姉妹でなく同じカナオヤの所で子になったような者が多い。コシモト――十四、五歳の女の子がついて行く。他にヘコカタギとて人夫が一人ついて行く。これに箪笥、長持をかついだ雲助が続く。嫁はボウシをかぶって盛装するが、姉妹は紋付を着ないで行く。

デタチ　嫁が家を出るときデタチの歌というのをうたう。嫁は到底ようようたわないから代りの者がやる。

地下の若衆や御両親様よ　長のお世話になりました。

これに答えて親が、

若い我子を世立てて出せば　門に時雨の雨が降る

これで家を出る。

道　切　道々では若者たちが縄をひいて待っている。するとこの連中に酒をふるまって通してもらう。

サカムカエ　婿の家の方ではだいたい嫁の行列と出あう場所にナカヤドをこしらえておき、そこまで酒肴を持って、羽織袴をつけた人や手伝の人が迎えに行く。そのとき雲助が荷を肩からはずしてシュクイリとて

道中雲助蓄の花よ　どこの宿でも酒々と

という歌をうたう。そうして皆酒を御馳走になって出かける。

嫁入の歌（雲助歌）　婚家が近づくと

あんに見ゆるはわが行く先よ　明り障子がちらちらと

門を入ると

これの御門に蜂が巣をかけて　出ればさしますはいりゃさす

庭に入ると

これのお家はめでたいお家　鶴と亀とが舞い下る。

これのお家はめでたいお家　鶴が御門に巣をかける

ヤンサヤンサと担いで来たが　渡しまするよ御荷物を

すると受ける方が

みんなどなたも御苦労様よ　受けとりまする御荷物を

とうたう。これで荷を受けるのである。歌の節は追分である。

この間に嫁は縁からカナオヤに手をひかれて上り、控室に入る。

三三九度　小憩の後、六枚折の屏風をぐるりとたてまわした中で結婚式をする。中には若夫婦、仲人、雄蝶（男の子）、雌蝶（女の子）がいるのみ。ヒキウケ（接待がかり）は屏風の外で挨拶をして謡をうたう。

披露宴　その座席は図のようである。

婿はこの宴の始まるとき席についていない場合が多い。すると嫁に代って仲人が「婿の顔を見せてほしい」とたのむ。そこで出て来て座にすわる。

次に仲人から婿へ「嫁の名はこれこれであるが、それでよろしかろうか」と聞く。婿が「よい」と言えばそれでよいし、「家風にあわぬ」とか「性にあわぬ」とか言えば、婿の意見をきいて新しい名を定め、それを長押に貼って「今日からこのように呼ぶことにしたから、さように御承知願いたい」と披露する。嫁の名がえは一番しまいにするところもある。

次にヒキウケが仲人に嫁をいただきたいというと、仲人が許す。そこで嫁と婿は座を下り支度をかえてあらわれ、客に酒をついでまわる。そして吸物がかわるたびに嫁は着物を着換える。これはよほどよい方の結婚式である。

隙見 近所の人たちは式の見物に来る。そのとき石塔などを抱えて来て庭へ据えておく。また障子に穴をあけてのぞいて見たりする。家の方ではこの人々に酒を出して振舞う。酒を出さぬといたずらをする。

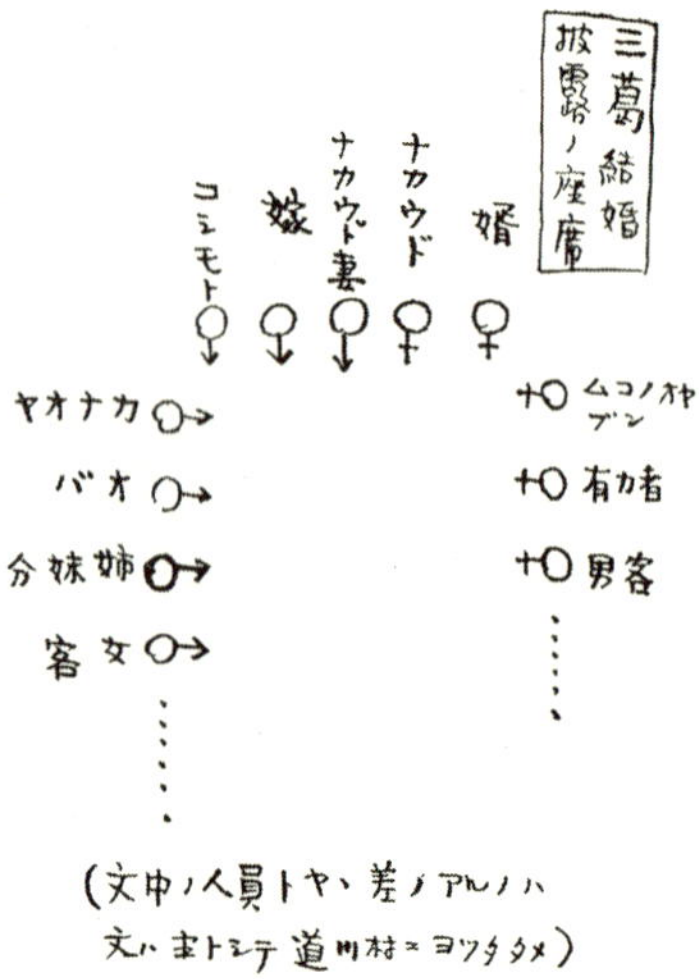

披露宴座席図

以上で家と家とが結ばれたことになる。

親類客　二日目に婿方の親類をまねいて、嫁のお目見得がある。客が席につくと、嫁が三宝を持って出る。三宝には餅、昆布、柿、炭、熨斗がのせてある。これをもって出てまず正席において挨拶し、次にオキに据え、ワテに据え、ヒキウケに据えて挨拶する。この据え方、歩き方などがなかなかむずかしい。その後で酒盛になる。

トコイリ　結婚式がすんで何日目かに嫁の里親が来て、寝床をしいてやる式がある。これをトコイリという。日はきまっていない。

ウチアゲ　結婚式がすんで四、五日してから隣近所を皆招いて御馳走する。まったくの無礼講である。これで近所への披露を終わる。

ハツイリ　結婚式後、嫁はヒキウケ、仲人、カナオヤの家へ行く。これをハツイリと言った。今やめている。自分の家にかえるのに三日帰りとか里帰りとか言うような正式なものは翌年の正月までは行なわぬ。

ヨソイキ　結婚式の翌年の正月、初めて正式に夫婦揃って嫁の里へかえる。これをヨソイキといった。

離　婚　離婚は時々ある。姑が辛くあたるという場合が多い。七分まではそれである。夫婦喧嘩で別れたのはたいていてい復活する。〔『中国山地民俗採訪録』〕

島根県片句浦

村内婚 結婚はだいたい村内の人と行なった。これは気心も知れており、またそれまでにたいていい交渉はあった。近い親戚同士はあまり結婚しなかった。仲よくはしても、結婚をきらう風があった。

遠方婚 他字から嫁の来ることは近頃になって多くなった。また遠方へも出て行く風を生じた。遠方から来る時は、村内にワラジヌギという家を定めて、そこで着物を着かえた。そこまでは式服を着ていないのである。

仲　人 仲人は通常親戚の人を頼んだが、一族の者が皆揃って口が重いというような時には、村内の世話好きの人を頼んだ。だいたい話は簡単にまとまったものである。

婿入り 婚礼の夕方、婿は嫁の家へ仲人と行く。そうして盃をくみかわしてかえる。

嫁入り その後、嫁が婿の家へ行くのである。嫁が家を出て途中まで来ると迎える家から、はきものを持って来てはきかえさせて連れて行く。嫁は表の縁から入る。一行は仲人以下親戚などで、別にこまわりの物をかついで行く人がある。これをニザイリョー（荷宰領）という。

村人は嫁入りといえば皆見に行く。すると嫁をもらう家では見物人に振舞酒を出す。見物人の中には祝とて陽物など作ったのを重箱その他の器に入れて台所へ持って行く。

ワラジザケ　嫁の荷物を持って来た荷宰領がかえる時には、縁端で酒を出して強盛《しいも》りをして酔わせる。これをワラジ酒という。

ヨメザケ　結婚のあった家から、青年団へ対して酒を出す。これを嫁酒といい、カシラ分は一斗、その他は八升・七升くらい出すのである。これは結婚の時すぐ出すのではなく、正月に渡すのである。その時の酒の相場によって、今は金で渡している。青年団の費用になる。

アトギャク　嫁入りの翌日、朋友や親戚の薄いものを招いて御馳走する。

ミツメ　三日目には小豆飯をたいて、里方へ持って行く。里方はこれを近所へ配る。このあたりでは嫁はミツメには家へかえらない。

嫁の荷　箪笥や長持は嫁入りの時は持っていかない。最初は着換えだけをつづらに入れて持って行く。そうしてもう腰も落ちついたという頃に、箪笥長持をやるのである。普通は子の生まれた時ということになる。

セイボ　嫁をもらった家では最初の正月には、御神酒一升・米二升・お鏡餅二重ね・小餅一一または一五・肴（鯛）をお祝として嫁の里へ贈る。すると嫁の家の方では米は一升とって一升はそのままかえし、小餅は自分の家のものを一一か一五を入れかえて戻す。それから後はお鏡を二重ね持って行くのみ。

オークジラガトレル　結婚生活はずいぶんお互いが監視の目を見張ってもおり、古くから一夫一婦が守られているが、それでも時には婿のある女、嫁のある男が関係していることがあった。そういうのがたまたま発見されると「大鯨がとれた」とて村はずいぶん騒いだものである。近頃は特に少なくなってきたようである。

ワケムキ　財産のある家で娘を嫁に出す場合には、いざという時の助けにするために畑をつけてやった。これをワケムキといった。

戸主の地位・嫁の地位　男は沖へ漁に出るか、または網子、遠洋漁業などで出て行く者が多いので、家は留守がちになっていて、たいてい家計は女の手で処理される。ただし金銭のことは男が司る。穀物の蔵への出入り、また穀物の売買もすべて主婦の役目で、これに対して主人は絶対に口をつけない。しかし一方、食物を潤沢にするのも否もすべて主婦の力量で、全責任が主婦にある。このことから女は食料を得るために、秋隣村へ稲刈にも行く。

主婦権が息子の嫁に渡らぬ時は、嫁は一切のことをまったく知らない。たとえば倉の中に何があるかほとんど知らぬといっていい。それほど主婦権は厳然としていた。家によっては会計まで女のやっている家があった。

嫁に主婦権の渡るのは、主人が引退してからで、難しい儀式はなく、ただ口で言い渡した。それまで嫁は姑のやり方を見習ってきたものである。

嫁の内緒金　嫁の内緒金は時々穀物を抜け売りしてつくった。これをマツボリといった。これは親元が貧しかったり、または嫁の心得にもよったもので、なかには生みの親の所へ貰いに行く者も多かった。〔『出雲八束郡片句浦民俗聞書』〕

奈良県吉野西奥

①　天川村

結婚年齢　昔は概して早婚であった。寺井寿太郎氏の父は十六歳で妻を迎えたという。嫁の来る日にハゼでぶらんこをしていて、嫁入りの晩も婆さんと寝るのだといって嫁と寝なかったという。三日がえりの日にもハゼの上から嫁のかえるのを見ていたとか。氏の叔父も十八で結婚したという。

結婚区域　だいたいで親族内で行なわれた。オトナ株などはなるべくオトナ株同士でやりとりした。近頃村内婚からだんだん村外婚になりつつある。

婿入り　嫁入りの先に婿入りをした。だいたい二、三日前に行ない、叔父叔母が婿について先方へ行ったものである。

嫁入り　結婚のことをクレモライという。

広瀬では結婚式の招待はその日、その時間になって行なう。これは前もって案内しておいて、破談にでもなるようなことがあるとまことに不首尾だからといわれている。

嫁に来る人の顔が見えると、嫁をもらう方の家では親類やら近所へ人をやって、

「お茶が沸きましたから」

と挨拶させた。近頃は何月何日に貰うからとてあらかじめいう者もあるが、昔はそういうように日をきめることをきらった。さて施主（嫁をもらう家）から挨拶があると、ヨビド（客）は式服でその家に来て着席した。

嫁は表口から入った。

先ず嫁が着席すると、酌人がスズリブタ（肴を盛った長方形の大きな器）を持って座に出る。また大きな盆（シエン盆という。酒宴盆か）に松竹梅をたて、まんじゅう、筍、蓮根などを五・七ずつにもたしかけるようにたて、客の方へ今出るとも何とも沙汰なしに四海波《しかいなみ》をうたい始める。これらのものを持って出る人は、先ず嫁の真前まで出、三歩戻って、廻ってさらに出て、座敷の中におく。これに対して着席している人の中から、

「中にもこの松は……」

という褒め謡をうたう。これがすむと親子なりをする。この土地では夫婦なりはしない。

親子なりには嫁が衣装をかえる。

よい加減のむとトリサンをする。トリサンの時は三三九度の盃を一順する。それがすむと、ツモリといって、八重《はちじゅう》椀（飯椀）の五合程のを二つ高足の膳にのせて出、列席の代表者に先ず注ぐ。その酒をひく（受ける）時に座のものは謡をうたう。ひいたものは謡につれてそれを飲む。額に椀をかづくまでに。ついでその盃が次の人へまわされて行く。酒をよう飲まぬ人は施主の後に酒を助けるコシビキという人がおり、その人にたすけて貰って飲むのである。飲んでしまうとツモリの謡というのをうたう。猩々の切、すなわち「よもつきじよもつきじ……」という謡である。

酒盛りが終わるとザンガイといって座が改まる。オンザともいった。今度は瀬戸物の盃で飲み、むずかしいきまりはなくて、今時の酒宴のようなものであった。

嫁はミヤゲを持って来た。それをカイトへ配った。

若衆達はのぞきに来たものである。

セリョー山　中越《なかごし》では少し暮らしのよい家は嫁に行く娘にセリョー山というのをつけてやった。その家の不時の時、身の代として売って使ったものであるが、男の手では売れなかった。

② 大塔村篠原

村内婚　篠原という所は他村との交通がきわめて不便であったために、他村へ嫁に行ったり、他村から嫁をとったりすることは殆どなく、大半は村内で結婚しあった。しかして若衆が腰に提灯をさげて娘のいる家へ行く風は、この近在の部落ではよほど奇異に感ぜられたと見えて、篠原が変わっているという理由の一つにたいていい挙げていた。

そうして村内婚が主であったために、村内は殆ど親類といったような有様で、たいていの家で全く関係のない家というのは五、六軒にすぎなかったという。

こういうことのためや、変わった分家制度などのために、村には一種独特の強い結合があって、土地で起こった事件は土地で治めたし、他の土地と争う場合にも特によく結束した。この村の大きな特徴の一つは、どんなに貧乏しても夜逃げなどという惨めな出村をした者は一人もないという。〔註：篠原の分家制度とあるが、むしろ隠居制度と考える。隠居の項参照のこと〕

結　納　嫁をもらうまでに、たいていもう誰と誰とが一緒になるくらいのことは分かっていたし、親同士も至って親しいのであるから、むずかしいことは一切しなかった。

結納は木綿一反・扇・下駄で昔は五〇銭ほどについた。古くは結納は塩一俵といわれたものである。

仲　人　仲人はあることもあり、ないこともあった。あっても別に礼はしなかった。

手土産　嫁の手土産は近所へ手拭一筋ずつであり、舅に対しては酒一升を持って来た。

婿入り・嫁貰い　仲人が嫁をもらいに行く晩には早速舅と婿になる男を連れて行く。これは貰えるのが確実だからで、たいていその場で話はきまり、その後で別に婿入りなどしなかった。（附記：野迫川では嫁をもらいに行ってその場で素麺を食べさせられたら貰ったも同じであるという。十津川は酒一升持って行き、それをその場で飲めば話はまとまったのである。）

嫁入り　嫁は表から入る。嫁を正座に据えて婿は酒の酌などする。昔は三三九度の盃もあったというが、今は行なわれない。

カネツケ　嫁に来た翌日、その近所のばあさんが来て歯を黒くそめてくれた。それで嫁になれたのである

三日がえり　村内で結婚した時には三日がえりはしない。他村とした時には三日目に、アモ（餅）、饅頭など持って里へかえる。

ヤブイリ　キリハタのヤブヤキやヤブキリをするとき、夫婦がそろって嫁の親許へ手伝いに行く風があり、これをヤブイリといった。別に盆正月には祝儀を持って夫婦でセイボに行った。（註：農業の焼畑の項に「ヤブヤキやヤブキリをする時、嫁に行っている娘は、その婿と一緒に親許へ牡丹餅と酒一升を持って手伝いに行く風があった。すると親の方ではお礼にといって、藤の着物を一枚やったものである。藤の着物を作らなくなってから袴をやることにした」とある。）

眉を落とす　子が出来ると眉を落とした。

結婚はおおよそ簡単なもので、箪笥も長持も別に持って行くではなく、手軽に行なったという。それが他村と婚姻が行なわれるようになって、手が混んでこまるという。

③ 十津川村

ヨロコビ 玉置川では娘が嫁に行く時、若衆組から喜びというものをもらう。如何なるものを如何にしてもらうかはきかず。

ヨメイリ 嫁をもらうについては仲人が世話をする。話がきまると、日を定めて仲人が嫁を連れて行って、その家の者と盃をなしその後で披露があった。

ムコイリ 嫁入りがすんで、婿の方から嫁の家へ盃事に来て、これをムコイリといった。それから親類としての交際が始まるのである。

道切り 昔は途中で嫁に若い者が水をかける風があった。だから傘を持って行ったが、傘が破れるほど水をかけられたものであるという。

また途中へ若衆などが座を組み、朱樽へ酒を入れ、尾上の爺婆〔尉と姥〕まで作って待っている。そこへ嫁の一行が来ると、祝いましょうとて酒をすすめる。すると一行はいくらかの金をつつんでおいて行かねばならなかった。

樽入れ 結婚式の時には若衆は、樽をかついで祝儀をつつみ、肴を一通り苞《つと》に入れ、これを持って祝の座敷に行く。樽には大きなシメ縄をはる。たいてい藁一把かかるほどのシメである。これを嫁婿の前に据えて、若者の代表が口上をのべる。そうして樽肴を勝手へ渡す。

そこで御馳走になる者もあるが、樽に御酒を詰め、御馳走をもらって来て飲む風がある。

酒釣 子供たちも酒をもらいに行くが、この方は小さな樽を入口へ出しておいて逃げ出す。樽を出された方では酒をつめて「コッココッコ」とよぶ。するともらいに行く。これを酒釣といっている。

昔の嫁入り ずっと以前は嫁入りは簡単なものであった。貧しい者であれば行李一つをもって行くくらいで、少しよいものでリョーガケを荷負うた。一番よいのは箪笥を持って行くもので、そういう嫁入りはあり、村中が出て見た。また三三九度というような式のあったのは玉置翁が覚えても四、五度しかなかったという。貧乏なものは来たら簡単に酒をのんでそのままその家に落ち着いた。(以上玉置川)

ショウブ山 十津川本流筋でも結婚は至って簡単で、仲人が行って話をつけ、その場で一升飲んで来れば、もうそれでよく、女はそのまま男の家庭の者となり、そのうち生活のよい家であれば二、三年もたって結婚式をするようなことがあったというが、それは稀であった。女は嫁に行く時、山など親にもらって持って行った。これをショウブ山といった。

離婚 結婚は簡単であったが離婚はむずかしかった。とにかくいくらかの賠償をとらなければ承知しなかったものである。(『吉野西奥民俗採訪録』)

兵庫県鴨庄村

婚姻　婚姻は他地方に見られるように婿入がさきにある風はなかった。嫁がさきにきて三日目か五日目に嫁が里入をする時婿がついて行ったものである。

今、婿は昼、親と仲人と一緒に反物、樽一対、肴、扇子を持って嫁の家へ行き、座敷にすわって御馳走が出る。しかし盃事はしない。その夜嫁がきて式がある（戸平）。

昔は嫁にくるとオハグロをつけたものである。そして子供ができると眉を落とした。

嫁入の時には古くはカツギをかぶったものである。カツギはそれのみにつくってあった。そうして人の死んだ時など、結婚しているものはすべてこれをかぶった。

これが綿帽子になったのは明治になってからであり、最近ではツノカクシになっている（戸平）。

南では嫁は他部落からもらうことが多い。若い者の情事によって結婚するのをズリコミと言うが、そのズリコミは少なかった。若い間の情事は情事としてたのしみ、それを結婚へまで発展させることは少なかったのである。

若者組の項でのべた如く、結婚以前の性生活はナジミとの間に盛んに行なわれており、男も女もそれを当然としていたので、私生児は五〇年まえにはきわめて多かった。今は少なくなっている。

今はナジミ関係ができ、妊娠すればたいてい結婚している。

他部落から嫁をもらう時には、見合もなくて、嫁にきてからどれが婿であるかも分らぬということが多かった。

結婚の話がおこって、相手が一応承諾すると、扇子を持ってゆく。桐の箱に入れて、樽と肴料を持って、嫁の家へあずけておくのである。戻してこなければいよいよ確実となり、結納を持ってゆく。もとは嫁の着る着物―上着、下着、帯など一揃―を持って行った。嫁入の時にはそれを着てくるのである。今はお金を持ってゆく。

昔は嫁入の時には中宿があった。今はなくなっている。嫁の方からは嫁やその親、荷物の人足などがやってくる。酒肴もととのえて持ってくる。婿の方からも、酒肴をととのえて、婿、その親、人足と共に中宿に行き、盃をくみかわし、「嫁にいただきます」という挨拶をして、人足は荷をひきつぎ、一同そろって婿の家へくる。

嫁は大戸から入り、客は玄関から入る。そして嫁はへやにおちつき、仕度をして、ヘヤグチから出て表にすわる。親類の者など出てきて挨拶があり、それがすむと三三九度になる。最初にアイニンがいただき、次にシュウト、次に嫁の親、次に夫婦の盃、次に親子の盃、婿の親戚、嫁の親戚という順に盃をまわすのである。

盃がすむと若い者がツクリモノを持ってゆく。嫁の方はその間に支度をかえて、出てきて、酒盛になる。また嫁の家から菓子を持って行って、見にきている子供たちに菓子をくばる。

嫁入の翌日、婿入とて、婿が嫁の家へゆく。そして盃ごとをする。

婚礼の時の制裁 婚礼のある時、若い者たちは祝を持ってゆく。その時、受取り方がわるいと、その返礼をうけとらなかった。そしてあやまらせたものである。納得できぬときは、婚儀の時、障子も戸もたてさせないままで行なわせた。

また、にくまれている家の婚礼には肥桶をかつぎこみ、肥柄杓を投げ込むことがあった。若い者たちの仕事である（上牧）。

サンダワラマイ 村に住んでいる者で、やはり村に居住しているものの妻をぬすむようなことは時折あった。それが村に知れわたると、役員の者が村人をあつめ、妻をぬすんだ者の家へ行って、男を裸にし、サンダワラを陰部にあてて、裸で村中をはいまわらせた。サンダワラマイと言っている。〔『村の旧家と村落組織Ⅰ』〕

大阪府滝畑

太子の会式 太子とは上の太子のことで、磯長村《しながむら》である。ここに旧四月二十二日に会式があった。この夜は男女誰と寝てもよかったので、この近辺の人は太子の一夜ボボと言ってずいぶん多くの人が出かけた。寺の前に高い灯籠をたて、参詣した人たちは堂の前に集うて音頭をとり石搗きみたいなことをした。

「出せ出せや酒を　酒を出さねばヨーホーホイ」

というような音頭であった。そのぞめきの中で男は女を、女は男を求めた。この晩には、美しい女がたくさん来ていた。そうして夜が更けると、そのあたりの山の中へそれぞれに人々は分け入った。これはよい子ダネをもらうためだと言われ、その夜一夜に限られたことであった。ずっと昔は良家の娘も多かったが、次第に女の柄が悪くなった。この行事は近頃止んだ。このとき妊娠した子は父なしでも、大事に育てたものである。〔註：上の太子＝磯長山叡福寺、真言宗系で太子宗を名乗っている。寺域内にある叡福寺北古墳は聖徳太子の墓と伝えられている。南河内郡太子町太子。〕

恋愛の作法　女は男に惚れた時、男の方へ財布か火打（火打の道具を入れる袋）をぬうて贈った。女は正式に裁縫をならいに行くことはほとんどなかった。必要にせまられると、同僚や年上の者にちょっとした間に習ったのである。財布の方は男の方が意思表示がなくてもこちらに心のある時縫うて贈ったものであり、火打ちの方は男から打ち明けられて贈った場合が多い。

子をオロス　昔は家が貧乏で子を下ろした者が多かった。ナイショ子などは育てる者はなかった。

それでいてナイショ子を孕む者は多かった。これを別に悪いとも思っていなかった。こういう風の止んだのは明治も終わり頃になってである。この谷に交番所ができたのが明治三十六、七年頃で、初めて来た巡査が堕胎ばかり探してあげていった。たいてい六年くらい懲役に行った。そうした女が何人もあった。しかしこのことがあってやめた。次の巡査はまたバクチばかりあげた。女はシガッパというバクチをよくした。そうした女たちもあげられた。そしてバクチもうんと減った。

血族結婚　たいてい血族結婚をする。よそへ嫁にやったり、またよそからもらうことは少ない。だから村内は親戚が極めて多い。

祝　儀　婚礼の三日前にショーヨー（慫慂）する。姻戚、出入関係、交際の深い者に。招かれた人の贈物は、親子、兄弟は酒一斗、白木綿一疋、扇子一対、これに祝儀をつけて持って行った。普通の人は膳を見て、見計らって一円二円くらいつつんだ。丁寧な人は扇子一対をつけた。お嫁にやり、婿さんにやる家の方へは、酒、白木綿一疋、祝儀、家によっては下駄、反物を当人に贈った。近頃はそのほか記念品として火鉢、時計、指輪などを贈る風がある。

嫁の荷　嫁の荷は三荷か五荷であるが、通常三荷である。三荷は簞笥、長持、柳行李が普通である。この荷を嫁入の当日、近所の人が紅白の手拭をかぶり、振袖の着物を着、女の姿になって馬方節をうたって持って行く。門火はたかぬ。

通婚区域　昔この村は瀧畑三十六士と言って、姓はなかったが士分で、狭山藩から扶持をもらっていた所であり、他の村より一段高いと考えていたので、よそ者と通婚することはなかった。したがって村内がほとんど親戚になり、叔父姪、従兄妹夫婦というのは非常に多かった。それが明治二十二年憲法が布かれてから血族が排斥せられるようになり、他村から嫁をもらうものが殖え、よそへも行くようになった。それからイッケが広くなってきた。

昔の嫁入　昔は婿入がなかった。そうして嫁が先に行った。すると舅が行った（嫁の方へ）ものである。その時、七度半、嫁の家から使が行かぬと舅が出て来なかった。これは昔時平《じへい》が菅公をしくじらせた故事にとるということである。菅公という人は七度半よびに行かぬと出て来ぬ人であった。それを知っていた時平が、菅公をしくじらせたのだと言う。それでその真似をするのだと語りつたえられている。今、婿入が先である。

婿　入　婿入は嫁入の日の昼行なう。婿が仲人二人（男女、これは夫婦でなくてもよい）と他に濃い人と一緒に紋付を着て、引出をもって行く。男は玄関から入り、女はニワから入る。入ると挨拶する。まず女の仲人から

「今日はめでたい慫慂を下され、嫁を連れに参じました」と言う。ついで男仲人が

「もとよりの話の通り慫慂がたら嫁を連れに参じました」と言う。すると主人が

「足もとの悪いのに御苦労様でございました」と挨拶し、宴になる。
嫁の親元には後見人を招んで、濃い所を三人ほど相伴人として座にすわらせる。その年頃はだいたい婿と同年輩の人である。
さて盃になるが、酒宴の法をふんで、一献二献と酌んで行く。五献をさすと仲人が
「献合の都合もありますが、日も短日でありますから嫁さんの支度ができたら連れて帰ります」と言う。すると主人が
「未だ支度ができませんからもう一献受けていただきたい」と応じる。仲人は
「遅くなっては施主へも申し訳ありませんからどうぞよろしく願います」と頼む。そのうちに嫁が支度をして出て来、
「皆さんおせわしいのに御苦労でございました。私はまた行きますからよろしく願います」と言う。そうして婿や仲人に伴われて来る。嫁のしゅうと方は後から行く。これを迎えるのに七度半行く。行く人々は年をとった、身の近い人である。
嫁は昔は綿帽子はかぶらなかった。一番下は白無垢、その上に赤、その上に黒の着物を来て行く。三日帰りにはウチカケを着た。このウチカケはタノミの時、婿の方から持って行ったものである。（附：紀ノ川筋では嫁に行く時、縁から突き落とす所がある。）

嫁　入　嫁をもらう時には嫁の家へ附添人が迎えに来る。嫁の門出の時、誰彼なしに「ホーイホイホイ」と言って祝った。嫁入には蛇の目の傘をさした。また「祝いましょう」と言って途中で芋の皮など若い人々がほった（投げつけた）。それがもとで口論の起ったことがある。向こうにつくと婿は玄関から入り、嫁は庭口から入った。嫁を連れて来ても挨拶もしない。座敷に行って夫婦の盃をする。仲人と附添が正座になおり、嫁と婿が坐り、三三九度の盃を嫁婿仲人の三人で無言でかわしたものである。その時カゲウタイをうたった。

夫婦の盃がすむと親子《しんし》の盃をした。両方のしゅうと（年とった人々のことでいわゆる舅ではない）が出て来る。そうして盃をした。しかし下の方の者は夫婦の盃だけですます者もあり、なかには夫婦の盃をしないものもある。そんなのはドレアイが多い。若い者たちは嫁入を見に集まってくる。すると、嫁をもらった家ではヒヤタバコと言って煙草を紙に包み盆にのせて出した。

ドーサク　嫁入りの翌日はドーサクと言って親類を皆よんだ。また若い衆に祝儀をやってかえした。三日目は親類の女が道具の始末に行った。

三日がえり　嫁と婿が土産物を持って嫁の家へ行く。土産物は餅でシュウトの土産という。たいていの家は一つ五合取りの餅を一重ねずつ配る家の数だけ作る。だから七〇軒あるとすると七〇重ね、一四〇個ということになる。

ムコカガミ　婚礼から五日目に夫婦は婿の家にかえる。その時、嫁の方からも五斗くらいの餅をもってかえす。これをムコカガミという。若人をやとうて担うて行かすのである。板で式台をつくり、その上に重ね、差し持ちで杖をついて行く。その時、雲助節をうたう。

婿の家ではその餅を切って近所へ配るのである。そういう大きな餅はハンギリの底をぬいて、それに入れて型を作った。これをきるために三尺くらいの刀を使った。切先の方に竹をかぶせて、荒男が二人で差向いになって切った。刀のない家は鋸で切ったものである。切ってしまうと、その切った餅の切口に鶴や亀の絵を書き、嫁の名をかいて配ったのである。しかし最近ではたいてい一つ五合取りくらいの餅を一重ねずつ配る。七〇軒も配るということになれば一四〇の餅が要るわけである。

カカシュマジワリ　嫁に来ると、カカシュマジワリというものをする。これによって嫁として認めてもらうのである。御馳走は男の酒宴ほど整ってはいないが、それでも皆、相当のものをつくる。そうして五献の酒がくめるように肴をこしらえておく。その日は一定していない。三日がえりの後、適当な日に行なう。

垣内の女全部と親類の女を招く、その時席人（上席にすわる人）になることを誰もきらう。これは挨拶をするのになかなか骨が折れるからである。今では役に出ているものがたいてい席にすわる。そうして一方に年寄が坐る。その他の者はその両側に並んで坐る。

男の時と同じように挨拶のやりとりがあって酒盛がすすんで行く。四献目のときカネオヤが出て嫁の眉を剃り落とし、カネをつけてやる。それで嫁の挨拶があってトリ献になるのである。トリ献の時、席人がヒラクをうたう。〔註：この謡で酒宴をオヒラキにするのでヒラクという。〕

はじめに

住吉の　四社の前なる　蓮池に
　鶴と亀とが　舞を舞う
鶴は上から　舞い下る　下から亀が　舞い上る
　鶴と亀とが　舞いつるむ

次に

盃の　台のコーリ（窪）に　松植えて　黄金花が咲く

とうたう。嫁、姑、仲人、後見人など皆出て酌をする。

次に

深山の奥の　ささがには　年は寄りてもあなを喜ぶ

とうたい、これで盃を取るのである。台所にいる人たちも出て膳をひく。その時ひく人が

「御一統様よろしゅうお上り」

というと席人が
「いやもう長座いたしました」
と答える。膳をひいて静かになると、次に嫁が羽織を脱いで出て来て、座の人々に茶を汲む。これを茶ブレマイという。そのとき嫁はナカジキまでの人に茶を汲み、それから裾は雇うた人に汲んでもらう。

その後でヒヤタバコを出す。これをうけると席人が
「それでは誠に長座いたしました。おたち申します」
と施主へ挨拶する。すると施主から
「いやもう御愛想のないことでございました」
と答えて終わる。そうして送って出る。

オヤジブレマイ　今、たいていカカシュマジワリと同じ日にある。女の時と同じような方法で男が招待される。その酒宴の時、若い衆が障子を破って煙草入を出し、煙草をもらいに来る。酒宴が終わると祇園囃で送り出す。

嫁さがし　先日からもちょいもちょい和泉の者がこのあたりへ嫁をさがしに来る。この方からも行くが、この方の者がもらってくるということは少ない。しかしこのあたりから出て行く者はある。下《しも》の方の者の話では、このあたりの女は気がおとなしくてよく稼ぐと言う。が、こんな辺鄙な所まで来るので

あるからもらう方によい家は少ない。このあたりへは前に言ったように紀州から嫁に来る者が多い。下の方へ行くような者はたいていノドの太い者である（ノドが太い者とはいろいろなことを気にしない人である）。〔『河内国滝畑左近熊太翁旧事談』〕

大阪府西能勢

結婚区域　もと嫁は大てい村内でとりあった。しかし近頃は大阪の方へ行く者が多い。これは古くからのかたくるしい習慣の為で、近くへやると、その習慣を守らなければならぬからである。

ハコを納める　結婚となると仲人をまず頼まねばならぬ。仲人は先方へ行って話をきめる。話がきまると婿の方から扇子をおさめる。これをハコを納めるという。

ヒロメ　嫁入の日のきまった十日前になるとヒロメと言って嫁の方から嫁の親類へオコワ〔赤飯〕を配る。このオコワは婿の親戚へも配るのであるが、その時、嫁の家からフクサを婿の家へ贈り、そのフクサを重箱にかけて、婿方の親類へは配る。このフクサによって婿方は嫁の家の仕度の程度を察するのである。

嫁　入　嫁が家を出る時は、雑魚を三匹藁の上にのせて門口におき、ニハビを焚く。荷持は荷をかついで行く。その仕度は紺の着物にだんだらの襟をかけたものである。手には青竹を持ち、休む時これでさせる。向こうへつくとこの竹は割ってすてる。大ていのものは婿方へおいて吊台だけ持って帰る。

嫁の行列が向こうへつくと、村の青年達がやって来て、その家の前に松竹梅をたてる。この時祇園ばやしをやる。たててしまうとクラブへ帰って飲む。その酒と肴の煮〆とは婿の家から持って行く。それを飲んで十二時前後になると青年はぞろぞろ婿の家へ来て酒宴の席に連なる。お客は朝まで居らぬと夫婦の縁がうすいとて居る。

嫁入の夜、嫁の方は菓子を持って来て、嫁入を見に来た子供たちに配る。これは一つかみ宛である。また嫁入で貰った御馳走は必ず近所へ配る。良縁にあやかる為である。仲人の家へ配る土産をヘソヒヤシという。

嫁は持って行く荷が二荷以上であったらウチカケを着た。

荷カザリ　婿の家では嫁をもらった翌日ニカザリとて近隣親類に見せる。嫁に行く家では行く前日に見せる。

婿　入　嫁入がすむと婿入がある。嫁の荷が三荷であれば三日目に、五荷であれば五日目に婿、婿の母親、仲人、嫁、親戚の重立つ人が行く。その日のうちに戻って来る。

ムコモチ　初めての三月の節句が来ると嫁の親許では一斗どりの餅を二つ、ヒシノアモと言って婿のところへ持って行く。婿の家ではこれを切って近所へ配る。小さい家では五升どり二つ持って行く。また五月の節句にも嫁の里からムコチマキというものを作って婿の家へ持って行く。やはり一斗どり程の餅である。このほかに三月節句には嫁の里ではヒシノダンゴというのを作り、桃か梅の花をしの結びにしたのをつけて持って行く。これも近所に配る。五月にもムコチマキのほかに、本当のチマキ、五寸位のものを五つ二重ね、即ち十宛扇形にくくったのを車に積んで婿の家へ持って行く。すると婿の家ではこれを親戚近隣に配る。

仲人の家へは、正月と節句にそれぞれ、婿嫁両方の家から贈物を持参する。

さて、このチマキであるが、どうしても五六斗は米が要り、これを作るのに容易でないので、それを作る間のない者は、四斗俵を持って行く。

次に田植前には嫁の里からゴガツを持って行く。嫁の初田植というので、そのひろめの為に餅を配ったものであるが、今風呂敷を配る。

これらの贈物をムコモチと言っている。

村との関係　嫁をもらうと婿の方では嫁の荷一荷について大体一円の割合で村へ出す。このほか子供が出来ると、彼岸の道作の時、男の子であれば米二升、女の子であれば米一升五合を村へ出し、青年に入る時には白米一斗を出す。この米は区長の宅で道作の日村の人が飲食する料になる。この時、野菜を村の家一戸一戸から貰い集め、初めて青年に出た者が炊事し、初めて子供を産んだ者が給仕する。これだけの手続を踏んで来れば、嫁は村の一人前として、男子もまた村の一人前として通用し、男子は村日役にも一人前としてとってくれるのである。

余談

(イ)結婚の夜青年が門松をたてる風は同じ能勢の中でも歌垣村にはないそうである。また兵庫県川辺郡でも見かけない由。

(ロ)夜這いの風はあまりなかった様であるが、川辺郡まで出ると、他家の門の中をのぞいて来ないと寝られぬ男があるなどという事を聞く。しかしあいびきは能勢にも多くて、あいびきで一緒になった者をダンジリと言った。またお腹が大きくなって嫁に行く者をジューバコと言った。

(ハ)能勢では丹波の女は好色だといい、

丹波よい所女のよばひ男後生楽ねて待ちよる

という歌がある。但しこの替歌は各地に多い。

(ニ)結婚を中心にしたロマンスはこの地にも多い様である。その一つをあげて見ると、能勢の一番奥の天王から森上という所へ嫁に来た女があった。女にはそれ以前から好きな男があって、夫の目をぬすんで嫁入先から天王と森上の中間にあるナカンドという所まで来て男と逢曳していた。ここには関所の様なものがあった。ところがある時、男が何かの都合で来ない事があった。

女は男が変心したものと思い、丑の刻参りの装束をしてナカンドへ行った。すると男はそれを化物だと思ってうち殺した。

「心天王に身は森上に流す涙はナカンドに」という俚謡が今も残っている。〔『上方』九六号〕

京都府当尾村

性生活・婚姻 夜寝る時、家のしまりはつけたが、癖の悪い女は男と内緒の縁を結ぶことがあった。そうして夜男が通って行った。これをヨバイと言っていた。親もあまりやかましくは言わなかった。

若いものたちは多少金でも持つと奈良の遊女町へ行った。奈良には木辻という遊女町があり、また元林院というのが明治になってから、猿沢池の西に出来た。若い時にこういう所へ行かないものは人間でないように言われていた。だから、どんな人でも一年に一度や二度は行ったものである。そして村の娘と関係するものはむしろ多くなかったようである。

結婚年給は相当おそかったようで男は二十六、七をすぎねば嫁をもらわず、女は二十をすぎないと行かなかった。三十代になって嫁をもらうものもあった。この傾向はこのあたり一帯に見られたようである。

村内婚は少なく相当広い範囲、大和の国中《くんなか》あたりからもらい、また行きもした。だいたい五里四方くらいが通婚の範囲であっただろう。したがって村内よりも親戚は遠方に多い家がかなりある。〔『民族学

研究』7巻4号〕

岐阜県石徹白

恋愛習俗　若い者になると男女の関係はきわめて自由であった。ヨバイに行って女がゆるしたからとて結婚するとはきまっておらず、むしろ講寄りの時、若い者の間でうわさになると結婚にまで発展することが多かった。また講寄りの時、男女分かれて雪なげをするが、雪が思う人にあたると結ばれるとも考えられて、思う人にあてようとしたものである。このように結婚前に関係が成立しても女親はだまっていた。すると娘は人足仕事などの時に男がかけるムネアテに美しい糸でサシコにしたものをつくって男に贈った。そういうムネアテをしていれば男には婚約の女があることがわかり、またそのような男はほこりをもっていた。それをキオウているといった。

恋愛にともなう習俗は多かったようであるが、今のこっているものが少ない。そうしたものの中、記憶せられている一つにガキユスビ〔ガキムスビか?〕というのがある。思う人の名を紙の端に書き、小指とおや指でうまく結べると縁がかなうといわれたものである。紙はどのような紙でもよかった。

また思う人の名をいって着物を裏がえしに着て寝ると相手の人が夢を見るとも信じられていた。

血統についての俗信　女は口かずをしゃべらず、よく働くまじめな人が喜ばれたが、親は血統のよくないのをきらい門閥を喜んだ。血統のわるいというのはライ病や肺病の家筋である。ライ病をドスといい、村で突発することがあった。これは猪をたくさんとって来ていつもたべているとドスになるといわれ、猪とショウガ、ジャガタラとカボチャ、ニシンとカボチャなどを食いあわせるとドスになるとも信じられていた。

婚姻圏　嫁はだいたい七、八分までは村の中でもらう。頭分の家か、貧しい者は、他からもらうこともある。村以外では美濃の方から多く来た。こういう場合には行商人がよく世話をしてくれたものである。アキンド（商人）がどこに娘がいるということを知らせてくれると、こちらからききあわせに行く。一番遠くから来ているのは美濃大田、名古屋からで、たいてい北濃・高鷲《たかす》の人が多い。越前の方から嫁をもらうことは少なかった。

見合い　仲人には親戚の人をたのむことが多い。こちらから相手へ見込がつくと見合いをする。その家へ行くこともあり、彼岸などに寺まいりするとき見合いをした。

結　納　そしてこれならよいということになるとユイノウを持って行く。酒一升・スルメ一把・金五円ないし三〇円くらいを持って行く。昔はノシも持って行った。ムカイ（相手）では待ちうけて御馳走する。

嫁入り　それから両方で着物を作ったり、道具をそろえたりする。嫁の荷は若い衆がかついで持って行くことにする。他村から嫁をもらうときは、途中まで行って受け渡しをする。荷をかついだ青年たちは、村の中を歩くとき伊勢音頭をうたう。そしていかにも酔うたふりをして歩く。時々イキヅエに荷の棒をのせて休む。荷の多少はユイノウの額によるのだが、近頃持って行く荷の量は減った。

嫁につき従う者は父の代りに兄か叔父であり、母の代りに、兄嫁・姉・叔母などが行く。たいてい男三人、女二人くらいがついて行く。仲人は男一人がついて行く。

迎えは婿が直接に行くこともあり、親戚の者が行くこともある。トチュウムカエには全部出かける。向こうまで行った人に対しては嫁方が簡単なふるまいをする。

嫁が家を出る時はカドビをたく。嫁は白装束で出る。嫁には父母がいろいろ言ってきかせ、刀か扇を腰にさしてやるのである。そして表から出してやる。

嫁の行列は婿の家近くなると、見に出ている人に菓子をまく。これをオミヤゲといった。昔は嫁の行列がとおると仲人に水をかけたり雪だまを投げつけたりした。

下山（下穴馬村）あたりでは、他村へ嫁に行く時、村さかいまで仲人に対して水をかけ泥をかけまた石を投げ、つかまえて着物をさくことさえあった。若い者たちが娘の出てゆくのを惜しんでのことであるという。ところが相手方の村に入ると仲人を手車にのせてつれて行く。

遠方から嫁の来る時はいったん中宿におちつき、そこで着物を着替える。

嫁は表から入る。その時、一升ますに水一杯入れてのませる。口をつけるだけである。次に神様にお礼をして控えの室に入る。

夫婦盃・親子盃　座敷ができると夫婦の盃をする。しめきった座敷で、嫁と婿がすわり仲人と親戚の女と、酌人二人がその部屋にいる。そしてかげで謡をうたう。酌人は親戚の十二、三歳までの女の子である。銚子は長柄である。床には祝掛の軸物をかける。本当は島台をおくのである。そのそばへ、瓶子・銚子・盃・ヒキワタシ（肴）をおく。これをとって盃事をするのである。子供〔酌人〕が全部やるのであるが、親戚の女が指図する。

夫婦盃の後、親子盃をする。そして披露の座へ出て来る。

披露宴　この時の酒盛には九つか一二くらい重ねた朱の盃が出されるが、その上の三つほどをとってまわして行く。

時間を見はからって嫁は衣装なおしをする。それから嫁が酌に出る。そして最後に大盃が出る。これをのむとき座の者は謡をうたう。その最後に家の主人がのむのであるが、その時、正座の客がうたう。

宴が終ってたつ時、伊勢音頭をうたう。

若者たちは見に来るけれども、いたずらはしない。その家では若者に酒とスルメを出す。これをお祝という。若者はこれをもらって宿にかえり、そこでのむ。もとは若者たちは藁でツル・カメ・松などの祝物をつくって持って来た。

結婚式の晩かその翌日、親戚の女をまねく。すると結婚式に行かなかった親戚の女たちが全部集まって来る。

この日嫁は姑につれられて宮と寺へ参り、また親戚・近所をまわる。これをヨメコバリという。それがすむと舅姑の二人と近親の女が嫁の里へ挨拶に行く。

結婚式の翌々日、近所の人や祝儀の手つだいに来た人を全部まねく。


サトガエリ・ヘヤミマイ・ウチアゲ　嫁は一週間ほどすると里へかえる。そして一〇日か二〇日ほど家にいる。サトガエリという。その時、粉をひいて団子を作ったり、カイモチを作ったりして持ってかえって親戚に配る。

婿はウチアゲのとき嫁の家へ行き、また一年に二、三回くらい行く。

嫁が来ると婿の親戚からヘヤミマイといって、祝儀の翌日、品物やお金を持って来る。それは嫁が里へ送る。カエシはしない。

嫁がサトガエリからかえる時、餅をもって来て婿の親戚へくばる。すると婿の親戚は嫁をまねく。嫁の親戚もウチアゲに行った婿をまねいて御馳走する。ウチアゲは式後すぐ行なわれることもあり、一日後に行なうこともあり、また祭の時にすることもある。それまで婿は嫁の家へ行かない。

このようにして夫婦として結び、また両方の家と家とが親戚としてのつきあいをはじめるのである。

〔『越前石徹白民俗誌』〕

新潟県中俣村中継

村内婚（以下中継の例） 婚姻は通常村内で行なわれる。だいたい八分までは村内で行なわれる。それもほとんど親戚同士で、従兄妹の結婚の例は相当に多いようである。したがって見合ということは行なわれない。

キメザケ 仲人は大切な親類の人を頼むことが多い。分家であれば本家の主人を頼む。仲人は初めてもらいに行く時お茶を持って行く。たいてい十の中九まではその時きまってしまうものである。茶を納めると約束ができたことになるので、次に酒肴を持って行って結婚の日をとりきめる。その時嫁の方は親戚を集めておく。貰う方からは仲人とお供が行く。盃は仲人の方から持って行き、仲人から主人に盃をさすと、主人がそれを受けて一杯のみ、座中の親戚の者に「こういうわけであるから飲んでくれ」とて親戚の人にも飲んでもらう。そうして次々にさして行く。酌はその家の者がなし、盃は仲人ととりやりするのである。この時日をきめる。嫁に行く娘は出てこない。

結　納 婚礼の日、仲人がお供を従えて結納を持って行く。その時、酒肴にオコワのようなものをも持って行くのである。結納は貧富によって一定しない。華美にするものもあり、地味なものもある。結納としては着物を持って行くことが多い。嫁の家へ行って結納を出し、持って行った酒肴をひろげて酒を飲む。結納は床の間にならべておく。嫁の家では荷物を持って行った人に祝儀を出す。銭と反物一反くらいである。仲人にもこの時祝儀を出すのである。

嫁　入　次に嫁は着物を綺麗に着かざって、仲人や親類のものと一緒にお酒を飲み、家を出て行くのである。嫁は表口から出る。その時父親か母親が必ずついて行くのであるが、手のふさがっている時は親戚の者が代ってついて行って親の役目をする。

また、一〇人に一人くらい、ツレオナゴのつくことがある。ツレオナゴは一人で親類中の仲のよいものがなるのが普通であるが、年寄がついて行くこともある。

嫁、親戚の者の後につづいて長持を持って行く。昔は途中で綱をひいて物を貰う風〔道切り〕があったが今はなくなっている。また冬であれば雪をかける風もあったという。

嫁は表から入って控室にいる。控室で衣裳を着かえる。

三三九度の盃はある。その時、両親のそろった男の子と女の子が酌をする。謡もその時うたわれる。

この式がすむと、婿方の親類も集まって披露宴になる。この時三重の大きい盃をまわす。上からまわして行く。酌をする人にきまりはないが、若い人が多い。若い人は酒をすすめるのが上手だからである。

最初にオミキとて上の盃で一つ飲ませ、次に下の大きい盃を用い、三度目に中の盃でのませる。酒が相当まわってから、若衆が下座から飯椀で二杯ずつついで強いて行く。これをノボリという。式が終わって客の帰る時、庭へ下りてから、茶椀で酒をすすめる。家の者たちは誰にもみんな追いかけてすすめるのである。これをシリタグリという。シリタグリは婚礼ばかりでなく大きな祝事のある時はすべて行なう。

また、若い者はタルイレとて樽を投げ込む。すると酒を入れてかえしてやる。

結婚式の翌日を茶飲みといい、親類の婆さんたちを招いてふるまう。

里帰りには嫁婿が行き、婿は嫁の親類をまわって挨拶する。

養子娘　庄内地方は結婚の華美な所で、一人嫁にやるといえばなかなか費用がかかるので、貧しいものは正式な結婚式をしてやれないから、小さい時、他家へくれてやることが多い。岩船地方にもそういう娘をもらった家が何軒もあった。岩船の方は上述のごとく結婚式が簡単であるから貰って育て、何年か家の仕事をさせて嫁にやった。自分の実の娘とは大して差をつけないで世話をしてやった。したがって嫁に行ってからも貰い親を実の親同様にしていた。だから実の親の所へ行くこともほとんどなく、実の親との交際はあまり見かけられなかった。

岩船の結婚式は概して簡単であったといえる。これは親戚内でやりとりしたことが大きな原因である

といわれている。〔『高志路』76〜81号〕

新潟県佐渡島

佐渡の嫁

ヨメという言葉がいまもその内容をともなって生きているのは佐渡である。そこで佐渡の嫁について話してみたい。佐渡は女のよく働くところである。田の中で草取りしているのも、山から丸太を負い出しているのも、みんな女である。納屋の中で話し声がするようだと思ってのぞいてみると、女が俵をあんでいる。軒下の日陰で草履を作っている。ほんとによく働く。そうしたはげしい労働の故であろう。年をとると、O脚になっている者が多い。五十をすぎた女ならば左足か右足を少しずつひきずるようにしてあるいている。一生を労働のために使い減らしているという感じが深い。

とくに若い嫁の労苦は大きい。嫁という言葉がユイメ（結女）から来ていることをこの島ではしみじみ感ずるのである。島の北海岸では若い娘が嫁にいく場合は最近まで着のみ着のままであった。着物も何もすべて親もとへおいて来る。同じ村内へ嫁に行ったものならば、夜フロへ入るのも親もとへ帰るし、休みの日に着物を着がえてあそびに出るような場合も親もとへ着がえにいくという。それだけではなく、「半年づかい」とよばれる嫁は、親もとと婚家で半々に働かねばならないのである。つまり若い女は若い男と性生活をするために一緒になるが、それ以外のことではたえず親もとと婚家の間を往復して働かされるのである。中には婚家へかなり尻をおちつけている嫁もあるが、それとて婚家でただ働かされるだけで、暇も小づかいもろくにもらえない。ただ春先のひまなとき、盆前の田の草取りのすんだとき、秋の取り入れがすんで庭仕舞いも終わったとき、「洗濯帰り」といって婚家から親もとへ帰ることを許される。二〇日くらい帰っていられるのである。若い嫁たちはそのとき家へ帰ってほんとにのびのびと足腰のばして休むのである。その帰るとき、よごれたものなど持って帰って洗濯する。暑い日の照る下の川のほとりで大ぜいの女たちがおしゃべりしながら洗濯しているのを見かけたが、その洗っているものを見ると、布団などひどくいたんだものにつぎを当てているものが多い。生活のまずしさが目につくのである。洗ったものは河原の石の上や稲架にかけて干している。

時には、一人ぽつねんと水のとぼしい流れで洗濯している女を見かけることもあった。嫁の境涯はまた寂しいものである。親もとに親のいるあいだはよい。しかし親が死んで兄の代になっているような中へ帰っていくのは、気のつまるものであった。それでも慣習で洗濯帰りはしなければならぬ。子供が二人あっても三人あっても嫁である間はこうして家へ帰るのだが、姑《しゅうと》からシャクシをわたされてカカ(主婦)になると、もう帰らなくなる。

洗濯帰りのとき気のつく姑ならば、金の一〇〇〇円や二〇〇〇円を嫁にやることもあるが、それが嫁の小づかいで、そのほかに姑に金をもらうことはほとんどない。しかもその金だけでは子供に着物を買ってやることもできねば、白粉《おしろい》も十分に買えない。そこでいきおい実親にねだるようになる。そして子供の着物ばかりでなく、時には夫の着物の一枚もつくり、またせんたくモチとてモチをついてもらったものを持って婚家へ帰るのである。そしてまたはげしい労働にしたがわねばならない。

このような慣習は佐渡から四十九里の波をこえた能登地方にもひろく見られたところであり、佐渡でいう「嫁の半年づかい」のことを、「日を取る嫁」と言っている。実家と婚家の間を往復して働かされるのである。

さて、佐渡でよくよく聞いてみると、男の場合も同様で、昔は婿養子もいたって多く、婿もまた嫁とおなじように亭主になるまでは里帰りがあったのである。ただ帰って洗濯しなかっただけで、そのあいだ親もとで働かされた。

佐渡の南海岸はもともと土地のせまいところで、分家をふやす余地はなにほどもなかったから、二、三男に生まれた者は生涯をオジ坊主ですごすか、または婿に行くほかはなかった。そして婿の口さえあればどこへでもいった。いった先で女と気があわなかったり、女の親に気に入られなかったりしてかえされた例も少なくない。そして家で働いていて、また婿入口を見つけて出て行く。出たり入ったりで、二度も三度も婿入りする例はめずらしくなかった。

だから女だけが親もとと婿の家を往き来して暮らしたのではない。そして愛情のない結婚だの、家と家との結婚だのと言ってみても、我を張ってオジやオバで暮らすよりは、まだ嫁や婿に行くほうが、そこに財産があるだけでもその生活に大きい安定があった。〔東京新聞　昭和三十五年十月十一日〕

秋田県浅舞町

嫁入　嫁はだいたい近在からもらい、あまり遠くからはもらわない。また階級の違った家からはもらわぬようにした。親方は親方同士、ドノはドノ同士で。しかし親方がワカゼに娘をやるというようなことは稀にあった。また古くは姉に家督をゆずる〔姉家督〕風も見られたが、一般にはきらわれた。〔『村の旧家と村落組織Ⅱ』〕

隠居

鹿児島県屋久島

麦生の隠居分家　麦生では息子に嫁をもらったとて、隠居をブンに作る〔分家をたてる〕ことはなかった。多くは子供夫婦と共に同居していた。しかし長男に子供ができると、初めて後をゆずり、親は二、三男を連れて分家するのである。分家すると言っても昔は地割であったから屋敷地は部落からくれ、畑も一人前の割当てを生ずるので、分家するための費用と言えば、家と家具を整えるだけのものであった。家の方は木が豊富で、その上部落内の共助があったから費用は何ほどもかからない。かくて二男に嫁をもらい、子ができれば三男をつれて分家する。こうして晩年を迎えるのであるが、土地が個人有に帰し、屋敷も村からもらえなくなると、子供三人あればその財産を平等に三分し、屋敷をまず同様に分つようになった。同時にまた、最近は村外分家のふえて行く傾向を生じ始めて、他地方の村との差がなくなりつつあるという。

次に父母は末子が面倒を見るが、その死に当って、父の棺はかならず長男がかつぐものとし、母の棺は二男がかつぐものときめている。したがって父親の死病という時には、息のあるうちに長男の家に引きとった。母親の際は二男の家に引きとるということは少なかったが、二男がどこにいても、かならず帰ってきて棺をかついだ。

位牌は葬式がすんで一週間たつと、僧が分家の数ほどつくって持ってきてくれるから、どの家にも位牌はある。したがって盆正月に本家へ仏を拝みに行くようなことはない。

兄弟のつきあいでは兄をたてる。これはたいてい家父が死ぬる時に兄を大事にせよと遺言する。したがって弟たちは兄の家に加勢に行くことが多い。兄の方からはそれほどにこない。が、面倒はよく見て、すべて親代りを勤めてくれる。しかし兄弟が死ぬると、二代目からは仕事の加勢ということはなくなる。また兄の家を大切にする風もあるが、位牌が各戸にあって地面から何から一戸前を持っているとすると、二、三代で本分家の交際は多くは絶えてしまうが、分れて行った家は皆同姓であるから、どれが本家であるかよく分った。位牌の多い家が古い家ということになるが、時にその位牌も処分することがあったと見えて、古いものはあまり残っていない。

右のごとき血族的な親子関係のほかに、ここにも仮の親子はある。よそからきて村人になるためには親分をきめて、親分から話がないと村人にはなれなかった。こうして村人になったものを村は一般分家と同様に待遇し、また賢者であれば村の顔役にもした。一方入村したものは親分に対してはどこまでも親子の礼をつくした。かくのごとくにして村人となったものが、七〇年ほどの間に五人くらいある。

小瀬田の隠居分家

この地でも本家は非常に分りにくくて、どの家が本家であるかを知っているものはほとんどない。札頭の家も今は忘れられて、どの家であったか判然としない。墓もこの地は各所に点在していて、南海岸のように共同墓地式のものがないから、いよいよ本家は分かりにくい。しかし古老の言い伝えによると、正月の朝挨拶に行く家があったという。これがもとの札頭の家であろう。またどういう人の墓であるか分からぬが、鳥居のたっている墓があって、そこへは村中のものが拝みに参る風があるが、村の総先祖ではないかと言われている。

分家に際しては村の共有地を屋敷としてあたえた。この地は土地は個人持のもの（田およびコバ）があったから、これを親が子供たちに平等に分けてやる風があった。親は長男が嫁をもらうと長男に家をゆずって、二、三男をつれて出て行く。この風は麦生と同様であるが、位牌は麦生のように各子供の家にそなえない。父母のもの各一つである。したがってそのあり場所が問題であり、父のものはその葬式をした長男の家におき、母のものは次男の家におくのを通常とするが、かならずしも一定していない。次男の家に父母の位牌があり、また末子の家にあることもある。これは親の遺言によって、自分の最も気に入った家に位牌をおいてもらったからである。そういう時は長男の家から弟の家へ位牌を拝みにくるというようなことになる。かかる家庭もかなりある。そのとき位牌のある家が本家のような観があるが、弟は兄の家を大切にすることは変わりない。

一湊の末子相続　この地でも長男に嫁をもらうと親は末子にかかる。父の葬式は長男、母の葬式は次男が行ない位牌も父は長男、母は次男の家にあること小瀬田と同様である。

かくのごとき血族分家のグループをマキとよび、マキは本家を中心にしてたいていその周囲に分家をめぐらしている。ただし土地の関係で遠く離れているものもある。したがって本家筋はだいたい分かっている。ことに明治初年に二四〇～二五〇軒であった村が、現今五五〇戸にまでふえているので、明治初年以来の本分家はじつにハッキリしている。

本家筋へは正月に挨拶に行く。そのとき年賀と餅、菓子などを持って行く、この地で菓子というのは多く団子のことである。

結婚はもとイッケ内で行なわれていた。したがって非常な近親結婚であった。今その風が減り学校教育の結果、血族結婚はほとんど見られなくなってきたという。

吉田の隠居分家　吉田でも子供に跡をゆずると、老人たちが隠居を作って別居をする、いわゆる楽隠居以外に、長男に嫁を迎えると親たちが二、三男をつれて出る風もあった。そうして親たちは死ぬまで二、三男のために働いた。これを島人は末子相続と言っており、老人のみで家を分《ぶん》にする隠居（楽隠居）と区別している。どういうわけで二つの型があったかということについては聞き落とした。

附記：以上報告したところがいわゆる屋久島の末子相続と言われるものである。これによれば末子相続といっても長男が出て行って家をたてるのではなく、ただ末子の家に父母が同居する形である。そしてまた、位牌のごときも多くは長子および次子の家で祀っているのである。むしろ隠居分家というべきで、この相続制の生じたことは、土地制度と大いに関係あることと思う。この地は久しい以前から地割制を行なっていた土地であり、地割を行なっていなくても、土地の平等分有の行なわれていた地である。こういうことがかかる分家制度を生んだものであろう。したがってここではイッケとかワカサレとかいう血族団的な考え方はきわめて少ないようであり、村をもって一家と考え、島全体をもって一団と心得ていた。そして部落の中心になる人物は庄屋であり、庄屋は家柄というよりも人物本位であったらしい。この故に今日も、家格よりも人格が尊ばれている。ただ宮之浦のみは相続において趣を異にしていた。

宮之浦の本家分家　宮之浦は長子相続の地で、親は長男の家にいたものである。しかし財産は同じように分けたものである。ただ家内一家の考えで多少の差はあった。

屋久島は昔から苗字のあった所で、昔は苗字が川崎なら川崎であるとすると、そういう家がたいてい何軒もあって、多くはイッケであった。それをまた島津氏の方に戸籍があって、どの家はどこのワカサイ(分れ)ということをしらべ、本家はどこ、ワカサイはどこどことわかっていて、各イッケの本家をフダガシラ(札頭)と言った。ただしフダガシラはフダガシラと言うだけで、別に権利はなかった。これは本家が目立って多くの財産を持つとか、血族を中心とする行事をほとんど持つということがなかったためである。なおまた宮之浦だけが長子相続であったのは、奉行所がこの地にあって直接鹿児島の士風が影響するところが大きかったためである。この島に鹿児島からきた武士はいつも二〇人くらいおり、三年ごとに交代した。〔『屋久島民俗誌』〕

鹿児島県宝島

隠居 子供に後をゆずって孫でもできると、隠居する風がある。ただし全般的だとは言えない。われわれは、これを六軒ほど見かけた。竈を別にしているものもあれば、大家から食事を運んでもらっているものもある。〔『宝島民俗誌』〕

長崎県小値賀町六島

隠居 この島では五十五歳になると隠居する。そこで隠居する前三年と、若い者のほうは二十五歳をすぎてからの三年間は、冬も島へのこって島の公の仕事にたずさわらなければならなかった。これを「村づとめ」といった。そして部落会長はこの村づとめをする年長者のほうからえらぶのが普通であった。期間は一年であるが、二期、三期つとめる人は少なくなかった。会長の下には「筆とり」がいる。いま書記と呼んでいる。島に関する公のことといっさいを記録する役目である。その下に「しくろ」がいる。宿老と書く。今は老役と書いている。この島では宿老は会計を担当している。さらにその下に雑役をつとめる「五人組」がいる。五人組といっても役目の名で、ただ一人いるだけである。

この四人によって島の自治は運営せられる。そのほか本島との関係で、漁協理事、農協理事、資格審査および調査員、農会長および役員、被害調査委員、漁協組合総代、町会議員などがあるが、これは一年交代ではない。また臨時の役員として築港委員があるが、築港ができれば解消するものである。

これらの役員のうち、年々交代するもので島が自主的に委嘱するものは総会できめる。島の総会は四月と九月の二回に行ない、諸経費の勘定もこのとき行なわれることになっている。いわゆる半期勘定というのはこの島の昔からの仕来りである。総会が盆正月に行なわれないのは出稼ぎの関係からで、酒造稼ぎは冬間の仕事で、正月には男はほとんどいない。この島の正月はいたってさびしいのである。それが三月の末から四月になるともどってくるので、そのとき開くことにしている。この総会には各戸から一人ずつ出る。そして勘定と役員改選、経過報告、事業計画報告が

隠居家（長崎県小値賀町六島、昭和36年4月）

されるが、まったく議論が沸騰してつきるところがないように見えるが、いったん決定を見ると、もうだれも文句をいう者はない。そして会長になった者の命令にじつに忠実にしたがう。そうしなければ島の秩序や運営は維持できない。（中略）

島民はだいたい五十五歳で隠居するけれど、それは楽隠居ではない。隠居すれば村仕事や会合に出なくてもよくなる。息子がかわって出るからである。すると家の仕事に専心する。隠居がいれば田も畑もよくみのる。ということは、村仕事の多いことを物語る。村仕事は少なくとも年五〇日を下らない。一年のうち五ヵ月を酒造場で働き、そのうえ村仕事五〇日をつとめると、家の仕事をする間は一五〇日ほどしかない。いきおい女にまかせることになる。村仕事の五〇日は、個人にとっては大きな負担であることがわかる。隠居すれば、それに出なくてもよい。

この村における戸主とは絶対権をふるうものではなく、村仕事をつとめる個々の家の代表者ということである。だから子どもがいなければいつまでも戸主でいなければならないし、子どもが二十五歳になれば、親は五十歳に足らなくても隠居することもある。その場合は息子が村づとめをするわけである。隠居は村の公の会合には出ないけれど、村にもめごとがあるときは出ていく。そうすればたいていの問題が解決つく。島の金比羅祭りにも隠居が上座に坐って酒宴をする。〔「六島共和国」『世界の旅』25〕

長崎県対馬

曲の隠居　梅野氏は四十になる前（三十五、六歳）に隠居した。親の生存中に隠居して出来た財産は遺言がなければ長男のものになるが、多くは二、三男にやっている。家の財産は長男に、親の貯めたものは二、三男にいくことになる。（厳原町曲）〔『農漁村採訪録Ⅵ』〕

五根緒のヨマ　子供が妻をもらい孫が出来ると隠居する。ヨマのない家は新たに建てる。ヨマは屋敷内に建てる。兄が跡を取って弟があると、弟がヨマについて行く。ヨマを弟の家にすることは少ない。ヨマにいると食べるのは別にしているが、米びつはひとつにしている。ヨマにいると公役には出ない。ヨマの財産もない。（琴村五根緒）〔『農漁村採訪録Ⅹ』〕

豆酘のヨマ　ここは隠居は早く行なう。子供が家内をもらって子が出来ると隠居する。孫が三、四歳になるとヨマに入る。畑を三反作っているとすると一反を隠居が取り、二反を本戸が取り、牛馬三頭あれば、ヨマが一頭、二頭を母屋が取る。財産をひと通り分けてしまう。水田も畑も山林も分ける。名義は親の名になっている。山林の公木を売るときの分金《ぶきん》も三分の二は母屋にやる。二、三男はヨマの方に連れて行く。どこの家にもヨマがある。ヨマが二つになることは少ない。ヨマは屋敷内に建てることが多い。親が死ぬと長男が家督を相続する。二、三男はヨマにとまっていることが多い。別に家を建てる人は一割ぐらいしかなかった。ヨマ・分家は村の役には出なかった。村の会合があっても出て行かぬ。ヨマはすべての公の席には出ない。税金も長男のところに出す。葬式があってもヨマの者は加勢に行かぬ（親戚はこの限りにあらず）。分家をしても伊勢講町（伊勢講の単位となっている地域集団で葬式組の単位でもある）に加入しなければ葬式には出て行かぬ。（厳原町豆酘）〔『農漁村採訪録XI』〕

山口県祝島

隠　居　子供に跡を譲り、七十歳近くになるとヘヤに入るが、本家でもらって食べる。山や海へは行くが、財産は別にしていない。二、三男を連れてゆくこともない。ヘヤはどこの家にもある。〔『農漁村採訪録XIV』〕

山口県平郡島

隠　居　五十歳ぐらいになって長男に跡を譲ると、二、三男を連れて隠居する。隠居しても村の夫役に出て行く。二、三男がもらうべき土地を持って、親もついて出て働く。持って出た財産を二、三男に分けてやる。二、三男のために新しく建てて出る者もあり、家を造ってやらぬこともある。女の子には分けてやらない。土地持ちは分けてやることあり。

また家にヘヤがあって、そこに入ることあり。ヘヤでは法事などはしない。それは本家でする。

親は嫁に遠慮する。それで嫁と別れたがる。年を取ると長男のところへ帰って死ぬる。〔『農漁村採訪録XV』〕

広島県大崎上島沖浦

隠　居　もとは隠居していた。家によって違うが、六十歳過ぎると建物を別にし、舟を別に持って稼いだ。儲けは自分に貯めておいた。今はほとんどしない。息子と同居している。〔『農漁村採訪録Ⅳ』〕

兵庫県鴨庄村

インキョ　この地では近頃インキョする例はきわめて少ないが、ないこともない。しかしもとは相当あったものかと思われる。それは分家のほかにインキョとよばれる分家が少

宮本家（山口県東和町、昭和48年8月）

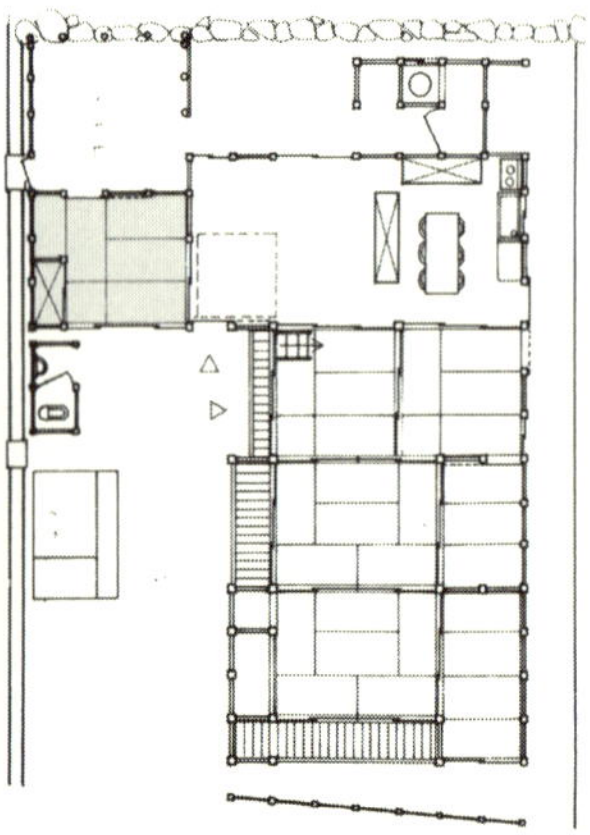
宮本家平面図（グレー部分が「ヘヤ」）

なくないからである。多分は他の地方に見られるように親が二、三男をひきつれてインキョ分家したものと思われる。

今日インキョする者はたいてい六十五、六歳になって子供に世をゆずり、二、三男をつれて行くことがある。子供も何もつれないでインキョするのをカンキョと言っている。インキョは経済上不利なものである。

インキョする際に姑が嫁に所帯をわたすのをシャクシワタシと言っているが、別に儀式めいたことはしていない。

またインキヨしなくても所帯をわたすことはある。一軒の家の中で、子供に一切の経済上の権利を持たせるのである。

所帯を渡す時にテンコロをつくってこれもわたす。テンコロというのは横槌のことでカタ木でつくる。テンコロは平生つくってはいけない。もし一軒の家で。二人もつづいて死ぬる時には、三人目がつづかぬようにテンコロをいける。

南ではテンコロは人の目のつくところへおいておけと言われている。火事などで家のやけ出した時、ウマヤへ投げ込むと牛がにげ出すといわれている。〔『村の旧家と村落組織Ⅰ』〕

奈良県大塔村

隠居分家　大塔村は篠原、惣谷を除くほかは、だいたい長男を尊重して、分家に際しては長男六分、次男四分になっているという。ただ篠原だけは事情を異にする。

篠原では長男に嫁を迎えると、親は次男以下を連れて分家する。分家に際してはどこか屋敷の空いたのがあると、そこを買うて家を建てる。新しく屋敷を拓くというようなことは殆どない。たいていどこかに空屋敷があるものである。そこを買う。売る方もたいてい売ってくれる。何故空屋敷があるかといえば昔はここに一二〇戸も家があったというが、惣谷の方へ分村したり、秋野村の方へ行ったり、またその他へも分村的に移住したことがあって、屋敷が空いたものらしい。また新たに屋敷を拓くとなると、クロクワシ（黒鍬師）を雇うて石垣を積まねばならぬので容易でない。そこで空屋敷を買うのであるが、屋敷はいずれもあまり広くない。従って家も小さい。こうして分家している中にまた次男に嫁をもらうようになると、親はまた三男以下を連れて分家する。そうしてだいたい末子の世話になって死ぬるのである。世にいう末子相続制である。そうして最後に親の留った家をインキョといっており、ここに仏壇も位牌もある。長男の家は別に分家とも何ともいわなかった。家についての権利は全く平等であった。

末子相続（むしろ隠居分家というべきか）は村の鉄則だった訳ではなく、長男が親の世話をすることもあったが、そういう時は長男の家をインキョとよんだのである。

家を分けることを分家とはいったが、分家してからは分家といわず、たいていイッケといった。「甲は乙のイッケだ」というようにいっている。〔『吉野西奥民俗採訪録』〕

年祝・厄年

鹿児島県宝島

六十一の祝　六十一になると御奉公をはずれるが、六十歳からはもう御奉公（ユーブ）には出ないのが普通である。六十一歳にはその祝をする。ほんの少しばかりの祝で、どこかの家に豚でも殺したと聞くと、それを分けてもらったり、豚のない時は鶏ぐらいを殺して、たいてい七島正月の朝行なう。朝甥姪どもが年頭にきた時に、その豚や鶏に素麺、豆腐を入れたオマエ（吸い物のこと）を出す。甥姪どもは「おいさん朝は若うなりましたろう」と挨拶する。するとこの汁を出すのである。六十一歳は男も女も祝う。

ただし女の御奉公（ユイメ、ユーメ）はずれは三十五歳である。

年　祝　八十八歳の祝を賀の祝という。孫子が集まって、正月の当人の生まれたトシビ（丑の年の生まれなら正月の丑の日）に行なう。簡単な祝であるが、何か祝の重なった時は大きく祝う。

長寿者　もとこの島は比較的長寿者が多く、明治十八年の白野夏雲翁の『七島問答』には七十歳以上が一六名、最高九十一歳。うち男四、女一二であり、翌十九年の赤堀廉蔵の『島嶼見聞録』には七十歳以上一四人、うち男三、女一一となっていて、十島中一番長命の地のようである。

高齢尊重　高齢者を重んずるという風は制度としてはあまり残っていない。ただ酒盛りのとき上座へ

すわるくらいのもので、家にあっては死ぬまで働く。〔『宝島民俗誌』〕

宮崎県日向福島

トカキの祝・イトヨリの祝　この地はだいたい短命な方で、六十以上まで生きるということはない。もし男が八十八までも生きる人があると、トカキの祝といって、トカキ（斗掻）をくばり、女はイトヨリの祝とて、糸をよって村へ配った。〔『大隅半島民俗採訪録』〕

長崎県対馬

厄落とし　大晦日の晩、十七、十九、二十五、三十三、四十一（イリヤク）、六十一歳。カネを持って外へ出て落とす。（豊崎町鰐浦）〔『農漁村採訪録Ⅷ』〕

山口県八島

ミキスズ　三十三、四十二歳のとき、お酒を竹の筒に入れてお宮へ参る。〔『農漁村採訪録XIV』〕

島根県匹見上村三葛

年祝　年祝は四十二、六十一、八十八がある。八十八をトカキの祝という。男の人は一升桝の棒（一升桝ではかる時に用いる）を餅と一緒に近隣へ配る。〔『中国山地民俗採訪録』〕

兵庫県鴨庄村

厄年　ヤクドシは男は四十二歳と六十一歳であり、女は三十三歳と六十一歳である。この時は餅をついてコーチに配る。

また八十八歳になると竹でマスカキを切って餅にそえて配っている（神池）。南では七十七歳の時、手形を紙に押して近所へ配る。手に墨をつけ、それを半紙に押すのである。また八十八の時には神池と同じようにマスカキを村中に配った。〔『村の旧家と村落組織Ⅰ』〕

奈良県大塔村

厄年　厄年は男二十五、四十二。女は十九、三十七である。

このあたりでは岡寺の観音様へ厄払いに参る人もあったが、厄年の者全部が参るとはきまっていなか

った。〔註：岡寺＝東光山真珠院龍蓋寺、高市郡明日香村〕

還暦　六十一歳を祝う。しかしこれを祝う人は少ない。たいてい肴をこしらえて近所親戚に簡単に酒を飲ませる程度である。〔『吉野西奥民俗採訪録』〕

大阪府滝畑

厄年　男は四十二、女は三十七を厄という。男は四十一、二、三と餅をついて和泉の水間《みずま》観音《かんのん》へ参った。そうすると厄をのがれると言った。〔註：水間観音＝龍谷山水間寺、貝塚市水間〕

紀州は貧乏人でも金持でもみな長田《ながた》の観音様か、水間かへ参った。すると村人が御馳走を作って迎えに行った。そうして出逢ったところでそれを開いてたべた。これを坂迎えという。山上参りと厄年の下向はえらいことをしたものである。厄の家の方では餅をついて御馳走した。〔註：長田観音＝如意山厄除観音寺、紀ノ川市別所〕〔註：山上参り＝大峰山山上ヶ岳の蔵王権現に詣ること。成人儀礼としても行なう〕

六十一　六十一になると、赤い襦袢やバッチを子などが持って来る。すると、茶漬をして食わした。

八十八　八十八になると女は手判をして村へ配った。もらった人は祝儀を包んで持って行った。男は一升枡にマスカケ（棒）をつけて配った。昔はその上に餅を一重ねずつ附けたものである。この行事を「八十八のマスカケをきる」と言う。

夫婦五〇年　夫婦で五〇年添うと式をする。この式をキンカイシキと言った。そういう夫婦はほとんどない。

ヨモンナリ　人の名は生まれた時と五十歳の時と二度つける。五十歳の時の名がえをヨモンナリと言った。

この村には年二回の大勘定があった。春のをゲノイリと言い二月二十五日に行なった。五十から上の老人が神主の家に集まり、いろいろの御馳走になり、四方山の話をして村の半期の勘定をした。五十から上のこれらの人々をナマエニンと言った。その費用は年三石ずつのヨナイ〔割増給〕が神主につけてあったから、それで御馳走したのである。

秋にはまた旧十一月十五日神主の家へ集まった。この集まりをサソロバと言った。この時、残半期の勘定をしたのである。ヨモンナリはこの席で行なった。今年五十歳になったものはこのとき初めて座に連なる。そうして一番末席に上席に向かって坐る。さて上席から五十の者に名をつけるについての希望をきく。するとたとえばスケナリにして欲しいと言うとする。上席の老人は「では今年はスケナラシにしよう」と言って、五十の者全部にスケのついた名をつける。喜助、平助、嘉助というように。その年スケナラシにすると、その翌年はベエナラシならベエナラシにする。したがって皆、兵衛がつく。その翌々年はタロヅクシにする。すると、その年の五十の者は全部、郎がつくのである。こういうように年によってかわる。したがって名をきくと年がだいたい何歳であるかが分かるし、誰と誰が同年であるかも分かってくる。

こうして席人（ナマエニン）につけてもらった名はいやでもかえることはできなかった。名をつけるとすぐそれを狭山の殿様へ知らせた。そうすると上では古い名はもう通用しなかった。が下同士では使ってもかまわなかった。

今でも村の話題になっているのであるが、昔、狭山の殿様が猪狩に来て、代官が大堂の所に村の年寄衆を集めてお触れをするのに、「武助、佐助、嘉助、平右衛門、平四郎」と言ったので大笑いした。すると代官が非常に怒った。

生まれたとき親のつけた名も、ヨモンナリでつける名も皆似たりな名であった。〔『河内国滝畑左近熊太翁旧事談』〕

京都府当尾村

厄年　男は二十五歳を厄年とし、この年は必ず大和岡寺の観音様（西国三三ヵ所第七番札所）へ参った。これをオカマイリと言い、二十五歳の厄のことをオカと言うようになった。岡参りの風は大和一般に見られる。女房をもらうにも二十五歳であると「オカだから」と言ってその年は遠慮した。

女は十九歳が厄年であった。女の厄には八幡様へ参った。大和の手向山八幡宮、山城の男山八幡宮（石清水八幡宮）などが近いお宮である。

男は四十一歳になると前厄といい、四十二歳を本厄と言った。この年の初午の日には、大和の松尾寺へ参った。四十三歳をマエツヅミと言って、やはり厄年であろう。〔『民族学研究』七巻四号〕

奈良県天川村

寿　命　天川村を歩いては殆ど老人に逢わなかった。広瀬の如きは七十歳以上が一人もいないとのことであった。塩野でも、その他の地でも年寄はきわめて少ない。ただ、滝尾だけは八戸の部落に七十以上の人が七人もいると聞いた。どういう理由によるものか不明である。短命の方はおよそ分る。労働のはげしさが原因しているようである。〔『吉野西奥民俗採訪録』〕

岐阜県石徹白

長命ゾン　この土地は気候的な条件にはめぐまれていなかったけれども、だいたい長生きをする家が多かったが、そういうのは家すじになっていて、長生きする家を長命ゾン、短命の家すじを短命ゾンといっていた。昭和十二年に、この村で九十歳から上は一人しかいなかったが、八十歳から上は一〇人、七十歳以上は実に多かった。石徹白藤之助翁の家も長命ゾンで、祖父八十三歳、祖母八十四歳、父九十四歳まで生きた。

山田の守《もり》　しかし昔は年寄を大切にしない所であった。百姓をしている家などでは、田やキリハタのほとりの小屋に老人をおいて、食物を持って行って自由に煮炊きさせ、鳥や獣の番をさせた。もう身体も自由にきかないような老人がこうして山の中でホウホウと鳥を追うている声を聞いたものであるという。これを山田の守といった。貧しい家では老人は家庭のイロリのそばですごすことは少なかったという。このような風は今まったくない。〔『越前石徹白民俗誌』〕

病気・呪_{まじ}ない

流行病

ホウソウ（疱瘡）　悪疫の中で人々を手こずらせだのはホウソウであった。ホウソウの流行が猛威をたくましくし始めたのは江戸時代も中ごろからのことであった。どこからはやり出したのかよくわからないが、上方あたりから漸次広がっていったもののようである。それまでにもホウソウははやったと見られるが、くわしい記録は残っていない。

寺々の過去帳をしらべて見ていると、幕末における最初の大流行は安永七、八年（一七七八、九）ごろであったらしい。このころ周防各地では多くの死者を出している。

それから一〇年ばかりたった寛政四、五年（一七九二、三）ごろにまた多くの死者があった。ついでまた一〇年たった享和二年（一八〇二）から文化三年（一八〇六）ごろへかけては、西日本一帯へ広がっている。長崎県五島の各地の寺の過去帳を調べたときも、上方地方と交通の頻繁であった福江でも榎津《えのつ》でも多くの死者を出していて、上方地方からの伝染であることをうかがうことができた。

ホウソウは菌をもって来なければ広がらないのだから菌のいないところには病人はいない。したがって村々がベタ一面にホウソウにおかされたのではなく、交通の頻繁なところにまず広がっている。

次には文化三年から七年後の文化十年（一八一三）ごろからまた始まって、文政二年（一八一九）ごろまでつづいた。そして次第にいままでおかされていない村々がおかされるようになった。どんなにして広がっていくものか、具体的なことは十分わからないが、文化十一年（一八〇五）に備前から肥前五島へ広がっていった経路はわかる。

文化二年十二月に五島のものが船で岡山へ出かけていってホウソウにかかり、そこで二人死んでいる。その死体をひきとりに行ったものがやはり被病して肥前平戸までかえって死んだ。その死体の処置に平戸まで出向いた家族のものが、菌を郷里へもって帰り、やがて各地へ広がっている。

この手のつけようのない病のために、この地方の人々は病人を山野や沖の小島に隔離して放置した。いのちあらばよくなったのである。それからまた一〇年たった天保元年（一八三〇）から七、八年へかけてのホウソウは全く言語に絶するほどの猛威をたくましくした。〔註：五島地方における疱瘡の流行については『五島列島の産業と社会の歴史的展開』に詳細に記されている。本文はその抄出である。〕

そして次々に処女地をおかしていった。これには飢饉による人の移動が菌をまきちらしたことも大きかったようで、あるいは食糧不足よりもホウソウで死んだ方が多いのではないかとさえ思っている。享保ごろまでの飢饉では割合からいって男の成人の方が多く死んでいる。自分は死んでも妻子は助けたいという気持がだれにもあった。しかし天明以後になると子供の死亡率がいちじるしく高くなって来る。その原因の一つにハシカやホウソウがあった。

ホウソウが一〇年ごとにはやったのも理由のないことではない。一度病んで回復すれば再びかかることはない。だからその人たちは安全だが、かかったことのないものは容易におかされる。一〇年たてば子供は十歳になる。十歳以下一歳までの被病の容易な子供がふえて来たところへ菌がばらまかれるなら、子供がごっそり死んでゆくのはあたりまえである。

こうして村々に子供はほとんどいなくなってしまう。しかも伝染病は一つの家にくいこむと、多くの場合その家を絶滅させたものである。

ホウソウ神おくり　天保年間におけるホウソウの流行は南は薩南の島々から東は関東一円におよんだ。子供の死が主であるから文章になってのこっているものは少ないが、寺々の過去帳と村々の習俗が物語る。

しかし、幕末のころになるとホウソウは一生のうちに一度はかからねばならぬ病のようにさえ考えられるにいたった。ホウソウ神という小さな子供のような神がいて、それがチョコチョコと家の中へはしりこむのを見たなどと古老たちに聞かされたことがあるが、そうすると家々では子供のホウソウがかるくてすむようにといって赤飯をたいて近所の人をまねき、赤い御幣をきって病人の寝ている部屋の一隅にホウソウ神をまつった。そしていのちが助かり、病がいえると村境のサイの神のところまでホウソウ神をおくっていったのである。

この習俗はもう何回もホウソウのはやったところで見られるのであって、処女地ではそんなわけにはいかなかった。親も子も病にたおれ、際限もなく村中に広がってゆく。そんな場合には村はずれにシメをはって病神の入ることをふせぎ、病人を野や山へ運んで生死にまかせたのだが、村の人口が一〇分の一にも減ったという例は各地に見られ、時には元気なものたちが病人を家へおいたまま村を捨てたという話もある。

幕末の事情を知っている老人たちなら例外なしにこのような話を聞き伝えている。

日本の人口が江戸時代の中ごろからふえなくなったのは一つには堕胎や間引や凶作が大きく影響していただろうが、それ以上にホウソウが子供のいのちを奪った方が大きかったと考えられる。

だからオランダ医学が日本に伝わったとき、いちはやく種痘の技術がとりいれられたのである。この技術は日本へシーボルトによってもたらされ、痘禍の被害の大きい西日本にまず広がっていった。中国地方へは長門藩の青木周弼《しゅうすけ》、研蔵らによってとりいれられたのが最初のようで、後次第にこれを受けるものがふえていった。大阪では町の蘭医緒方洪庵が町民に試みている。やがて種痘は国民の義務として行なうようになり、現在ではホウソウの惨害を知るものは全くなくなってしまったが、それでもすぎ去った日のいたましい思い出は老人たちの間にはいつまでものこっていて、子供が種痘を行なうと赤飯をたいて近所にくばり、また、村はずれの地蔵様にサンダワラに赤い幣をたてたのをあげる習俗を昭和十年代までは瀬戸内海の島々いたるところで見かけた。

航海業に携わってそういう病気の伝染しやすい塩飽の島々にはとくにこの習俗は長くのこっていた。戦後、倉橋島室尾近くの海岸をあるいていたとき、このホウソウ神のサンダワラが渚にうちあげられているのを見かけたことがあるから、この島などにはいまもホウソウ神まつりが行なわれているのかも知れない。

しかしホウソウがはやらなくなると、アバタ面はほとんど見かけなくなった。そしていまでは「アバタもエクボ」ということわざは実感のともなわないまでになっており、女は天性のままの美しさを誇ることができるようになったのだが、右腕の種痘あとがアバタ面になることを防いでくれたのである。

さて、私たちをおびやかした病はホウソウだけではなかった。幕末になると赤痢やコレラがまたすさまじい勢いで西日本をあらしまわるようになる。

註：シーボルトは来日した文政六年（一八二三）の八月に牛痘接種を試みるが失敗に終わっている。そして文政九年（一八二六）にも種痘接種を行なっているが成否は不明。この年に大槻玄沢をはじめとする幕府の医師に天然痘と種痘について講義している。その後、オランダ商館医モーニケが嘉永二年（一八四九）接種に成功し、楢林宗建をはじめシーボルトに関係の深かった蘭学医たちの力が普及に大いに寄与したとされる。

コロリ　日本で初めてコレラが大衆のいのちをはげしくおびやかしたのは文政五年（一八二二）八月で

あった。ジャワを経由した汽船が長崎に入港したとき、菌をもたらしたのである。コレラはインドがその発生地であるといわれている。

この菌が長崎に伝わると、長崎から北九州に広がり、さらに山陽道から大阪、京都、東海道にまでおよんだ。主として船によって伝播したもので、大阪では川にそって広がってゆき、一ヵ月間に数千の死者を出したというが、はやり出したのが初秋であり、冬が近づくにつれてやんだ。

ついで安政五年(一八五八)にも大流行があり、この時は、長く尾をひいて文久三年(一八六三)まで六ヵ年間次々にあたらしい土地をおかしていって、往来のはげしいところは、この病のために多くの死者を出した。

この時の菌はアメリカの軍艦、ミシシッピー号がやはり長崎にもって来たもので、それが七月のことであり、涼しくなるにはしばらく期間があった。そのために伝播範囲が文政五年よりははるかに広範にわたった。

菌はまもなく船によって大阪にもたらされ、さらに兵庫に広がった。瀬戸内海へはそこから逆に広がっていった。

伊予中島円教寺の過去帳によると、この島の源右衛門という者が八月二十五日に兵庫で急死した。コロリであった。そのころ兵庫付近はもうすごいような流行を見ていた。源右衛門というのは船大工であったらしい。その仲間のものが中島へ菌をもって帰って来た。船の中では元気であったが中島へつく前から様子がおかしくなり、家へたどりつくと同時に死んだ。それから周囲に広がりはじめた。

大工の源助は九月二十一日に円教寺の庫裡の修理にゆき、夜八時ごろまで働いていたが、気分がわるいからといって帰った。そしてその夜の二時にはもう死んだのであった。

こうしてみるみるうちに一九人の者が死んだが、十月になって涼しくなると病気にかかるものはなくなった。ところがその翌年になるとまた発病者があり、文久三年まで毎年死者が相ついでいる。

安政六年はコロリ流行の二年目だが、その夏江戸から九州まで下っていった河井継之助の日記『塵壺』によると「私がはじめ讃岐へわたろうと思ったわけは、大阪をはじめ姫路、岡山、備中も倉敷辺は、昨年来コロリが流行して死人が多く、大阪から兵庫への道すじもみな流行し、道ばたで六部の死んでいるのを見かけた。また赤穂から片上へ出る山中でカゴにのった女を見ると、もう死んでしまっているのに顔へ手ぬぐいをかけて生きているように見せかけている。命は天とはいいながら、好んでこんな危険なところをあるく必要はないからだ。大阪から備中までの間、疫病神送りといってバカにひとしいことをみなやっている」〔安政六年七月十五日〕とあって、病に対してなすことを知らぬ人々がひたすら神や祈禱をたよりにあえぎながら生きていたさまがわかる。

土佐も安政五年～六年はコロリの大流行を見た。やはり大阪から船でもたらされ、高岡郡の海岸、宇佐地方を中心にして広がっていき、罹病したものはばたばた死んだ。それにつれていろいろの噂も広がっていった。薩摩沖でうち沈めた異国船が毒酒を積んでいて、その酒が海中に入り、魚がこれを飲んでいるために、魚を食うと毒にあたりコロリと死ぬのだという説は、とくにまことしやかに伝えられて、郷中の人は魚を食わなくなり、漁師も魚売りもそのために生活が窮迫した。またこの病気にかかったとき、焼酎をあびるほど飲むと病がからだにしみこまぬというものおり、ミカンのような酸っぱいものを食べるとよいとか、酢を飲むとよいとか言われた。なかには天から毒が降るためだと考えて、夜井戸にふたをするものもあった。これらは病の原因が神のしわざと考えたものでないことがうかがわれるが、大半は神のしわざと考え、幟の音を聞けば病神が退散するといって紙幟を各戸でたてたり、鐘太鼓をたたいて陽気にすればよいといって鐘太鼓をたたきさわぎたてるものもあり、ヤツデの葉を入口にさげておくと病神が入らぬといって門口につる家もあった。なかにはそれだけでは効き目がないといって、ヒイラギとニラとヤツデを門に張った注連につり下げるものもあった。高知の城下では町々に大竹をたて注連をはって、その下をくぐって往来した。なかには赤い唐辛子を頭にのせておくとよいといって皆頭にのせてあるくので、男も女もかんざしをさしているようであったという。しかしどれも効果がないので、万延元年（一八六〇）には、守袋に神社の護符を入れて首にかけておくことが大流行し、また、年があらたまると病神は退散するといって、七月の暑いさかりに門松をたて、雑煮を食べ、「あけましておめでとう」と挨拶しあい、門付は祝言をのべにきたりした。これは冬になると病が下火になることから、そのように思いついたとのことである。〔註：ハヤリ正月とか取越正月といわれるもので、凶年を終わらせ、良い年にしようという呪術的行事である。〕

このときのコレラの恐怖は、その後も民衆のあいだに根ぶかく残り、一月十五日には春祈禱ののち、村境へいって道の両側に青竹をたて、注連縄を張り、病神の道切をする風習を今もってつづけている村が少なくない。なかには山男のくるのを防ぐためだといって、コンゴー〔金剛草履〕という大きなぞうりをつくってつり下げている所もある。そしてこのコロリの流行以後、いろいろの流行病があると、きまったようにヤツデやニラの葉を入口につり、酢を飲むとよいという流言が風のようにおこってくるのである。

しかし明治に入ると消毒剤が登場して来る。明治十二年の流行には初めて石炭酸がつかわれた。この年は被病者一六万、死者一〇万五〇〇〇を出してやっと終わったのである。

外国文化の一般民衆への浸透がこうしたおそろしい病気からはじまっているのはいかにも皮肉である。そして民衆は何よりもそのことに苦しめられ、痛められたのである。

赤痢・ハシカ　丁度この頃からまた赤痢の流行が見られる。時疫とか疫病と書かれ、子供の場合は疫痢としるされている。

そのほかハシカの流行がある。伝染経路は明らかでない。幕末における西日本の村はこうした流行病のために散々に痛めつけられる。村々の死亡者の数がこれを物語っている。その数は餓死者などの遠くおよぶものではなかった。しかしその原因が何であるかを知る者はなかった。みな、神のなせるわざだと信じたのである。

だから病気がはやりはじめると必ず村境へシメナワをはったのである。

新しい動き　しかし、明治に入ると様子は変わって来た。あたらしい衛生思想が行なわれはじめた。明治十二年のコレラ流行のときには、祭礼を禁止し、興行物をやめ、モモ、スモモ、アンズ、ウメ、ヤマモモなどの不熟なものを食べることを止め、また、エビ、カニ、タコ、イカ、カイなども食うことを止めた。また死者の土葬を禁じ、火葬にするようにした。

石炭酸の入手できる所では村境に役人がいて、村へ入って来る人に石炭酸をふりかけた。そうしたことで病菌の防げるものではなかったが、シメナワを張るよりは考え方が新しくなって来た。

こうして災害のあるたびに村人の学んだことはお互いの協力の尊さであった。村の申し合わせを守っていると、なんとかしてきり抜けることができたし、また村の復興が早かった。

とくに明治以後においては、科学的叡知を持つ指導者の下に村人の協力が大きな効果をあげることに気づいて来た。これが村人を漸次新しい協力へ目ざめさせていったのである。そうしたエピソードを一つあげておこう。

舞台は対馬だが、話の主人公は向洋《むかいなだ》出身の漁師であった。向洋から明治初年対馬の東海岸赤島〔鴨居瀬村赤島〕という所へ移住した橋本米松翁がその人であった。赤島は対馬東岸の丁度中程にある小さい無人島であったが、その付近でイカがよく釣れるので、この島に定住して、スルメの製造を主にしてくらしをたてるようになった。〔註：向洋＝安芸郡仁保村、現広島市南区向洋地区〕

そして島の開拓者であることから区長におされ、五〇年という長い間、郷里から来る大ぜいの漁師や定住した人々のために奉仕したのだが、明治四十一年この島付近ではコレラの大流行が見られた。出稼漁師が菌をもって来たもので、術生思想の乏しいうえに沖で仕事をしているものだから取締りが徹底せず防疫の方法もたたなかった。

赤島へもコレラ患者の船が入って来て死者一人を出した。当然海は菌で汚染したはずである。橋本翁は何としても島民から犠牲者を出すまいと考え、度々会合を重ねて衛生思想をふき込み、島の周囲の海水の使用をかたく禁じた。またイカも沖合のもののみを釣るよう申し合わせた。そして島の周囲の海へは石油を浸ませたボロギレをかますにつめてくくり、おもりをつけたものをいくつとなく沈めた。すると油が少しずつ浮き出ては海面にただようた。漁師が家の沖の海水を利用できないということは全く困難をきわめたことだが、釣ったイカはすべて沖合の海流のはげしく流れているところできりひらいて洗い持って帰って来た。こうした日が秋風の吹くころまでつづいた。そしてこの島だけはついに島民の中に一人のコレラ患者も出さなかった。それは決して奇跡ではなかった。漁師ばかりの島のほんとうの団結がこんな結果を生んだのであった。〔『中国風土記』＋『風土記日本・中国四国篇』〕

民間療法

①塩と民間療法

塩は民間療法の上からいっても重要な役割を果たしていた。今でもよく聞くことであるが、毎朝塩水を飲むと通じがよくなるといわれている。また酒に酔って吐いたときなど、塩湯を飲むと早くさめるといって飲まされることが多い。

茶に塩を入れて飲むことも早くから行なわれており、病気にならぬと信じられていた。日本では病気のときは病人食として白粥を食べることが多かったが、そのとき、おかずとして用いられるのは梅干が多かった。梅干のほかに焼塩も用いられた。粥に塩をいれて味をつけると淡白な味があって食事が進んだものであった。

このように内服することも多かったが、外科的な治療にも用いた。傷をしたとき傷口を海水で洗うと良いということを漁師たちの多くは信じている。終戦後間もないころ、筆者は神戸市三宮の駅で一夜を明かしたことがある。夜一時を過ぎると駅もひっそりして、浮浪者たちがそこここに二、三人ずつたむろしていた。私はその仲間の一群と一緒になって話を聞いていた。その仲間には三十歳前後の女が二、三人いた。売春によって生活している人たちで、いずれも性病にかかって股のつけ根のところに梅干に似たふくらみができていた。それがあっては商売ができない。医者にかからないで治す方法はないかと話している。仲間の男が、それはナイフで切口をあけてきれいな海水で洗うのが一番よいと教える。痛いけれども確実に治るという。また、眼のわるくなった女が一人いて、どうしたらいいだろうと男に相談している。それもきれいな海水で眼を洗うとよいと教えている。きれいな海水は明石の沖までゆけばある。それも満潮でなければいけない。潮水で洗うと傷口がひどく痛むけれども気持がいい。一週間もあればたいてい治ってくる。眼も一週間も洗えばパッチリしてくる。しかしその一週間をどうして暮らすかが問題になったが、何とかなるだろうといって夜明け前にこの仲間は駅を出ていった。電車で明石へいくのだと言っていた。私は貧しい人たちの間にそうした療法の生きていることを知った。リーダーになった男が自分の股のつけ根をみんなに見せて、古い疵口がどんなに治っているかを説明したとき、みんな納得してついて行くことになったのである。

傷口の治療に塩を塗ることは多いし、歯をみがくのに塩を用いることも多い。神経痛など治すのに塩湯に入ることは多い。塩湯は皮膚病にも良いとされていたところは多い。また、塩を煎って温石や湯たんぽの代わりにした例は東日本に広く見られた。西日本では腹痛のとき焼きたての塩を患部にあてると痛みがとまるとしてこれを行なっていた。

以上は『塩俗問答集』(アチックミューゼアム編、昭和十四年二月)の民間療法の要約であるが、あたためられた塩分がいろいろの病に効果があるということは人びとの早くから信じたところである。そしてそのような習俗の歴史もかなり古いところまでさかのぼることができるのではないかと思う。

山口県大島郡久賀町に、国の重要民俗文化財の指定をうけた石風呂が残っている。石風呂というのは炭竈を思わせるような土室で、周囲が石垣で積まれ、せまい入口を持ち、同じく石で天井を張ってある。石風呂の大きさは土地によって差異があるが、大きいものになると中に二〇人くらい入れるものがある。この石風呂の用い方は入口で火を焚く。松の葉のついた枝——瀬戸内海地方ではセンバといっているが、それを焚く。そして室内が熱くなって触ればやけどする程度になると、海水のついている海藻を中に多量に押し入れる。すると真白な湯気がたちこめる。入浴の人たちはドンダとよばれる古着を何枚も合せ縫った着物を頭からかぶって中へ入り、藻葉の上に坐り、あるいは横になり、痛む所、疲れのひどい所を藻葉にあて、かつ発汗を促す。このようにして五分も中にいると堪えられなくなる。そこで入口をあけてもらって外へはい出し、裸になって冷水で手拭を絞って身体をふく。第一回の入浴者が出てくると、第二回目の者が入る。二回目のものは一〇分ぐらい中に入っている。二回目の人が出ると三回目の人が入る。これは一五分くらい中に入っている。そのころになると室の中の温度はずっと下がってきている。第四回目に入る人は三〇分ぐらい入っている。それで一応入浴を終わる。石風呂を焚くのはたいてい午後で、四回入るのに二時間近くはかかる。入ったり出たりに案外時間のかかるものであるから。入浴を終えたものはすぐ帰るものもあるが、仮小屋に莚を敷き、そこでお茶など飲んで一休みして帰っていく。

さて、久賀の石風呂はいつごろ築造されたものか明らかでないが、少なくとも室町時代の初期のころまではさかのぼることができるのではないかと思われる。石風呂から少し上ったところに薬師堂がある。この薬師堂に室町初期と思われる薬師如来の坐像がある。作品としてもりっぱなものである。石風呂の造られたときこの薬師堂も作られ、薬師如来が石風呂の守本尊としてまつられたものではなかったであろうか。いずれにしても石風呂の歴史的な古さを物語るものとして、この薬師は歴史資料としても価値のあるものである。一方、愛媛県宇和地方にも石風呂が多いのだが、その石風呂は周防大島の久賀村から慶長十一年（一五九七）に学んできて造ったものだという。そして豊後水道や伊予灘沿岸に広がっていったようである。周防大島郡内へも普及していったものとみえて各村々にあった。私の知っているものだけでも一〇ヵ所を超えるが、石風呂の築き方などから見て久賀のものよりは新しいようである。

この石風呂は愛媛県東部や広島県の島々へも普及したようだが、広島や今治のような都会地では穴の中へもぐり込むのは喜ばれなくて、火を焚く上に石を張り、石の上に簀の子を張り、その上に藻葉を置き、藻葉の上には莚を敷き、周囲は板壁にした室を作る。そして下から火を焚くと、藻葉についた海水が蒸気になって蒸風呂ができる。人々はこの室に入って発汗をうながす。都会ではこのような方法によって、蒸風呂の経営が可能なほど客があった。そして、このような石風呂や蒸風呂は昭和十年代までは利用されていたものである。

同じく内海地方の島々にはエンシキというのがあった。これは自分のからだに合わせて浜の砂を三〇センチぐらいの深さに掘り、その中で火をたく、そして砂が熱くなったとき海水のついた藻葉をその中に入れ、その上にボロ布などを敷き、その上にからだを横たえ、患部を下側にする。砂の熱は容易に冷めなくて、一時間から二時間くらいはそこに横たわっていることができる。この発想は、大分県別府温泉の海浜で今も行なわれている砂風呂などに基づくものと思われるが、島々の島民には喜ばれて、春さきの浜辺でエンシキをしている姿を昭和十年ごろまではよく見かけたものであった。エンシキにしても石風呂にしても、海水のついた藻葉の利用されることが特色であり、それのさらに簡単なものは平たい石や瓦を焼いて、それを藻葉で巻き、それを布で包んで患部にあてているのを筆者の少年時代にはよく見たことがある。海水の得難い所では、塩を焼いて布で包んで患部にあてる方法が生まれたのであろうが、いずれの場合も、塩分の利用がなされているということで、塩分の薬学的効果を人びとは信じて疑わなかったのである。

以下アンケート資料を掲げる。〔註：このアンケート資料は日本塩業大系特論「民俗」編のために宮本が作成し、知友に配布して得た回答を整理したものである。〕

〈秋田県角館町〉 腹痛のとき、紙に包んだ塩を串にさしはさんで火のホドにさし、十分熱くなったものを温石の様にあてる。

〈山形県南陽市〉お産のとき一ボヤ（一週間）カツ味噌（鰹節を使った甘味噌（なめ味噌））で食事する。

〈福島県いわき市〉冬の寒いときなど「冷っぱら」といってよく腹痛をおこした。こんなときはホウロクで塩を煎り、熱いうちに袋に入れ布に包んで腹に当てる。山などで切り傷をつくったとき小便をかけると良いといった。

〈福島県新鶴村〉うがい水に塩を少し入れた。弱った時は塩水を飲むと良い。特に汗をかきすぎて日射病などになった場合は塩水を飲ませると良い。その他は医者に聞いて使った。

〈茨城県茨城町〉毛虫・毒虫・蜂に刺されたとき、塩をなすりつけるとかゆみがとまる。ムシ歯の痛むときは塩をムシ歯につめる。塩水でうがいする。風邪をひいてのどが痛いときは塩湯でうがいをする。焼塩にして布に包みのどに巻く。ヤンメ（流行目）には塩湯で目を洗う。アセモには桃の葉を塩でもんでつける。肩のこったときはウツギの新芽を塩でもんでつける。酒の悪酔のとき、塩水を飲んで南天の葉をかむと悪い物を吐く。大根の干葉に少し塩を入れてたてた湯（風呂）は温まる。昔は産婆は塩水を脱脂綿にひたして眼と口をふいた。

〈栃木県栃木市〉腹痛の時など塩を煎って熱いうちに布袋に入れ、患部にあてて温める。煎った塩を産婦の粥のお菜として食べさせた。また、産婦には塩ボタモチをつくって食べさせた。ムシ歯が痛む時は蓬を塩でもんで噛む。虫に刺された時患部に塩をすり込む。疳の張った子供の両手を塩湯に浸させると、疳の虫が指先から出てくるという。これは時間が長いほど良いといわれていた。鮎のはらわたを塩漬にしたものをウルカというが、このウルカを胃腸の薬として使った。

〈埼玉県野上町〉家畜の体の具合の悪いとき、塩をなめさせた。

〈新潟県上越市〉胃の痛むとき塩をホウロクで煎って布にくるみ患部にあてる。風邪のとき背筋に塩を塗る。やけどのとき浅草海苔を患部にはり、その上から塩をかけてしばっておく。

〈富山県小杉町〉病気のとき水枕に塩を入れる。便秘のとき塩水を飲む。

〈長野県上田市〉切傷に塩を塗ると良いといって塗る人がある。腹痛のとき塩を煎って腹に巻くと良いといってやる人があった。

〈長野県宮田村〉腹痛のとき塩を炙り、鍋でよく煎って焼塩にし、それを袋に入れて、お腹を温めた。

〈愛知県津具村〉昔は毎朝洗面のとき、塩で歯をみがいたという。起床してすぐ茶碗に一杯冷たい塩水を飲むと便秘が治るという。風邪のとき塩水でウガイをする。傷口に塩を塗ると消毒になり、また、血をとめる。塩湯に入ると丈夫になるという。

〈広島県豊松村〉腹痛や下痢の場合、焼塩を袋に入れて患部にあてると良くなる。のどの痛むとき、塩水でウガイすると良くなる。毎朝少量の塩水を続けて飲んでいると胃病にかからないといわれる。

車酔いのとき、塩湯を飲むと早く良くなる。

〈広島県東城町〉ウガイ・湿布のとき塩水を用いる。

〈広島県久井町〉塩水で眼を洗う。ウガイ・歯みがきに塩を使う。

〈広島県比和町〉胃腸のために毎朝塩水を飲むと良い。傷にすり込む。温めて腹帯にすると腹痛がとまる。

〈山口県川上村〉牛馬がケガをしたとき、塩水でたでてやる。古くは人間のケガにもそうすることがあったという。

〈大分県日出町〉ケガをしたとき塩水をつくって洗った。


以上のように、塩を用いる民間療法はほぼ共通したものがあって、この場合には塩の呪性が病気を治すということは少なく、塩の化学的な要素がそのまま利用されていて、呪術的な療法はほとんど見られない。このように、民衆は早くから塩の化学的な性質や価値も認めていたことがわかるのである。

そしてそれらはすべて体験に基づいて得られた発見であり、塩の民間療法の歴史的な変化というようなものはほとんど見られていない。そして塩は塩そのものが病に効くというよりも、病気の治癒力を助けるものとして利用されていた。〔『日本塩業大系』特論・民俗〕

②周防大島の民間療法

身体異常に関する俗信

（一）病気になる

1 爪を火にくべると気狂いになる。

2 縄をやくと寝小便をする。縄につばをつけると寝小便をしない。

3 髪をやくと気狂いになる。

4 蛇を指すと指がくさる。くさらぬようにするには、こぶしをにぎったまま指す。

5 蟹の泡や、海の水の泡にさわるといぼができる。

6 熊尾《くまお》に向いて旅だちをすると病気になる。（註：くまおは熊王神《くまうじ》の方言、熊王神は旅立ち、船出などに凶とされる方角で、日によってことなる。）

7 蟹を殺すと目が見えなくなる。

8 夜雀をとると盲目になる。

9 目をさすって捨てた古銭を拾って使うと眼病になる。

10 節分にまいた豆を敷いてねると腫物ができる。

11 お寺の鐘がなり止まぬうちに下を通るといぼができる。

12 白墨の粉または石灰を身につけるとハタケになる。〔註：ハタケは顔または頸などにできた白色の斑紋が乾いてかさかさになったもの。顔面単純性粃糠疹。〕

13 井戸はつぶさんもの、つぶすと眼が悪くなる。

14 人の悪口をいうと口がさ〔口瘡〕ができる。

15 しつけをした着物を着て倒れると中風になる。

16 ミミズに小便をするとチンコがはれる。洗ってやるとなおる。

17 ゲジゲジに這われるとハゲができる。〔註：蚰蜒《げじ》のことを一般にゲジゲジという。〕

18 火事を妊婦が見ると赤あざのある子を生む。

19 泥棒の足跡に灸をすえると、足がいたんでつかまる（また足がくさるとも）。

20 イタチに屁をかまされると馬鹿になる。

(二) 病気にならぬ

21 初物を食うと七五日長生きをする。

22 足半を履くとハメにかまれぬ。（ハメは蝮《まむし》の方言）

23 獅子舞の獅子に頭をかんでもらうと頭痛を病まぬ。

24 冬至に南瓜を食うと夏病《なつやみ》をせぬ。

25 鶏の初卵を食べると中風が出ぬ。
26 蓬《よもぎ》の杖をつくと中風にかからぬ。
27 厄年にあたったものは豆を年の数ほど紙につつんで人に知られんようにに四辻にうめる。そうすると丈夫である。
28 赤児が生まれて三日目にジリジリへやいと〔灸〕をすえるとスジが出ぬ。〔註：ジリジリはつむじのあたりの頭頂のことと思われる〕
29 子供が生まれた時「この子がキョウフウ〔スジ〕を病まんように」といって大豆をコーラで炒ったのを紙に包んで川裾にほり込めて「この豆が芽が出るまで、子のキョウフウが出んように」と拝むとキョウフウが出ぬ。〔キョウフウは驚風で脳膜炎など、コーラは焙烙〕
30 大つもごり〔つごもり〕の晩、茄子の木をたいて尻をあぶると中風が出ぬ。
31 たき火をして赤児の尻をあぶってやると長生きをする。
32 ハシカが流行するときには南天の横槌を背におわすと病気をのがれる。
33 アカザの杖をつくと長命する。
34 梅干の皮をヘソに貼ると船酔いせぬ。
35 棟上や舟下しの餅を食うと夏病をせぬ。

36 頸をつった縄を煎じてのむと中風にかからぬ。

37 庚申をまつると伝染病をのがれる。

38 中年の申の日に、赤い物を身につけていると中風にかからぬ。

39 神輿の下をくぐると重病せぬ。

40 正月七日の朝は朝寝する。これは厄病神が札を配ってあるくからであるという。朝戸を開くと、まず入口で線香をたく。こうすると病気にかからぬ。厄病神は線香をきらう。

41 正月十四日にトンドをたくが、その火でかき餅を焼き、神様に供えていただくと病気にかからぬ。

42 盆の十六日の精霊送りのとき団子をつくるが、この団子を食うと夏病をしない。

43 十二月一日にカワタリモチをたべると、すべっても怪我をしないという。

(三) 病気をなおす

44 目いぼができてなおらぬとき、右へできたら右の肩へ肥杓をかつぎ、エジリへやいとをできた日からその日までの数ほどすえる。〔註：エジリは肥杓の柄尻のことであろう。身体ではなく柄尻に灸をすえるのである。〕

45 目いぼは、おかまのスサ〔苆〕の藁をとってついてもなおる。

46 目いぼは、大豆を目にこすって井戸へおとしてもなおる。

47 目へ星ができたときは一枚紙に灰をひろげて両方の足で灰をふんで、目を書いたり口を書いたりして星のあった方へしるしをつけて、そこへ灸をすえるとなおる。

48 ソロデといって手のシンのいたいときには猫くぐり（障子の一番下の隅の一角の紙を切って、猫の出入できるようにしておく）から手を出して、男だったら末の女の子（どこの子でもいい）、女だったら末の男の子に糸で手をくくってもらう。〔註：ソロデは空手《そらで》の方言。〕

49 酒の二日酔は砥石を枕にしてねると酔いがさめる。

50 頭がハシル人は、朝日が出るときカガツ（スリバチ）をかづいて東を向いて、カガツの底へ灸をすえるとなおる。〔註：ハシルは痛む。特にコメカミの辺りがずきずき痛むこと。頭痛持ちのことも「頭ハシリ」といった（周防大島・山本雅弘氏）〕

51 いぼを落とすには茄子ですって、その茄子を埋めておく。

52 いぼができた時は電信柱へ「いぼがうつります」と書いた紙を張っておくと、よんだ人にうつって、できていた人はなおる。

53 墓の水を三度つけるといぼがなおる。

54 砥石を本人に知れぬように枕にしてやると歯ぎしりがなおるという。

55 茶を盆でのむと中風がなおる。

56 風邪にかかったときには梅干を水に入れて一遍にのむとなおる。

57 ギッチリがついたときは茶碗へ箸を十字にわたし、四方からのむとなおる。〔註：ギッチリはしゃっくりのこと（山本氏）〕

58 ギッチリがついたときだまされるとなおる。

59 魚の骨をいただくと、のどにたった骨がとれる。〔註：魚の骨がのどにささった時には、同じ魚の骨を頭頂に乗せるとささった骨がとれる。〕

60 目いぼができたとき、右であれば左褄を結んで目いぼをかくとなおる。

61 しびれがきれたときは、額に藁シべをはりつけるか、ツバをつけるとなおる。

62 小便を目へ入れると眼病がなおる。

63 生年月日を暦より切りとり、せんじてのますと、ケイレンがなおる。

64 足をついて血の出るときには足半の藁を切って、傷の上へ十字におくととまる。

（四）憑かれる

65 ウルシの木の下を通るとウルシがうつり、ヘビの死んだそばや、猫の死んだそばや、犬の死んだそばを通ると、蛇神、猫神、犬神がつく。だから「ウルシうつんな親子じゃないぞ」「蛇神うつんな親子じゃないぞ」というようにとなえて通る。するとうつらぬ。〔註：ハゼノキもウルシという。〕

66　憑き物にミサキがある。ミサキは偉い人が海で死んで、その魂がモーリモーリ浮遊しているものをいう。ミサキにつかれると身体がはれて、そこがなおったと思うとまた他がはれる。そうしてついには命をとられる。またフルイ〔震え〕のくることもある。ミサキを払うにはオガム人にシホーをしてもらう。大変熱の出ることもある。〔註：シホーは施法か修法であろう。〕

67　生まれ子を夜、外へつれ出すと死霊がつく。

68　生霊もつく。たいてい頭へつく。女につくとそのついた部分は髪がもつれてとけなくなる。そうして気狂同様になる。

69　狐がつく例も多い。ひどいのになると、狐に手や足のゆびを食われたのがある。そのためにその男は死んだ。死ぬる前に狐の祠をたてたが及ばなかった。

70　犬神もつく。つかれた人は走る。倒れるとにげる。

71　蛇神がつくと頭がハシル。そうして胸でスーリスーリ這いはじめる。

病気治療信仰

（一）首から上の病

（イ）大島郡屋代村龍心寺境内に大友様というのがある。寛政の頃の人であったが、いけないところのあった人とみえて、萩沖の見島に流されていたが、密かに越後船にのって脱走し、京都に入って公卿にかかえられ、九州へ行く途中を三田尻で乱暴し爾来各地を潜伏してあるいていたが、ついに捕えられて首を斬られた。その祠である。これにまいると首から上の病をなおしてくれるという。

(ロ) 眼の悪い人が、島内には昔から多くて、相当に盲人もいたが、これらはいずれも、出雲の一畑薬師を信心した。

(ハ) 歯のうずくのは、いろいろのまじないがあるが一番よいのは浜に出て線香を一本たて、茶湯をそなえて北の方を向き、隠岐国のあごなし地蔵を拝むとよかった。

(ニ) 頭痛のするものは日良居村帯石の観音様に髪の毛を切ってまいると、きっとよくなった。女の人で乳の出ぬ人は、布に綿を入れて乳の形をしたのを持ってまいると乳が出るようになった。

(二) 身体下部の病

(ホ) 沖浦村戸田と平郡村西に赤石様というのがある。赤い石をまつったもので、その祭は夏行なわれるが、これには女がたくさん参詣する。この石へ一把線香でまいると婦人病がなおるといわれる。したがって平郡の方は室津、上関の遊女が必ずその祭の日はまいる。

(ヘ) 旅立ちするときには八幡様の神殿の砂なり小石なりを持って出かけ、肌身はなさずつけていると脚気にならぬ。脚気になったものは家の者に送ってもらう。

（三）その他

（ト）島は石槌信仰の盛んな所であるが、この山にまいった者が帰島して、氏神へまいるまでに、村の入口の道に伏していて、その上をまたいでもらうと、病気をせぬといわれ、私の幼少の頃まではずいぶんしてもらったものである。またその折持ってかえってくれるオダラスケがよい胃病の薬であった。〔註：オダラスケは陀羅尼助のこと。〕

（チ）祇園様を信仰すると病気にかからぬ。胡瓜の切り口が、祇園様の紋に似ているので、そういうときには胡瓜を食わぬことにした。私の祖母の父にあたる人は幼少より胃が悪くて、腹がよくセイた。そこで一生胡瓜を食いませんから、胃のセキをとめて下さいと願をかけて治った。そうして百一歳まで生きた。〔註：セクは痛む、セキは痛み、セイタは痛んだ（山本氏）〕

（リ）私の家に五〇年も前火事があって、その折牛が焼け死んだ。その墓として、墓地の隅へ瓦製の祠風なものをおいてあるが、これをコージン様といって、身体に吹き出物のした人が、草を小さな束にして持ってまいる。そうすると牛がクサを食うてくれてなおるといっている。
ところが日良居村油良のコージンサマは道ばたにあって、やはり草をあげて皆が拝んでいるが、このコージンサマも火事で焼け死んだ牛を祀ったものだという。

（ヌ）お寺のビンズル〔賓頭盧〕さんをさすって自分の悪い所をさすると病気がなおる。

（ル）地蔵様のお水をつけるといぼがおちる。

（ヲ）家室西方村西方の荒熊神社というのは、もとチンジュ様といわれた小さな瓦の祠であって、さきに憑き物の項でのべた狐に手足を食われた人の家に、狐を封じるために祀ったもので、その屋敷にあったが、その人が死んでから、今の地にうつした。ところが、この祠には誰がたてるのか、よく赤いのぼりがたっているのを見たが、人のまいるのを見かけたことはなかった。この祠へある若い女が肺をわずらって毎日まいるようになったのはもう六年も前であろうか。とにかくだんだんよくなったのだそうである。私もそのころ病気で、故里でブラブラしており、退屈なものだからこの祠のあたりをあるいたものである。残念なことに手をあわしたことがない。そのころ私は気がちがったと村人にいわれていた。田んぼの畦にねころんだり、浜で石を投げたりして遊んでいたものだから村人にはそう見えたのであろう。

その私がこの祠を信心して病気もなおり気狂いもなおったという評判がたった。そうしてだんだんまいる人がふえて、いつしか立派な堂もでき、赤い鳥居がならび、二人の盲人の恐ろしいような信仰が始まって、とうとうオサガリ〔神がかり〕があるまでになった。この神さんは万病にきくらしい。

（ワ）伊予大井の明堂様は古狸だそうであるが、これにまいると、自分の身体の弱い所へ灸がおりるといって、夏になると皆まいる。その灸跡へ灸をすえるときっと病気はなおるのだという。なかなかの繁昌である。〔註：明堂観音堂＝今治市大西町山之内の大井寺境内にある山之内の明堂さん〕

（カ）四社まいり（四社は土地によってちがう）をすると病気にかからぬといわれる。

（ヨ）例の流行性感冒の流行った年に妙なことがあった。大島郡蒲野村三蒲の山の中から一人のうすぎたない坊さんが出てきて、「わしは弘法大師じゃが、今年の感冒カゼ（島ではこういった）は八幡様へまいって鳥居を七へんまわって油揚を食うとかからぬ」といったかと思うと、掻消すようにきえた。それがもとで、誰も彼も八幡様へまいって油揚げをたべた。おかげで鳥居の近所の飲食店はなかなか繁昌した。思えばウソのような話であった。

（タ）歯のうずく者は、太宰府の天満宮に向かって「宵の間や　都の空に住みもせで　心つくしの有明の月」といっておがむと治る。

なおいろいろのまじないがあるが、これは文句を知らない。まじないをする人はたいてい四国遍路などに善根宿をかしてやって、そのお礼にならったのが多い。頭痛、歯痛、カスミ目、肩のこり、腹痛、オコゼにさされたの、いぼとり等があり、それぞれこれを行なう人はちがっているが、教えると効がなくなるといって教えない。ところでこれが結構間にあっていくのも面白い。

草根木皮療法

（一）首から上

1　芭蕉の葉を盃にして酒をのむと中風にならぬ。

2　中風には桑の木にできたナバ〔茸〕とニワジロを煎じてのむとよい。

3　中風には桑の木をゴジゴジにきって煎じてのむとよい。〔註：ゴジゴジにきっては、小さく刻むことであろう。桑茶を飲む人が多かった〔山本氏〕〕

4　目のわるいとき、ツキメのときにはヒトツバという苦い乳の出る草を鉢で水であろうて焼ミョーバンを細かにくだいて手でもんで、一緒にして絞ると青い汁が出る。それを夜つけるとなおる。〔註：ヒトツバ＝ツボクサか？〕

5　カスミ目の者は眼に乳汁を入れてもらうとなおる。

6　ヤンメ〔病目・流行目〕の時はオダラスケを茶でといてつけるとなおる。また、番茶を煎じて文銭ゼニを一文入れて梅を一粒入れてぬくめて目をタデル〔湿布する・洗う〕となおる。

7　トリメの時は鳥〔鶏〕のキモか、ハモのキモを生のままでのむとよい。〔ハモのキモ＝ハメのキモ？〕

8　耳がいたいときはエコアブラ〔傘へひく油〕をつけるとよい。〔註：エコアブラは荏胡麻の油〕

9　頭痛のするときはコメカミへ梅干の種をとったのを貼ったものである。

(二) 五 体

10 ジンゾー〔腎臓〕には熊ン蜂の巣を煎じてのますとよい。

11 下痢には土用の丑の日にとったミコシグサ(ゲンノショウコ)を煎じてのむとよい。

12 咳には、キンカンと氷砂糖を一緒に煎じてのむとよい。ヘチマの水もよい。オバコ〔オオバコ〕のカゲボシにしたのを煎じてのむのもよい。芥子の殻と氷砂糖を一緒に煎じてのむのもよい。白ナタマメを煎じてのむ。ハスのフシを煎じてのむ。蜂の巣をカンド〔燗徳利のことであろう〕に入れて煎じてのむ。

13 風邪をひいたときには、キンカンとツルシガキを煎じてのむ。ダイダイ湯(夏蜜柑)がよい。ショーガ湯がよい。茶碗ミソシルがよい。茶碗ミソシルは茶碗にミソを入れて、沸いている熱い茶をかけたものである。ミミズの汁をのむのもよい。

14 リン病には、ネコイモをカンドへ入れて煎じてのむ。蚕の糞を煎じてのむとよい。〔註:ネコイモはヒメウズ(姫烏頭)か?〕

15 胃の弱いものはナベズミを水へ入れてのむとよい。

16 物のあたったときには、その物を黒焼きにしてのむとよい。マメ茶(ハブ茶)がよい。マメ茶の葉をマシオでもんでのませるとあげる。〔註:マシオは真塩、煮つめてニガリを除いた上等の塩。〕

17　胃病には、センブリがよい。土用の丑の日にとったのが特によくきく。イシャナカセ〔ゲンノショウコ〕もよい。

18　百日咳には、ハメ（マムシ）のショーチューがよい。

19　咳をするときには、ハチクの竹の笹と何とか（不明）をあわせてのむとなおる。

20　声のかれた時は黒大豆を煎じてのむとなおる。

21　痰をとめるには、ランキョー〔ラッキョウ〕を朝二つくらいずつたべるとよい。白南天の実を煎じてのむとよい。

22　腹の痛むときは、水へマシオを入れてのむ。

23　腰のひえるとき、大根の乾菜をとってきてこれを煮て腰湯し腰をタデルと治る。

24　イボジやキレジの時には、乾菜をシオで煎じて、タライへとって、腰をうむす〔蒸す・温める〕となおる。

25　のどがかわくときは、どうしても止まらねば茶へシオを入れてのむ。

26　水の中へムギの粉を入れてのむと水があたらない。

27　コシケ〔腰気・帯下〕になったときは、ミコシグサ（ゲンノショウコ）を六月の土用の丑の日にとってカゲボシにしたものを煎じてのむとよい。

28 茎は乾して風呂へ入れると、神経痛の妙薬。〔註：○○の茎の○○がヌケているようである〕

29 痰をとめるには、青蛙を生きたままのむとよい。のどを入るとき、手をまくって痰をとってくれるという。

30 酒の二日酔には、豆腐のカラの汁をのますとよい。

（三）手　足

31 脚気には、ヌカ、アズキなどがよい。朝つゆを跣足《はだし》でふむのもよい。

32 神経痛には、

川ショーブ（セキショウ）　一〇〇目　ダイダイの皮（夏蜜柑）　一〇〇目
ツルボシダイコン　一〇〇目　チョージマツ〔丁字末〕　一〇銭
イシャナカセ　一〇〇目　マシオ　三升

を入れて風呂にたき、それへ一週間も入るとなおる。

（四）できもん

33 タムシはダイオー〔ギシギシ〕をつけるとなおる。

34 うるしのうつったのは、栗の葉を煎じてなでるとなおる。

35 いぼをとるには、なすびでも何でもかまわん、生のなり物を二つに切って、切った面でいぼをすって、元のとおりに合せて、雨落に、人に見せぬようにうずめるとなおる。

36 普通のデキモン〔膿を持つもの〕の膿をとるには、カマキリをたたいて、麦飯をねってつけるとよい。カタツムリ、タニシと麦飯とまぜてねってもよい。カタツムリはねらなくてもよい。ことにカタツムリはヨコネ〔横痃〕の膿をよく吸う。

37 かゆいものができたときには、ブトン葉の根を煎じてのむとよい。しかし性の強いものだから、一枚ミシロ〔筵〕を動かずに養生せんと腹をさげる〔下痢をする〕。〔註：ブトン葉はサンキライの方言。サンキライはサルトリイバラの異名。〕

38 タムシは鍋ズミとウドン粉を油〔タネアブラ〕でかいてつけるとなおる。タムシにかぎらずハタケ、シラクモ〔頭部白癬〕にもよい。

39 はれものはナタマメの葉をシオでもんでつけても膿が出る。ミソヤイトもよい。はれものの上に紙をおき、その上へミソをのべて、それの上にモグサをおいて火をつける。痛うなるまですえる。そうすると膿がちる。

40 膿んだら、ハメのホネを粉にしてつけるとよい吸い出しになる。

41 ハメの皮を酢へつけて貼ると膿がちる。

42 ウルシにまけた〔うつった・かぶれた〕とき、麦糠をマシオで煎じてなでるとよい。

43 ウルシがひどうなるとアブラゲをたべるとよい。昔、櫨《はぜ》の実をとる職人は、山へ入る日はウルシがうつらんようにアブラゲをたべて行ったものだという。

44 ウルシのうつったときは物の椀を煎じてのんでもよい〔「物の椀」は誤植か？〕。

45 アセモには桃の葉をマシオを入れて煎じて浴びるとよい。またはボードー〔？〕を煎じて浴びるのもよい。

46 いぼをとるにはクモのケッパリ（糸）をまきつけておく。またはトーガキ（無花果《いちじく》）の白い汁をつけてもよい。

47 ハシカは赤牛の糞を煎じてたでるとよい。または猫柳を煎じてのませる。またはモチゴメの粥をたいて食わせる。

48 アセモは潮をあびるのもよい。

（五）傷

49 ひび、かんばれ〔寒腫れ：しもやけ〕は、ショーガの葉をかげぼしにしたのを煎じてなでるとよい。また、たね油をつけるとよい。またダイダイカブラ（ダイダイを二つに切って、絞って酢をとったかす）をあててもよい。

50 アカギレには、ヨモギ〔ヨモギ〕とビンツケと白粉とをねってつけるとよい。また麦飯をねってつけるとよい。またヤマランを熱灰でやいて、爪でこするとねばいものがとれる。これをつけるとよい。〔註：ヤマランはシュンランのこと。ジーバともいった（山本氏）〕

51 ヤケハタをしたときには胡瓜の汁をつけるとハシリ〔痛み〕がとまる。また醤油をつけるとよい。灰を醤油でかいてつけてもよい。また、あぶら（種油）をつけるとよい。また飯をねってつけるとよい。〔註：ヤケハタは火傷の方言（山本氏）〕

52 ハメにかまれたとき、かまれた所を切って血を吸い出すのが一番よい。

53 蜂にさされとときには、ハメのショーチューをつけるとよい。また白朝顔の葉をもんでつけるとよい。

54 百足《むかで》にさされたとき、オコゼなどにさされたときは、小便をしかけるとよい。またハクソをつけるとよい。また鶏の糞か水芋の白いアクをつけるとよい。また煙草でフスベテ〔燻べて〕もらってもよい。

55 手にマメが出たときも煙草の煙でフスベテもらうとよい。

56 血の出るとき、オンビキショ（蟇）のヅワタ〔はらわた・内蔵〕を出して上酒でところてんのように練ったのをつける。またヨモギをもんでつける。またタモトクソ〔袂糞〕をつける。またモグサをつける。またタバコをつける。

57　ハメを種油の中へつけておくと、ハメのアブラができる。これはよい傷薬である。
58　チョウチョのサナギを種油へつけておいてもよい傷薬になる。
59　スイバラ（とげ）がたったとき、トンボをすりつぶしてつけておくと出る。

物理療法その他

（一）灸

灸のことはすでに、今までちょいちょい書いてきたが、灸は百姓の大事な療法の一つであった。私の祖父母は若い日リューマチをわずらって以来、ずっと毎朝サンリへ灸をすえては仕事に出かけていた。

灸には灸のツボというものがあって、それが普通の人にはなかなか判らず、よく知っている人が島の所々にいた。その人の所へ行って灸をすえてもらって、戻ってくると、今度はそこへ自分ですえたものである。私の生家の近くでは、日良居村油良に久治という名人がいて、ずいぶんよくきいたものである。この人は百姓であったから、うまくいかぬと、留守のことが多かった。私は小さい時スンパコ（脱腸）で、祖父につれられて、このおじいさんの所へ行ったことがある。丁度その日留守ですえてもらえずに帰ってきた。

私はムシで、泣きミソだったから今でも左手に灸のあとがある。黒砂糖を舐めつつ泣いて、手にもえ

あがるモグサを見つめた思い出は今も残っている。〔註：ムシは神経質、癇癪もちの子供のこと（山本氏）〕
　夏病をせんようにといって、背中へ六つすえてもらった思い出もある。
　灸をすえるには灸すえ日というものがあった。一月の中でいえば、五日と二十日であった。五日二十日は日を見んな、という言葉もある。ウンコー日《にち》というのは特別にいい日だという。〔註：ウンコー日（瘟瘽日）は陰陽道でいう吉日の一つで、仏事・結婚には良いが、灸をすえるのは忌む日とされている。しかしここでは、灸すえに良い日として伝承されている。〕
　灸祝は年中行事の一つでもあって、これは春は三月四日、秋は八月二十日であった。
　三月四日は花見の翌日で、前日の酔心地の残っているようなのどかな日であった。
　村人は、若い者は若い者同士で、女は女同士で灸仲間を作り、それぞれ宿をきめて、仲間の者は米三合と、お金を少々持参して集まるのであった。またコヤ豆（蚕豆《そらまめ》）のついたのを持ってきて、すえられる者は、それをポツリポツリとかんだ。痛さをしのぐ手だったのであるが、面白い趣向であると思う。

灸すえ日（『年中行事図説』より）

すえ終わると、すえたあとを包丁でたたきながら、

今日はすえ日　あすはなおり日　風邪ひかんように

にんがち　にんがち

とまじないをした。

みんなの者がすむと、それから御馳走のこしらえをして食べた。若衆たちは、そうした御馳走を作っている女の所へ食いあらしに行った。女の方ではそれがまたたのしみであったという。

私の幼少の頃までは、この灸祝があって、祖母につれられて、すえに行ったものである。枕を抱いて、いたいのをこらえながら、酒の粕をたべた思い出がある。私の子供の頃には酒の粕が、菓子の役目をしていたものである。

灸につかうモグサは村に売っている家が一軒あった。その袋には伊吹山と書いてあったのを覚えている。

(二) 石風呂

草のタチ（春先）の頃になると、村人は次の活動への準備のために、身体の修繕にいそがしかった。灸とともに村人の大事な行事は石風呂であった。〔石風呂については別項でも触れており、重複するが、ここに掲げたのは浮島の岡田岩吉氏から聞いたその概要紹介だという注記があり、そのまま掲げる。〕

浮島では石風呂を焚くのは村人がこれにあたり、オクリツタエにするのだそうである。入りたい希望のものはセンバ（松の枝を束にしたもの）を持って行き、ないものは金を持参する。浮島樽見は三六戸の部落であるが、三〇人くらいはあるそうだ。

入るのは一風呂一〇人くらいだから、三回に分けられる。一番風呂は石がやけていて熱いから一〇分くらい、二番風呂は一五分くらいと後ほど時間は長くなる。

石風呂を焚く人を石風呂爺という。それらが朝から焚く。中の石榔が十分焼けると、石風呂がわいたと、丘の上からおらぶ。すると人びとは弁当とドンダを持って出かける。石風呂の中へは藻葉を敷く。人びとはドンダをかぶってこの中へ入る。そうして蒸されるのである。一〇分もいると汗びっしょりになる。入口は密閉されている。一〇分ほどたつと口をあける。こうして晩の五時六時頃まで入る。すんでしまうと若い衆が入る。ぬるうになっているので、至極気持ちがいいそうである。

石風呂を焚くのは一週間から一〇日である。

さて以上は浮島での例であるが、長浜の方は何回か入ると、それからまた一回風呂を焚いて、入ったようである。石風呂で火傷した人もある。この方はセンバも持参しなかったし、オクリツタエでもなかったから専門の爺がいて、金をとったものであろう。

（三）えんしき〔別項とほとんどかわりないので省略〕

（四）肩たたき

村に盲目の按摩もいたが、家々では子供が肩たたきを引きうけていたようである。私は祖父や父の肩を叩いた。叩くと必ずその賃に昔話をしてくれた。たのしみなものの一つであった。

養生年中行事

すでに書いたこととやや重複するかも判らぬ。が、月日を追うて書いていく。

正月　八幡様にそなえたお鏡を、正月がすぎると神主がこれを切り、村の家々に配る。これを焼いて食うと、無病息災だという。

正月四日　高い山で火を焚く。その火で餅を焼いて食うと病気をせぬ。これをドンドロモチという。

正月七日　疫病神が札を配ってまわる。

正月十四日　トンドでカキモチを焼いて食べると病気をせぬ。

二月　ネハン様はトジマメをつくる。大豆とアラレとを炒り、飴と砂糖とでかためる。これを食べると歯が丈夫になるといっている。

三月三日　この節句の桃と五月の菖蒲、蓬、九月の菊とを陰乾にして煎じてのむと子を下ろすことができると考えていた。ことに女が淫売や女郎になる前にはまず、獣と同居して獣の子を孕み人間としての資格を失わなければならぬものといわれ、その子を下ろすのには是非この陰乾によらねばならぬと考えられ、女にとっては肌身を離されないない大切なものであるとせられた。
三月四日　灸祝。
五月五日　菖蒲で鉢巻をすると夏病をせぬ、粽を一つとって天井へつっておく。お産の重い者があるとこれを煎じてのました。すると産がらくであった。
六月十二日　祇園祭へまいると夏病せぬ。
六月十七日　宮島様〔厳島神社の管弦祭〕の晩、藁で作ったオカゲン船〔御管弦船〕に火をともして沖へ流すのであるが、その晩、皆およぐ。その晩はエンコ〔カッパ〕が宮島様へまいっているからおよいでもひかれぬという。またこの晩海へ入ると夏病しないという。
七月一日　牛の節句、牛に潮をあびさせる。この日はエンコが牛のダニを食いにきているから潮をあびてはいけぬ。あびるとひかれる。
七月十六日　精霊送りのだんごを食うと夏病せぬ。
七月二十三日　地蔵盆、村で米を一合と大豆とを集めて、頭屋で大豆のはいった握飯をつくる。これを子供が午後三時頃もらいに行く。三個ずつくれる。子供のない家へは配ってくる。これを食べると病気にかからぬという。

八月二十日　秋の灸すえ。
十一月八日　フイゴ祭、ミカンを鍛冶屋でまく。ひろうて食うと病気にかからぬ。かかってもかるいという。
十二月一日　カワタリモチを食うとすべっても怪我をせん。
十二月大晦日　コンニャクを食う。一年中の砂を下すという。

拾　遺

1　歯の痛むとき青松葉を口に入れていると治る。
2　お大師様のお水をつけると眼病がなおる。どこの祠にも小さなカメがあり、それにお水というのがそなえてある。それを小さな杓でくんで左手へうけてのむのである。眼の悪い人はこれを眼へぬる。島には島八十八カ所がある。
3　百足の油を耳へつけると耳だれがなおる。
4　牛のおけをかぶるとハシカにかからぬ。
5　井戸へ金物を落とすと眼病になる。
6　夏熱い砂で手足をやいたら冬凍傷にかからぬ。

7 どもりのまねをするとうつる。

8 いぼをかぞえるとふえる。

9 正月三日のうちにすしを食べるもの、はやり病をせん。

10 土用の丑の日はうなぎを食うと夏病をせぬ。

11 トリメの者はカラスの肝を食うとよい。またダイツボ（肥壺）に入れておいて、それの身をとって食うとよい。

12 ブトン（サルトリイバラ）の箸で食うと病気せぬ。

13 のどにイギ（魚の骨）のたったときは、茶碗の上に箸を十字において水をのむ。のむとき、

うのとりの　はがいの下は　はしおいて　ほねふき出すは　いせの神風

というととれる。

14 便所へツバを吐くといぼができる。

15 ふぐ〔河豚〕によったときは、便所の汁をのむと命がたすかる。

16 芭蕉の葉を煎じて飲むと脚気や腎臓によい。

17 咳をするときは鬼グイ（タラノキ）を煎じてのむととまる。

18 蜂にさされたときは痛いといわん先に、そばにあるものをひっくりかえすとよい。

19　歯のうずく者は宇野兵庫様の墓へまいる。宇野兵庫は村の一番古い大家（山本という）の先祖で、その墓をフルハカサマといっている。鎌倉様式の宝篋印塔である。必ずなおるという。

20　蒲野村三蒲の日限地蔵は子供の病気をなおす地蔵さんで、私は子供のときスンパコであったから、祖父につれられて一度まいったことがあった。

21　以上のほか、オキ薬があり、これは富山、紀伊、大和、備前などから来た。来ると江戸絵などおいていった。ずいぶんひどい金のとり方などして、信用をおとし、めっきりへった。

22　村にまた一品だけ薬をうる家があった。神宮寺の無二膏はアカギレの妙薬、米安の貝殻入りの目ぐすり、池田の吸出膏というように、これもキグスリ屋の出現で影をひそめてしまった。

23　天保年間の島在住の医師名。〔全く同じもの前掲「人の一生に」あり、省略。〕

後記―以上の資料は島教育者の手になった『大島郡郷土調査』（昭和十年）の迷信の部および母、増井刀自（祖母の妹）、増井てる、柳居文子、田村刀自、升田刀自（外祖母）、杉山岩蔵氏、亡父などよりの聞書集成で、聞いた部分はだいたい五〇年以前を標準とした。まだ十分分類されたとはいえない。『大島郡民俗誌』の一部をなすものである。（昭和十年九月三十日夜）〔『旅と伝説』8巻12号〕

③河内滝畑の民間療法

マジナイの神　薬師様が出るまでは日本には津島の神がいた。これがマジナイの神で、マジナイで病をなおしたものである。マジナイでたいていは治る。この神様に祈ってマジナウとセンキ〔疝気〕でのたれている人でも遅くて一〇日で治る。ころっときくものではないが、とにかく治って来る。

火をふせる　私は火をふせることを奈良の神官にならった。そのとなえ言は今ここでは言えぬが、マジナイの言葉を三べん言って足でふむ真似をすると、形もつかぬくらいきれいに治る。

去年の大晦日の前の晩、この上の方に住んでいる森下源之助の嬶《かかあ》が餅をつくために、夜の十二時頃に起きて、蒸篭で餅を蒸し、釜の湯をとって下へ持って下りようとしてひっくりかえった。そこで人がとんで来てマジナイをしてくれと言ったから、行って火をふせてやると、今まで痛んでいたのが、とまってきれいに治った。

同じく去年、今年一年生になる学校の向かいの田中の子が前を焼いて苦しんでいたが、これも火をふせてやったらすぐ治った。

センキの呪　年の数だけ大豆のきずのいかんのを左手で握り、握ったやつの一つずつに光明真言を三べん唱え、水を盃に入れ白米の洗い米して、お燈明してきれいな所へおいて、夜十二時すぎたら四辻へ埋めるのである。この時人目にかかってはならぬ。埋めてしまうと、また光明真言を三べん唱えて後を向かんと戻って来る。すると治る。

病神送り　昔は病神送りをした。ここは蔵王峠まで送りたおしたものである。紙で顔を書いて、麦藁の人形を作り、それをいのうて〔担って〕行った。

そうして一六の念仏太鼓を叩き、四八人のものが叩鐘を叩いて、アドンドンアドンドンいってやって行った。

病神を境まで送って行くと鉄砲で人形を撃って、後を向かないで皆戻って来た。

病神を送る境は、上は蔵王峠であったが、下の方へももって行った。下は平まで行くこともあり、冷水の坂まで行って鉄砲を撃つこともあった。

高向川ではハシカ、ジエキなどの時は、晩のほの暗がりに道心が出て六斎念仏をやった。

病封じ　私の若い時に兄の子がジエキになって、睾丸がはれて苦しんだ。どうしても病気がなおらぬものだから、よしよしわしが病神をちぎってやると言って、酒をうんと飲んで、ヨキを持って、家の中をふりまわしてあばれまわった。そうして家の隅へ追いやってしまった。それから子供の病気はすっかりよくなった。

耳の遠いとき　和泉の桑原は雷のよく落ちる所であった。それをスイジョボ様〔俊乗坊重源上人〕が封じてしまった。そこで雷が落ちなくなった。耳の違い人はこのスイジョボ様へ参ると、耳が聞こえ出すと言ってこの辺からよく参る。〔註：スイジョボ様は泉北郡泉町桑原（現和泉市桑原町）にある西福寺で、この地で生まれたという俊乗防重源を中興の開基としており、また重源上人が水不足に悩むこの地の人びとを救うために谷山池を造り、治水工事につとめたことから、スイジョボさん（俊乗坊様）と呼ばれて親しまれている。なお西福寺境内には雷除けの呪文「クワバラクワバラ」の元になったという伝説をもつ雷井戸がある。〕

シラクチ〔サルナシ〕の葉　この谷の光瀧寺へ行く途中、川に沿うて、ちょいちょい葉の白くなった木を見かける。この葉の白い年は日照りだそうである。この葉は胃病、肺、リューマチ、脚気の薬になる。

灸　灸は日をえらんですえた。ゴムニチ〔五墓日〕にはすえなかった。大事な所を知らぬからたいてい痛い所へすえたのだが、それでも治ったものである。また大阪まですえに行った者もある。博労町の丹灸、天王寺の無量寺の灸はよくきいて行く者が多かった。〔註：五墓日は悪日の一つで、木性の人は乙丑の日、火性の人は丙戌の日、土性の人は戊辰の日、金性の人は辛未の日、水性の人は壬辰の日というように、五行と干支の組合せによって、定められている〕

植物の用途（一）

ジューヤク〔ドクダミ〕　八月にとってかげ乾しにする。煎じて飲む。どんな病にもよい。

カンタノマクラ〔スズメノヤリ〕　熱病一切によくきく。

ダイオー〔大黄〕　煎薬で持病《ママ》によくきく。

ウ　ド　風邪ひきによいという。
サンキライ〔サルトリイバラ〕　熱をよくとる。根を煎じる。
ジビョーグサ〔ゲンノショウコ〕　あたりばらによい。
ウシノシタ〔イヌビワ〕　この実は腸チフスによい。
イタズル〔イタドリ〕**の根**　薬屋へ売ると一貫五銭くらいする。ヒエによくきく。これが女や子どものワタクシの一つになる。
ユキノシタ　一貫が八〇銭もする。子供の腫物などに塩でもんでつけるとよい。またひきつけの気つけに塩でもんで含ませる。
ミカワグサ　でき物に煎じてのむ。
カキドーシ〔ヤブガラシ〕　何にでもきく。特に下痢。
ブランサン　何にでもきく。特に下痢。
シュートメ〔フキノトウ・款冬花〕　蕗から出るもの、生でも食える。胃病にきく。
オバコ、モクツ、シラクチ、ニワトコは大阪の道修町《どしょうまち》から昔から買いに来た。ツヅラと言って柳行李にするものも薬になるそうで、やはり売った。
マタタビ　ヒエ一切にきく。一升一円くらいした。

植物の用途（二）

カンザ　たいてい売る。何に使うか道修町から買いに来た。

ヨモギ　コシケの者がたいてぬくめる。

モクツ　かぜひきによくきく。

カラウ　どんな病気にもきく。備荒植物の一。（註：カロともいう。）

カンボク　癪によくきく。

カッコン　かぜ熱にきく。ひと抱えもある大きな木になる。

トラバの根（**トラノオシバ**）　この根はクズ粉になる。猪がすきでよく掘って食う。

セキショー　かげぼしにして、たいて腰をぬくめる。

サンヒチ〔**タウコギ**〕　何病にでもきく。（註：アザミに似てとげがない。）

ゴシュ　腰をぬくめる。

アザメ（**アザミ**）　ヒエによくきく。根をせんじてのむ。

センブリ　胃のくすり。煎じてのむ。

そこまめ　道を歩くとき悪い石があって、それを踏むとそこまめが出る。

病をなおす神

瀧谷不動　目の悪い人は滝谷の不動さんへ参る。〔滝谷不動尊＝富田林市彼方〕

焼野地蔵　槙尾山の下にある。咳の地蔵ともいう。首から上の病気をなおす。〔咳の地蔵＝和泉市坪井町？〕

白山権現　酒掛地蔵（釘の木にある）歯の悪い時に参る。

水を飲む時の呪文　水をのむ時は

ありがたやこの水は薬師如来の水神とし三仏前のるりのこうるり

なむあびらうんけんやそわか

と言って飲むとあたらぬという。

民間薬

ナノミ　ヌスビトハギのこと。センキ、スンバクによくきく。スンバクは女の足の痛む病気のことである。小さなもので身体によくひっつくものの方はイヌノシラミという。

イヌノタマリ　猪の胃のことである。ヒエ一切にきく良薬である。

カワガラス　これをとって首をきり、血を垂らす。その血を飲むとヒエによくきく。

（註：ヒエとは熱病のことで、風邪もヒエのうちである。）〔『河内国滝畑左近熊太翁旧事談』〕

鹿児島県屋久島

① 宮之浦

ガンブネ　宮之浦では病気がはやると、立派な四、五尺の船を造り人形をのせ、神社で大祓いを行なって、青年が船をかつぎ、空缶の如きものをたたいて村中をまわる。すると各戸では銘々米と塩をもって身体を拭って、その船に投げ込む。その船は海に流す。こうすると病にかからぬと信じられていた。疱瘡のはやる時は、この行事を特に疱瘡の神おとしと言った。沖へ流した船が、帰って浜に寄ってひっくりかえると、船をあつかった人に病がうつると言われている。

この地は他から悪い病の入らぬ限り流行病は起こらない。したがって疱瘡などもめったになかったが、一度流行するとじつにひどかった。人々の一番恐れたのは疱瘡である。

ホーソゴヤ　疱瘡にうたれると一〇人のうち七人までは死んだ。うたれるとすぐムラバナ（村の西の方の未開墾の土地）へかかえ出し、そこに小屋をこしらえて入れておいた。ホーソゴヤと村との中間にナカゴヤというのを作り、家族のものはそこへ薬や食べ物を持って行って渡した。看病人は一度疱瘡をやった人で、そういう人は疱瘡にかからぬと言われていた。一度疱瘡にかかっているという人は島には滅多になく、内地から来た人にはちょいちょいあったので、そういう人を頼んだ。内地から来ていると言っても昔のことで、一般の人が来ている場合はほとんどなく、多くは流人であった。こういう人を頼んで看病してもらうのだが、悪い人であるとろくなことはしなかった。例えば病人が何か食べたいと言っておいてナカゴヤまで持って来させ、じつは自分が食べるというようなことをしたという。また、病人が多いのに、看病人が二、三人で、しかも畳もしいてない小屋だから、助かる見込みも少なかったわけである。また内緒でホーソゴヤへ一家のものでも行くようなことがあれば、病気を村へひろげると言って、そういうものは村放しにするので、どうすることも出来なかった。疱瘡のために財産を使い果して潰れた家もある。

死んだ人は浜辺へうずめた。これも看病人の仕事であった。一〇年以上そこへおいて、それから掘り起して自分の家の墓地へ埋めた。それまでは手をかけることは許されなかった。

疱瘡がはやると、村はずれに注連を張って、他村のものは一切入れないようにして自分の村に病魔の入ることを防いだ。

また、疱瘡の出た家は、家族のものは家を開け放しにして、親類などに宿を借り、一月も二月もそこで生活した。

ヒフキ竹 百日咳のときは、ヒオコシで吹きとばすと風邪はなおると言っている。また仁王さんにヒオコシをあげて祈願してもよい。仁王さんは益救神社の境内にある。

② 麦生

風邪神送り　風邪が流行すると、二歳が集まって藁人形を作り、村中が送って行く。これを藁人形送りという。家々では家の前を藁人形が通ると、家の中をすっかり掃き出した。藁人形には袋をさげ、ハンマイ米とて村中のものがその家の前を通るとき、袋に米を少しずつ投げ込んでやる。そして人の行かないような場所に送った。もとは途中貝を吹いて行き、捨てると後を振り返らないで戻って来た。

疱瘡　麦生では疱瘡がはやる時は、その部落の道を通らないで、山道をひらいて通った。部落の入口にはシメ縄を張る。

シメ　疱瘡以外にでも流行病のきびしい時は村境にシメを張った。シメは一〇本と三本の藁を縄の所々から出したものである。作るのはジャク（僧）の仕事で、持って行くのは青年であった。〔『屋久島民俗誌』〕

島根県片句浦

四二浦の潮汲み　簸川郡東村の一畑薬師は、広く中国地方一帯に信仰せられている薬師さんであるが、特に眼の悪い人の信仰を集めている。その信仰形式はいろいろあるが、このあたりで行なわれているものに四二浦の潮汲みというのがある。

松江の東の福浦から、島根半島の北岸を大社まで行くと、浦が四二浦ある。その浦々の潮を、竹の筒に一滴か二滴ずつ汲んで集め、かつその土地の社に参り、浦々の家で門付けをなし、最後に一畑へ参るのである。これを四二浦の潮汲みといっている。一まわりで二週間はかかる。それを一〇回もくりかえす人があるそうである。なかなか一人ではできないので、眼の悪い人たちが二、三人くらいで組み、これに目のよいものがついて行くこともある。夜の泊りはたいてい善根宿であるが、泊める方でも快く泊めてやる。まことに心をうたれる風景である。片句ではたいてい大師堂で泊まっていくそうである。御津から山に上って尾根伝いに来ると、大師堂はちょうどよい休み場になる。

こうして目の見えはじめた人もあるというが、それよりも信仰によって気持の救われるのが多いようである。

千人祈願　私〔宮本〕の従弟に目を悪くしたのがいる。いつの頃からか目が悪くなって、医者にかかってもどうしても治らない。最後にやはり一畑へ参った。隣り近所から一文ずつ喜捨を乞い、それが一〇〇〇文（一円）に達した時、その銭を持って一畑へ参った。薬師堂では心から迎えて有難い祈禱をしてくれたそうである。しかし目はよくならなかった。「仏様にたのんでさえ治らぬ目なら」といってあきらめもついたのであるが千人祈願の形式がこの薬師にもあったのは私には深い感慨であった。どうしても一文銭でなければならぬとかで、もう一文銭の少なくなった頃だから、喜捨を受けるのに一文銭のない家では紙に銭の形を書いてもらったともきいた。そうしてお金の方だけは一円（一〇〇〇文）にしたのである。

千度参り　人が病気にかかって長びくような時には氏神様や一畑薬師へ参る。さらに重くなってくると武内神社、出雲大社などへ参る。

また医者の手ではどうしても助からぬというような重病になると、村の志ある者が大ぜいで千度参りをする。松の葉を千数え、それで数どりをしながら鳥居の石段の上り口を起点として、そこまで下り、また上って行って拝殿で拝み、千度に達するまでつづける。

こうして寿命のない者は本当にそれまでのものであったとあきらめる。

病気の原因　病気の原因は祖先の祭り方が足らぬ者が多い。どうして分かるかというと、トリジに見てもらうことによってである。トリジというのはアズサミコの仲間である。このあたりには、ミコの口ヨセをする女が多い。女の人に神がかりになるものが非常に多いためである。こういう人に見てもらうと、病気の原因は祖先の祭をおろそかにしたからだと教えてくれる。そうしてその祭の方法をも教える。そこで加持祈禱をするとたいてい治る。

道切り　伝染病がはやると村の入口に注連を張り、神職なり僧なりに祈禱してもらった祈禱札を竹にはさんで各戸ともにたてておく。

また他村に伝染病のはやる時は、村の入口に番小屋を建て、番人をおいて、他村の者は一切入れなかった。番人は家の順番に交代して出て行く。

また、平生も悪い病が村に入らぬように村境の大きな松の下に薬師様がまつってある。

サンダワラ　ほうそが流行すると、病気にかからぬようにとて、サンダワラに赤飯とヌサをのせてほうその神を海へ流した。今かかる行事はなくなっている。

死の予知　自分自身で気がつかなくても、他から見ていると、その人の死の近づいていることが分かることがある。多くは物の始末をよくしている。たいてい人は死ぬ前に物の始末をするものである。

〔『出雲八束郡片句浦民俗聞書』〕

道切りの注連縄（青森県磯谷、昭和38年6月）

奈良県天川村

死の予知　死はあらかじめ分るものだという。

病気しているとき、烏がおかしな声で鳴くと病人の死が近いといわれる。
広瀬のある家の爺さんが死ぬるとき、

「烏が来て鳴く。米苗をすくうて（ぬいて）困るから追うてくれ」

と、そばにいる嫁にいったが、嫁には見えなかった。

「そこのすももの木に来ているではないか」

というので、見たけれども誰にも見えなかった。それから間もなく死んだ。
夢またはうつつで、そこにいない親兄弟にあうことがある。するとたいてい自分の死が近いという。これをデアイが来るという。〔『吉野西奥民俗採訪録』〕

兵庫県鴨庄村

病気の呪　昔は伝染病がはやると、屋敷の入口に縄を張ることがあった。今この風習はほとんど見かけない（南）。
子供がハシカなどの流行病にかかると、その家ではアズキ飯を炊き、それをツトに入れ、ナンテンの葉を敷いて、村の地蔵様やお宮に供える。私はこれを戸平の弁天様で見た〔『村の旧家と村落組織Ⅰ』〕

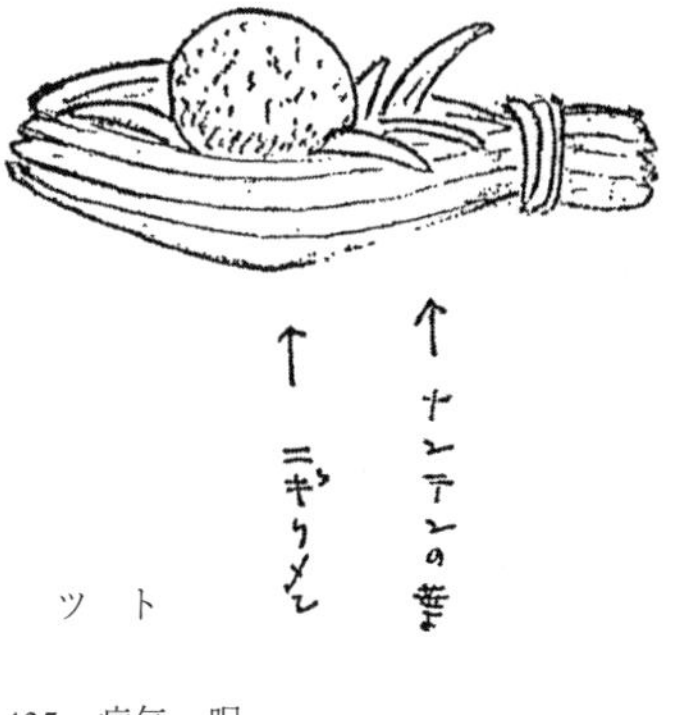

ツト

岐阜県石徹白

道切り　近くの村に悪い病がはやると、村ざかいで道切りということをした。ずっと昔は神をまつってそこで祈ったようであるが、世の中がすすむにつれて、道切りも今様になってきた。明治二十年頃コレラのはやったときには村の入口に小屋をたてて、村に入って来る人に石炭酸をかけたものである。

ヒキメ、鳴弦　つきもののした時など、ここではヒキメ（蟇目）ということをした。また旦那場でもヒキメをして歩いた。ヒキメをする時には五色の幕をはって方《ほう》便法身如来《べんほっしんにょらい》というのをまつる。後には方便法身神と改めた。その前に刀を供えて祈禱をし、それの終わったあとで刀で四方をきりひらくのである。ヒキメの中に鳴弦《めいげん》というのもあるが、これは病気などの軽い時に行なう。これには流派があって、もとは垂加流をやっていたが後に本居流になり、さらに橘流というのを行なった。〔『越前石徹白民俗誌』〕

道切り（新潟県羽茂町、昭和35年8月）

調査地の市町村名　調査時（調査年月）と現在

鹿児島県宝島（昭和十五年五月十八日～六月四日）
　鹿児島県大島郡十島村宝島　現：鹿児島県鹿児島郡十島村宝島

鹿児島県屋久島（昭和十五年一月二十七日～二月十日）
　鹿児島県熊毛郡上屋久村宮之浦・小瀬田・吉田・一湊　現：熊毛郡屋久島町
　下屋久村安房・麦生村　現：熊毛郡屋久島町

鹿児島県佐多村・内之浦町（昭和十五年二月十一日～十七日）
　鹿児島県肝属郡佐多村大泊　現：肝属郡南大隅町佐多大泊
　鹿児島県肝属郡内之浦町大浦　現：肝属郡肝付町岸良大浦

鹿児島県串木野市　現：いちき串木野市

熊本県西合志村黒松（昭和二十五年三月二十七日～四月七日）
　熊本県菊池郡西合志村相生黒松　現：合志市相生黒松

長崎県対馬（昭和二十五年七月九日～八月十九日）
　長崎県厳原町曲＝長崎県下県郡厳原町曲　現：対馬市厳原町曲
　長崎県豆酘村豆酘＝長崎県下県郡豆酘村豆酘　現：対馬市厳原町豆酘
　長崎県峰村木坂＝長崎県上県郡峰村木坂　現：対馬市峰町木坂

長崎県仁田村伊奈＝長崎県上県郡仁田村伊奈　現：対馬市上県町伊奈
長崎県佐須奈村恵古＝長崎県上県郡佐須奈村恵古　現：対馬市上県町佐須奈恵古
長崎県豊崎町鰐浦＝長崎県上県郡豊崎町鰐浦　現：対馬市上対馬町鰐浦
長崎県琴村五根緒＝長崎県上県郡琴村五根緒　現：対馬市上対馬町五根緒
長崎県船越村鴨居瀬＝長崎県下県郡船越村鴨居瀬　現：対馬市美津島町鴨居瀬
長崎県小値賀町（昭和三十六年四月二十日～二十六日）
長崎県北松浦郡小値賀町六島郷　現：同　上
大分県佐賀関町（昭和二十五年四月九日）
大分県北海部郡佐賀関町　現：大分市佐賀関
大分県姫島（昭和二十五年四月十七日～二十一日）
大分県東国東郡姫島村　現：同　上
福岡県脇山村（昭和二十一年四月・九月）
福岡県早良郡脇山村　現：福岡市早良区脇山
愛媛県忽那諸島（昭和二十六年十二月十三日～二十二日）
愛媛県忽那島大浦＝愛媛県温泉郡東中島村大浦　現：松山市中島大浦
愛媛県二神島二神＝愛媛県温泉郡神和村二神　現：松山市二神
山口県見島（昭和三十五年八月一日～七日、三十六年八月三十一日～九月六日、三十七年八月二十九日～九月五日）

山口県阿武郡見島村　現：萩市見島
山口県上関村祝島（昭和二十六年四月十六日～二十六日）
山口県熊毛郡上関村祝島　現：熊毛郡上関町祝島
山口県平郡島（昭和二十六年一月二十四日～二十七日）
山口県大島郡平郡村　現：柳井市平郡
山口県安下庄町三ツ松（昭和二十四年以前）
山口県大島郡安下庄町三ツ松　現：大島郡周防大島町西安下庄三ツ松
山口県久賀町（昭和二十七年八月、二十八年一月）
山口県大島郡久賀町　現：大島郡周防大島町久賀
山口県高根村向垰（昭和十四年十二月一日～三日）
山口県玖珂郡高根村向垰　現：岩国市錦町宇佐郷（向垰）
広島県佐木島（向田野浦）（昭和二十五年十二月二十・二十一日）
広島県豊田郡鷺浦村向田野浦　現：三原市鷺浦町向田野浦
広島県大崎上島沖浦（昭和二十五年十二月二十一日～二十五日）
広島県豊田郡大崎南村沖浦　現：豊田郡大崎上島町沖浦
島根県匹見上村三葛（昭和十四年十一月三十日～十二月一日）
島根県美濃郡匹見上村三葛　現：益田市匹見町紙祖三葛

島根県田所村鱒淵（昭和十四年十一月二十一日〜二十三日）
島根県邑智郡田所村鱒淵　現：邑智郡邑南町鱒淵
島根県片句浦（昭和十四年十一月十八日〜二十日）
島根県八束郡恵曇村片句　現：松江市鹿島町片句
兵庫県鴨庄村（昭和二十一年二月十三〜十八日・四月・五月、二十二年二月十七〜二十二日）
兵庫県氷上郡鴨庄村　現：丹波市市島町（岩戸・戸平・上牧・南等）
兵庫県室津村（昭和二十六年三月六日〜七日）
兵庫県揖保郡室津村　現：たつの市御津町室津
兵庫県淡路島岩屋町、富島町、室津村（昭和二十五年五月六日〜九日）
兵庫県津名郡岩屋町　現：淡路市岩屋
兵庫県津名郡富島町　現：淡路市富島
兵庫県津名郡室津村　現：淡路市室津
兵庫県沼島（昭和十六年四月十六日〜十八日）
兵庫県三原郡沼島村　現：南あわじ市沼島
大阪府滝畑（昭和十一年二月〜十二月（六回）
大阪府南河内郡高向村滝畑　現：河内長野市滝畑
大阪府西能勢（昭和九年十二月二十二・二十三日）

大阪府豊能郡西能勢村　　現：大阪府豊能郡能勢町
奈良県天川村、大塔村、十津川村（昭和十一年六月から十四年十月まで数次）
奈良県吉野郡天川村　　現：同　上
奈良県吉野郡大塔村　　現：五條市大塔町
奈良県吉野郡十津川村　　現：同　上
京都府当尾村（昭和十四年六月二十四・二十五日）
京都府相楽郡当尾村　　現：木津川市加茂町（森・岩船・西小等）
岐阜県石徹白（昭和十二年三月）
福井県大野郡石徹白村　　現：岐阜県郡上市白鳥町石徹白
福井県丹生（昭和十二年または昭和十三年夏？）
福井県三方郡山東村丹生　　現：三方郡美浜町丹生
新潟県中俣村中継（昭和十五年十一月十・十一日）
新潟県岩船郡中俣村中継　　現：村上市中継
新潟県黒川村（昭和二十二年十二月九日〜十一日）
新潟県三島郡黒川村　　現：長岡市成沢町・与板町（一部）
新潟県佐渡島（昭和三十四年八月、三十五年八月）　　現：新潟県佐渡市
東京都新島

東京都新島本村・若郷村　現：東京都新島村本村、若郷

千葉県主基村（昭和二十三年三月二・三日）

千葉県安房郡主基村　現：鴨川市（北小町・南小町・主基西・成川等）

秋田県浅舞町（昭和二十一年～二十三年複数回）

秋田県平鹿郡浅舞町　現：横手市平鹿町浅舞

岩手県不動村（昭和二十一年八月）

岩手県紫波郡不動村白沢　現：紫波郡矢巾町白沢

青森県東通村砂子又・目名（昭和三十九年八月七日～二十日）

岩手県下北郡東通村砂子又・目名　現：同　上

青森県川内町畑（昭和三十九年八月七日～二十日）

岩手県下北郡川内町畑　現：むつ市川内町畑

青森県佐井町磯谷（昭和三十九年八月七日～二十日）

青森県下北郡佐井町磯谷　現：同　上

『宮本常一　日本の人生行事』収録論考　初出一覧

日本の人間関係　―その人間模様　◎『テアトロ』33-3　カモミール社　昭和四十一年三月「日本人研究・第二回―生活習慣」というタイトルで三回連載の最終回分より。タイトル「日本人―その人間模様」は本書収録にあたって編者が付した。◆著作集3『風土と文化』（未来社　昭和四十二年七月）に「日本の習俗」と改題し全文収録

人の一生　―**山口県東和町**　◎『東和町誌』（山口県東和町　昭和五十七年九月）第二編「歴史的展開」第六章「近代」第五節「人の一生」

子供時代・子供行事採集例　―周防大島家室西方村を中心に　◎『近畿民俗』1巻5号（近畿民俗学会　昭和十一年十一月）原題「山口県大島郡の子供行事―特に子供行事採集例として」を改題収録。◆著作集40『周防大島民俗誌』（未来社　平成九年二月）に「子供行事」と改題収録

若者・娘・一人前の完成　◎「村の教育」（『郷土研究講座5―社会生活』（角川書店　昭和三十三年五月））中の「一人前の完成」を収録。◆「村の教育」は著作集21『庶民の発見』（未来社　昭和五十一年二月）に「村里の教育」と改題し全文収録

結　婚・若者組と祭祀　◎『民間暦』（六人社　昭和十七年八月）の「斎主」より関連部分を収録。タイトルは本書収録にあたって編者が付した。◆『民間暦』は著作集9『民間暦』（未来社　昭和四十五年三月）に収録

・婚姻と若者組　◎『民間伝承』第11巻3号（民間伝承の会　昭和二十一年十月）

病気・呪・流行病　◎『中国風土記』（広島農村人文協会　昭和三十三年十月）の「相つぐ飢饉と悪疫」の章より「ホウ

ソウ」「ホウソウ神おくり」「コロリ」「雨ニモマケズ」の項を収録した。ただし土佐の部分は『風土記日本第二巻中国・四国編』から援用した。タイトルは収録にあたって編者が付した。なお『中国風土記』は著作集29（未来社　昭和五十九年四月）として刊行されている。

・民間療法　①塩と民間療法　◎『日本塩業大系　特論　民俗』（日本塩業大系編集委員会編　日本塩業研究会発行　昭和五十二年七月）第六章「塩と習俗」第二節「民間療法」を改題収録。◆著作集49『塩の民俗と生活』（未来社　平成十九年十二月）に収録

②周防大島の民間療法　◎『旅と伝説』8巻12号（三元社　昭和十年九月）◆著作集40『周防大島民俗誌』に収録

③河内滝畑の民間療法　◎『河内国滝畑左近熊太翁旧事談』（アチックミューゼアム　昭和十二年八月）◆著作集37『河内国滝畑左近熊太翁旧事談』（未来社　平成五年七月）に収録

——〔以下地域別事例の初出〕——

鹿児島県屋久島　『屋久島民俗誌』日本常民文化研究所ノート26　日本常民文化研究所　昭和十八年一月　◆著作集16『屋久島民俗誌』（未来社　昭和四十九年五月）に収録

鹿児島県宝島　『宝島民俗誌・見島の漁村』（宮本常一著作集17）未来社　昭和六十二年一月

鹿児島県佐多村・内之浦町　『大隅半島民俗採訪録』　慶友社　昭和四十三年十月　◆著作集39『出雲八束郡片句浦民俗誌・大隅半島民俗採訪録』（未来社　平成七年三月）に収録

鹿児島県串木野市　「都市民俗抄—九州の巻（上）」『市政』7巻10号　全国市長会　昭和三十三年十月　◆『都市の祭と民俗』（慶友社　昭和三十六年六月）、著作集27『都市の祭と民俗』（未来社　昭和五十七年八月）に収録
熊本県西合志村黒松　『私の日本地図』11　阿蘇・球磨　同友館　昭和四十七年九月　◆著作集別集『私の日本地図』11（香月洋一郎編　未来社　平成二十二年七月）に収録
長崎県対馬厳原町曲、豆酘村豆酘　『農漁村採訪録Ⅵ』対馬調査ノート1　周防大島文化交流センター　平成十九年八月
長崎県峰村木坂、仁田村伊奈、佐須奈村恵古　『農漁村採訪録Ⅶ』対馬調査ノート2　周防大島文化交流センター　平成十九年八月
長崎県対馬豊崎町鰐浦　『農漁村採訪録Ⅷ』対馬調査ノート3　周防大島文化交流センター　平成二十一年一月
長崎県対馬琴村五根緒　『農漁村採訪録Ⅹ』対馬調査ノート5　周防大島文化交流センター　平成二十一年五月
長崎県船越村鴨居瀬、豆酘村豆酘　『農漁村採訪録Ⅺ』対馬調査ノート6　周防大島文化交流センター　平成二十一年六月
長崎県小値賀町六島　「六島共和国」『世界の旅』25　修道社　昭和三十六年八月　◆著作集26『民衆の知恵を訪ねて』（未来社　昭和五十六年十二月）に「島の共同体」と改題収録
大分県佐賀関町　『農漁村採訪録XIII』大分県下漁村・漁家調査ノート　周防大島文化交流センター　平成二十三年三月
大分県姫島　『農漁村採訪録XVIII』姫島調査ノート　周防大島文化交流センター　平成二十八年三月
福岡県脇山村　『村の旧家と村落組織Ⅰ』（宮本常一著作集32）未来社　昭和六十一年一月

愛媛県忽那島大浦、二神島二神　『農漁村採訪録Ⅴ』愛媛県忽那諸島調査ノート　周防大島文化交流センター　平成十八年十一月

山口県見島　「見島に於ける漁村構造とその変遷」『見島総合学術調査報告』山口県教育委員会　昭和三十九年三月　◆著作集17『宝島民俗誌・見島の漁村』に収録

山口県上関村祝島　『農漁村採訪録XIV』周南諸島・室津半島ノート　周防大島文化交流センター　平成二十四年三月

山口県平郡島　『農漁村採訪録XV』平郡島調査ノート　周防大島文化交流センター　平成二十五年三月

山口県家室西方　『旅と伝説』６巻１号　三元社　昭和八年一月　◆著作集40『周防大島民俗誌』に収録

山口県安下庄町三ツ松　『近畿民俗』新２号　近畿民俗学会　昭和二十四年七月　◆著作集40『周防大島民俗誌』に収録

山口県久賀町　『久賀町誌』山口県久賀町　昭和二十九年三月（第三編第三章「人の一生」）◆著作集40『周防大島民俗誌』に収録

山口県高根村向峠　『中国山地民俗採訪録』（宮本常一著作集23）未来社　昭和五十一年十月

広島県佐木島（向田野浦）、大崎上島　『農漁村採訪録Ⅳ』広島県下漁村・漁業調査ノート２　周防大島文化交流センター　平成十八年七月

島根県匹見上村三葛　『中国山地民俗採訪録』（宮本常一著作集23）未来社　昭和五十一年十月

島根県田所村鱒淵　『中国山地民俗採訪録』（宮本常一著作集23）

島根県片句浦　『出雲八束郡片句浦民俗聞書』アチックミューゼアムノート22　アチック・ミュゼーアム　昭和十七年二月　◆著作集39『出雲八束郡片句浦民俗誌・大隅半島民俗採訪録』に収録

兵庫県鴨庄村　『村の旧家と村落組織Ⅰ』（宮本常一著作集32）
兵庫県室津村　『農漁村採訪録XVI』播磨漁村調査ノート　周防大島文化交流センター　平成二十六年三月
兵庫県淡路島岩屋町、富島町、室津村　『農漁村採訪録Ⅲ』兵庫県淡路島漁村・漁業調査ノート　周防大島文化交流センター　平成十八年三月
兵庫県沼島　『近畿民俗』新2号　近畿民俗学会　昭和二十四年七月
『農漁村採訪録XII』淡路沼島調査ノート　周防大島文化交流センター　平成二十三年二月
大阪府滝畑　『河内国滝畑左近熊太翁旧事談』アチックミューゼアム彙報23　アチック・ミューゼアム　昭和十二年八月　◆著作集37『河内国滝畑左近熊太翁旧事談』に収録
大阪府西能勢　「西能勢地方の結婚　成年式」『上方』96号―続冠婚葬祭号　上方郷土研究会　昭和十三年十二月
奈良県天川村、大塔村、十津川村　『吉野西奥民俗採訪録』日本常民文化研究所ノート20　日本常民文化研究所　昭和十七年九月　◆著作集34『吉野西奥民俗採訪録』（未来社　平成元年五月）に収録
京都府当尾村　「南山城当尾郷民俗聞書」『民族学研究』7巻4号　日本民族学会　昭和十七年六月　◆著作集25『村里を行く』（未来社　昭和五十二年八月）に収録
岐阜県石徹白　『越前石徹白民俗誌』　三省堂　昭和二十四年四月、刀江書院版　昭和二十六年三月　◆著作集36『越前石徹白民俗誌・その他』（未来社　平成四年十月）に収録
福井県丹生　「子供の世界」『トピック』5巻8号　トピック社　昭和十三年十月　◆『村里の風物』（八坂書房平成二十二年十月）に収録
新潟県中俣村中継　「葡萄山北民俗採訪記」4『高志路』7巻7号　高志社　昭和十六年七月　◆著作集36『越前石

徹白民俗誌・その他』に収録
新潟県黒川村「新潟県三島郡黒川村聞書」1・2『高志路』149・150号 新潟県民俗学会 昭和二十九年一・二月
◆著作集33『村の旧家と村落組織II』（未来社 昭和六十一年九月）に収録
新潟県佐渡島「嫁の座」『庶民の発見』（宮本常一著作集21）（昭和三十三年六月十九日放送の原稿）
「佐渡の嫁」 東京新聞 昭和三十五年十月十一日 ◆著作集21『庶民の発見』に収録
東京都新島『日本の子供達』岩崎書店 昭和三十二年八月 ◆著作集8『日本の子供たち・海をひらいた人びと』（未来社 昭和四十四年七月）に収録
千葉県主基村『村の旧家と村落組織II』（宮本常一著作集33）
秋田県浅舞町『村の旧家と村落組織II』（宮本常一著作集33）
岩手県不動村白沢『村の旧家と村落組織II』（宮本常一著作集33）
青森県東通村砂子又「下北記」『日本発見』4 日本発見の会 昭和三十八年十月
◆『私の日本地図』3下北半島 同友館 昭和四十二年十一月、著作集別集『私の日本地図』3（香月洋一郎編 未来社 平成二十三年九月）に収録
青森県東通村目名『私の日本地図』3下北半島 ◆著作集別集『私の日本地図』3に収録
青森県川内町畑『私の日本地図』3下北半島 ◆著作集別集『私の日本地図』3に収録
青森県佐井町磯谷『私の日本地図』3下北半島 ◆著作集別集『私の日本地図』3に収録

索　引

ゴシック数字は図版を示す

◆か◆

◆き◆

◆ さ ◆

◆し◆

◆ た ◆

◆ ち ◆

◆ ま ◆

◆ み ◆

◆ む ◆

◆ ゆ ◆

◆ よ ◆

著者
宮本常一（みやもと・つねいち）
1907 年、山口県周防大島生まれ。
大阪府立天王寺師範学校専攻科地理学専攻卒業。
民俗学者。
日本観光文化研究所所長、武蔵野美術大学教授、
日本常民文化研究所理事などを務める。
1981 年没。同年勲三等瑞宝章。
著書 ：「日本人を考える」「忘れられた日本人」
「民具学の提唱」「日本の宿」「山の道」「川の道」
「庶民の旅」「和泉の国の青春」「歳時習俗事典」
「忘れられた子どもたち」「日本の年中行事」など。

宮本常一　日本の人生行事　人の一生と通過儀礼

2016年 7月11日　初版第1刷発行

著者	宮本常一
編者	田村善次郎
発行者	八坂立人
印刷・製本	モリモト印刷(株)

発行所　(株)八坂書房
〒101-0064　東京都千代田区猿楽町1-4-11
TEL.03-3293-7975　FAX.03-3293-7977
URL.: http://www.yasakashobo.co.jp

ISBN 978-4-89694-222-4